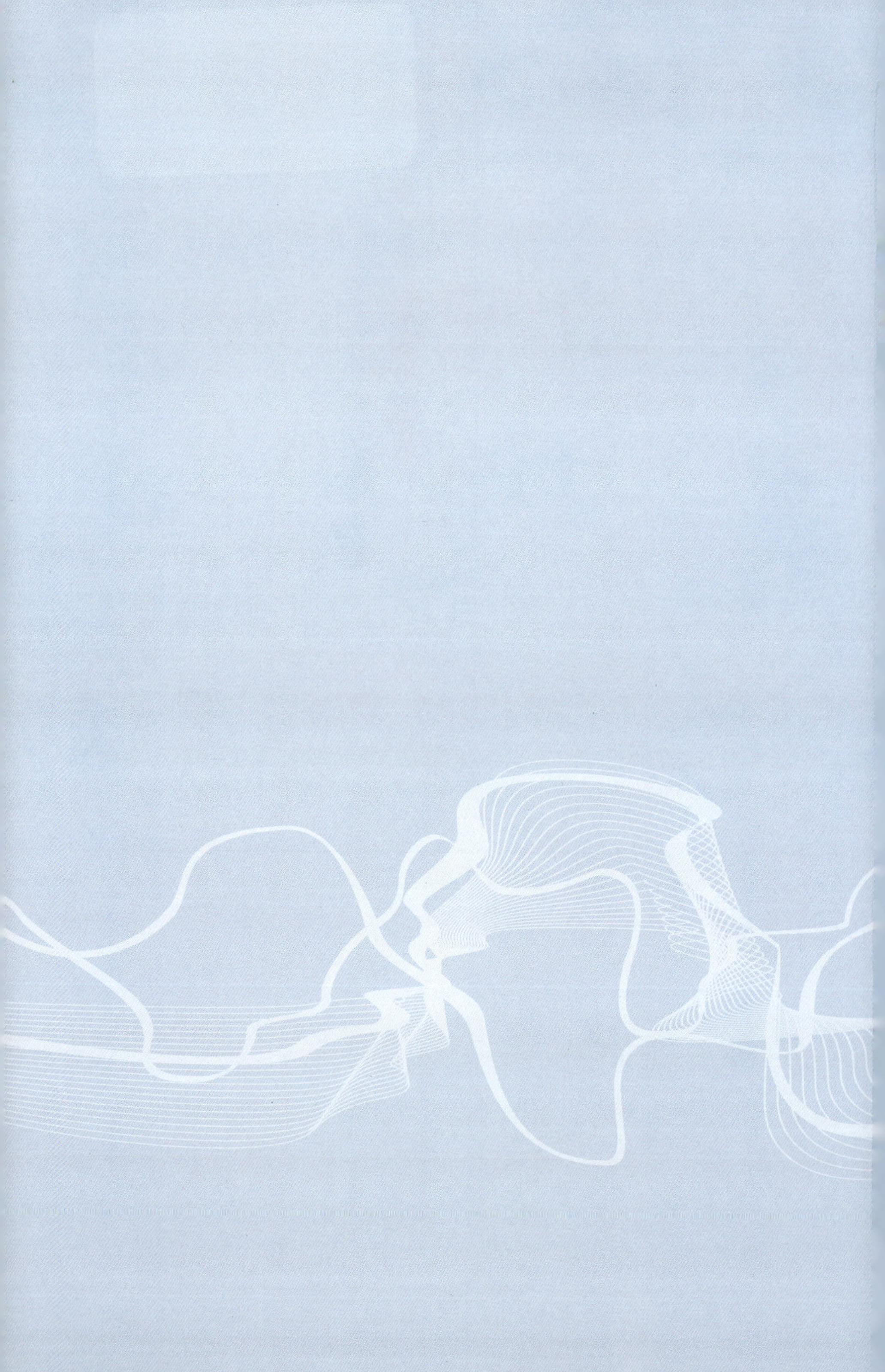

个人理财客户的非理性理财行为

赵政党 著

IRRATIONAL BEHAVIOR OF INDIVIDUAL FINANCIAL TRANSACTIONS' CUSTOMER

社会科学文献出版社
SOCIAL SCIENCES ACADEMIC PRESS (CHINA)

前　言

居民理财行为最终表现为对各类理财产品和金融服务的消费行为。消费者对金融产品的消费与对其他消费品的消费不同，金融产品的消费并不是最终消费，而只是为其一生的人生目标作出的财务安排。随着我国经济快速增长与居民收入水平持续提高，个人财富规模不断扩大，同时财富结构也发生了显著变化，包括银行理财在内的非储蓄类个人金融资产增速惊人。近年来频频出现的商业银行理财纠纷导致银行理财产品的声誉和客户忠诚度下降，从而对商业银行个人理财业务发展带来严重的负面影响。在理财纠纷中，商业银行及其工作人员出于自身利益误导理财客户只是诱因，而主因在于商业银行个人理财客户理财产品认知偏差引致的非理性理财行为。因此，本书从商业银行视角审视个人理财客户的认知偏差，认为各类认知偏差在个人理财行为中的表现形式即为认知偏差引致的非理性理财行为，简称“认知偏差非理性理财行为”，并在此研究假设基础上对商业银行个人理财客户认知偏差非理性理财行为进行识别、分析，明确其负面影响和作用机理以及建立相关测度指标体系，对我国商业银行个人理财业务健康发展有着重要意义。

本书共分六个部分：（一）主要阐述本书的选题背景，国内外相关研究综述，以及研究的内容和意义、创新点等。（二）主要说明商业银行个人理财客户认知偏差、理财购买行为和非理性行为相关理论。（三）首先识别商业银行个人理财客户各类认知偏差非理性理财行为，其次完成本书调查问卷设计与数据收集以及数据的分析验证，再次对问卷的定性部分数据进行分析，最后对人口统计特征与商业银行个人理财客户非理性理财行为之间的关系进行实证分析。（四）首先从理论上分析各种认知偏差非理性理财行为与客户忠诚度之间的作用路径，探讨其作用机理，由此建立相关的概念模型以及相关研究假设，最后运用结构方程建模方法实证检验所作的研究假设。（五）在前四章研究结论基础上，以“理财产品购买前阶段”“理财产品购买中阶段”和“理财产品购买后阶段”这三个阶段构成的子阶段为基础，通过增加第三级可量化指标，构建商业银行个人理财客户非理性理财行为测度的三级指标体系。然后使用层次分析法和粗糙集综合定权的模糊综合评价模型，建立对商业银行个人理财客户理财非理性程度进行预测的指标体系和评价方法，并运用七级分类量化以定量分值方法测度其理财非理性倾向。（六）在对全文进行总结和展望基础上，提出防范和处理商业银行个人理财客户非理性理财行为的措施，从制度和技术两个方面提出相关措施。本书的主要创新点有以下几个。

（1）首次将各类认知偏差非理性行为研究成果应用于商业银行个人理财行为分析，定性分析了商业银行个人理财客户认知偏差非理性理财行为，揭示了其非理性理财心理，为理解商业银行个人理财客户非理性理财行为提供了经济学解释。研究发现，商业银行个人理财产品购买前、购买中和购买后均存在三类偏差：（a）信息收集偏差，包括：易得性启发式、锚定和调整启发式、近因效应、首因效应、对比效应、稀释效应、晕轮效应；（b）信息编辑偏差，包括：框架效应、联合评估和单独评估偏差、过度自信、损失规避；（c）信息评估偏差，包括：归因偏差、沉没成本、认知失调、证实偏好、后悔厌恶、后知之明。

（2）在识别商业银行个人理财客户认知偏差非理性理财行为基础上，实证分析了人口统计特征与各子阶段认知偏差非理性理财行为间关系，在此基础上使用行为经济学理论对其非理性理财心理进行分析，为商业银行理解和识别非理性个人理财客户提供理论依据。实证研究发现，性别只与购买前、后的信息编辑、评估相关；年龄与所有子阶段相关；学历与购买前信息编辑、评估无关；工作单位与购买前信息编辑、评估无关，与购买后信息收集、评估无关；投资理财经验只与购买前信息编辑、购买后信息收集相关；财经金融知识与购买前信息编辑，购买中信息收集，购买后信息收集、评估无关；金融从业经验与所有评估子阶段无关；家庭状况与购买中信息收集，购买后信息收集、评估无关；目前家庭可支配收入只与购买前信息编辑无关；未来家庭可支配收入与购买前和购买后的信息收集、评估无关。

（3）通过结构方程建模实证研究了商业银行个人理财客户认知偏差非理性理财行为与客户忠诚度间的作用机理，从而建立了商业银行个人理财客户认知偏差非理性理财行为与其忠诚度间关系的概念模型。实证结果表明，情境因素变动偏差非理性与启发式偏差非理性之间存在路径关系、启发式偏差非理性与认知偏差非理性之间存在路径关系、认知偏差非理性与心理偏差非理性之间存在路径关系，且均呈显著的正比关系；情境因素变动偏差非理性与心理偏差非理性之间不存在路径关系、启发式偏差非理性与心理偏差非理性之间不存在路径关系；启发式偏差非理性与客户忠诚度之间不存在路径关系、情境因素变动偏差非理性与客户忠诚度之间不存在路径关系；认知偏差非理性与客户忠诚度之间存在路径关系、心理偏差非理性与客户忠诚度之间存在路径关系，且均呈显著的反比关系。该模型弥补了以往研究认知偏差导致的非理性行为相互之间及其与忠诚度之间相互关系分析的不足，指明了各个阶段非理性行为的量化特征，为减少其非理性理财行为提供了理论依据。

（4）在识别各类认知偏差非理性理财行为基础上，首先构建了商业银行个人理财客户非理性理财行为的预测指标体系，其次确定了指标体系中一、二级指标权重，再次建立了模糊综合评价模型，实现了对商业银行个人理财客户非理性理财行为的预测和评价，最后测度了商业银行个人理财客户非理性理财行为倾向，对防范商业银行个人理财客户非理性理财行为具有重要的应用价值。

目录

CONTENTS

第一章
绪　论

商业银行理财产品分为广义和狭义两层概念，广义银行理财产品包括本外币理财、基金、保险、券商集合理财等多种金融投资产品，是一个综合的概念；狭义银行理财产品仅指由商业银行独立发行的本外币理财产品，商业银行是产品的单一发行主体，对产品进行全过程管理。本书所研究的商业银行理财产品均指狭义的商业银行理财产品，不包括银行代理销售的基金、保险、券商集合理财等。根据我国银监会颁布的《商业银行个人理财业务管理暂行办法》，理财计划（产品）是指商业银行在对潜在目标客户群分析研究基础上，针对特定目标客户群开发设计并销售的资金投资和管理计划。从简单意义上讲，银行理财产品就是指商业银行运用专业投资能力，按照既定的投资策略，归集投资者闲散资金，代理投资者集中进行投资的金融投资产品。

居民理财行为最终表现为对各类理财产品和金融服务的消费行为，并且消费者对金融产品的消费与对其他消费品的消费不同，金融产品的消费并不是最终消费，而只是为其一生的人生目标作出的财务安排。随着我国经济的快速增长与居民收入水平的持续提高，个人财富规模不断扩大，财富结构也发生了显著变化，包括银行理财在内的非储蓄类个人金融资产增速惊人。然而，近年来频频出现的银行理财纠纷导致银行理财产品声誉和客户忠诚度下降，对商业银行个人理财业务发展带来严重的负面影响。在理财纠纷中，银行及其工作人员出于自身利益考虑误导理财客户只是诱因，而主因在于银行个人理财客户理财产品认知偏差引致的非理性理财行为。因此，本书从商业银行视角审视个人理财客户的认知偏差，认为其各类认知偏差在个人理财行为中的表现形式即为认知偏差引致的非理性理财行为，简称“认知偏差非理性理财行为”，并在此研究假设基础上，对商业银行个人理财客户认知偏差非理性理财行为进行识别分析，明确其负面影响和作用机理并建立相关测度指标体系。

一 选题背景

2013 年我国商业银行理财产品发行数量达到 45825 款，较 2012 年增长 56.2%，其中人民币理财产品发行量同比上升 63.3%，外币理财产品发行量持续萎缩，同比下降 26.6%。银行理财产品的发行明显提速，并且以人民币理财产品的放量增长为特点。近年来，不仅居民储蓄向理财产品迁移的现象逐渐成为常态，企业出于资产保值增值需求而动用闲置资金购买银行对公理财产品的现象也日渐突出，部分公司以发行债券形式募集资金，其后将资金用于相应期限理财产品投资。据同花顺数据统计显示，截至 4 月 30 日，沪深两市上市公司 2014 年公告披露购买理财产品达 3882 次，超过 2013 年全年公告的 3592 次，合计购买 2676.38 亿元，已经超过 2013 年全年公告的 2629.68 亿元。

（一）银行理财产品作用和意义

近年来，银行理财业务迅速发展，并得到市场的普遍接受。究其原因，一方面中国资金市场、资本市场已经进入一个加速发展的时期，金融市场化、自由化的发展已经成为一个不可逆转的趋势，另一方面随着负利率时代的来临，微观主体的抵制通货膨胀的意愿强烈。理财业务的发展又对银行传统业务等产生了一定影响，主要表现在以下方面。

1. 理财业务是巩固高端优质客户、争夺客户资源的利器

在负利率持续，房市、股市、基金不乐观的预期中，居民理财的意愿较为浓厚，鉴于风险考虑，居民对银行理财产品情有独钟，特别是中高端客户，更看中银行包括理财业务在内的综合服务水平，以达到增加资产收益、拓宽投资渠道、降低通胀影响的目的。因此，理财成为银行巩固、争夺优质客户的新领域，在银行业务中的重要地位也日益凸显。

2. 理财业务是提高中间业务收入、增加利润来源的方式

随着金融市场开放程度的不断扩大，中间业务收入在银行收入中的占比不断提高。理财业务规模的迅速增长，带来了较为稳定的中高端客户群，这一类客户经济实力、消费能力、投资意识都较强。随着合作的进一步深入，客户忠诚度的不断提升，其对贵金属业务、代理销售基金、保险类业务、贷款类业务都必将产生积极的推动作用。由此带来的理财产品销售收入及其他中间业务领域收入的增长逐步成为银行新的利润增长点。理财业务也成为与客户积极开展多领域合作的抓手。

3. 理财业务是夯实客户基础、稳存增存的有效途径

在紧缩大背景下，按照信贷计划进度，在法定准备金提高至20%以上后，商业银行存款捉襟见肘，存款进度持续落后信贷进度，而存贷比的监管压力很大，商业银行通过发展理财产品实施差异化营销策略，进而打造产品知名度和品牌，形成品牌效应，有效地稳定客户进而稳定、增加其在本行的存款。

综上所述，随着我国银行理财业务快速发展，发行理财产品已经成为商业银行调整收入结构与开展业务创新的着力点。一方面在于银行业务转型所带来的内在动力，另一方面，中国进入了一个前所未有的理财时代，富裕居民及高端富有人群扩大的同时，理财需求与理念得以提升，带来了巨大的外在推动力。理财业务的发展也为培养高忠诚度的客户以及银行与客户间更多领域、更深层次的合作打下了良好基础，对银行经营形成了正面影响。

（二）我国理财产品的发展和现状

近年来，随着金融理财观念的更新，全球金融服务的互相渗透，中国也刮起了一股“理财”热浪。2004 年以来，银行理财产品的种类、发行款数与资金规模开始急剧膨胀，已稳居理财市场的第一位，其规模超过其他类别理财产品的总和，成为推动国内理财市场发展的主要力量。然而，中国理财市场还是个新兴市场，制度尚不完善，产品缺乏多样化和层次化①，产品信息不对称，自主创新能力缺少②。

1. 国内个人理财产品发展状况回顾

自 2004 年光大银行推出国内第一款人民币理财产品“阳光理财 B 计划”伊始，国内理财产品市场每年都在以迅猛的速度发展着，对促进我国金融市场的发展和繁荣、拓宽居民的投资渠道起到了十分重要的作用。具体表现在：理财产品发行数量的大幅

① 刘立新：《银行参股保险：综合经营的双赢局面》，《当代金融家》2008 年第 9 期。

② 马慧谨：《对我国金融业分业混业的分析及应对建议》，《中国产经新闻报》2009 年 6 月 4 日。

增加、理财产品不断推陈出新以及中小银行异军突起并成为理财产品市场的赢家。

2. 国内个人理财产品主要特点

理财产品作为我国金融市场的重要组成部分和潜在力量，有着不可替代的作用。为了能清晰地阐明我国商业银行理财产品的现状与问题，我们对调研所掌握的信息和数据进行了细致的实证分析，并总结出目前我国银行理财产品的三大特点：首先，保证收益类产品数量下滑，非保本浮动收益类这种更能体现商业银行代客理财本质的产品发行量环比大幅上升，占比超七成。2013 年保证收益类理财产品发行 3981 款，环比下跌 0.9%，占比下降 5%；保本浮动类理财产品发行 9414 款，环比上升 48.2%；非保本浮动类理财产品发行 32430 款，环比上升 70.9%，占比为 70.8%。其次，商业银行理财产品期限总体较短，期限在 1 个月以内的银行理财产品占比依旧维持在历史较低位，占发行总量的比重为 4.23%。发行期限集中在 1～3 个月的，占比为 59.61%，其次为 3～6 个月的，占比为 21.91%。最后，个人客户仍然是理财产品的主要发行对象，2013 年理财产品向个人、机构、VIP 发行的比例分别是 72%、22% 和 6%。分银行类型看，各类银行发行对象的首位均是个人。

3. 国内居民对个人理财产品的认知状况及观念变化

作为理财产品的投资者，银行客户对理财市场的发展产生了重要影响。其表现在：一是银行客户对银行理财产品总体上不算陌生，但是对银行理财产品的认识程度远远不够，甚至存在很多认知偏差。居民了解理财产品的渠道比较狭窄。银行对理财产品的宣传力度不够，在很大程度上延缓了银行理财产品的发展，使银行转型零售化的脚步放慢，其负面影响不言而喻；二是居民对理财产品收益和风险水平的认识更加理性，表现为居民对理财产品预期收益的看法趋于理性，并且对理财产品的收益率提出了更高的要求。

（三）国内商业银行理财市场存在问题

目前，理财产品正成为消费者投诉的新热点。中国消费者协会的统计数据显示，2013 年，全国消协组织受理金融服务投诉 1672 件。这样一个庞大的理财产品市场，却长期处于监管的灰色地带。直到 2011 年 10 月 9 日，中国银监会正式印发《商业银行理财产品销售管理办法》，行业的监管标准才正式明确。近年来频现的商业银行理财纠纷不但导致银行理财产品的声誉和客户忠诚度下降，从而对商业银行个人理财业务发展带来严重的负面影响。理财纠纷阻碍了我国商业银行理财市场的健康发展。从外因看，银行在销售过程中存在夸大收益、掩饰风险、信息披露不充分、推销产品不分对象等问题，从而导致纠纷不断。从内因看，首先，商业银行个人理财客户未能了解自己的财务状况、风险偏好、风险承受能力和收益、流动性的需求等；其次，商业银行个人理财客户未能仔细阅读相关的产品说明书，尤其应关注其中的风险提示条款；最后，商业银行个人理财客户未能将自身理财需求与可购买的理财产品进行合理匹配。

从上述分析可知，商业银行及其工作人员出于自身利益考虑误导理财客户只是诱因，而理财纠纷主因在于商业银行个人理财客户理财产品认知偏差非理性理财行为。因此，对商业银行个人理财客户认知偏差引致的非理性理财行为进行识别、分析，明确其负面影响、作用机理以及建立相关测度指标体系，对于我国商业银行个人理财业务健康发展有着重要的理论和现实意义。

二　相关文献研究综述

（一）国外相关文献综述

1. 商业银行理财的相关研究

Modigliani 等（1954）① 创立了生命周期假说，该假说解决了在整个生命周期当中个人消费与储蓄安排的问题。

Friedman（1957）② 提出了持久性收入假说，持久性收入假说与生命周期假说具有内在的理论一致性，认为消费者追求长期效用水平最大化，不考虑当期的收入。

Samuelson（1969）③ 和 Merton（1969）④ 在马科维茨投资组合理论的基础上，将投资期扩展到多期。他们得出了投资者多期投资行为与单期投资行为一致的结论，即人们在每一个投资期投资于风险资产和无风险资产的财富比例是固定的。这一结论意味着家庭的投资组合选择既独立于他们的年龄又独立于他们的财富总量。

Stum 和 Thiry（1991）⑤ 指出，对金融机构感到满意的客户具有抵抗被竞争对手挖走的免疫力。

---

① Modigliani Franco and Richard H. Brumberg. Utility Analysis and the Consumption Function: an Interpretation of Cross - section Data, NJ [M]. Rutgers University Press, 1954, pp. 388 - 436.

② Friedman Milton. A Theory of the Consumption Function [M]. Princeton University Press, 1957.

③ Samuelson Paul A. Lifetime Portfolio Selection by Dynamic Stochastic Programming [J]. Review of Economics and Statistics, 1969, Vol. 51, No. 3, pp, 239 - 246.

④ Merton Robert C. Lifetime Portfolio Selection under Uncertainty: the Continuous - Time Case [J]. Review of Economics and Statistics. 1969, 51 (3). 247 - 257.

⑤ Stum D. L. and A. Thiry. Building Customer Loyalty [J]. Training and Development Journal, April, 1991, pp. 34 - 36.

Mitchell 和 Mickel (1999)① 认为，个体的不同会影响人们对金钱的理解，人们对待金钱的态度、信仰以及行为与人们管理金钱的态度、行为有关。

Gitman 和 Joehnk (1999)② 认为理财过程中，居民完成了对金融服务的消费，成为金融产品的消费者，但其核心需求，是为了实现个人和家庭的生活目标而对财务资源进行全面管理的过程。

罗伯特·莫顿和兹维·博迪 (2000) ③认为，家庭面临的理财决策不仅包括投资决策，还包括储蓄决策、融资决策和风险管理决策。

为进一步理解理财行为中财务资源管理和生活目标的关系，可以从 Robinson (2000)④ 构造的目标导向函数：$w_n = w_0(1+k)^n + \sum_{t=1}^{n}(E_t - C_t)(1+k)^{n-1}$ 来理解，其中各参数如表 1-1 所示。

表 1-1 目标导向的个人理财规划

科 目	指标	指标含义	备 注
人生目标	w_n	支持人生梦想与目标所需的财富	w 表示财富，n 为实现目标前的时期数，w_n 作为未来的目标，可以是一个目标，也可以是一个目标集
可管理的财务资源	w_0	现有财富或可投资资产	w_0 作为初始的财富积累，可以是一种资产，也可以是一个资产组合，反映个人或家庭已经赚回来的钱，即个人或家庭具备的可投资资产

① Mitchell Ternce R. and Amy E. Mickel. The Meaning of Money: An Individual Difference Perspective [J]. Academy of Management Review, 1999, 24 (3), pp. 568-578.

② Gitman Lawrence J. and Michael D. Joehnk. Personal Financial Planning [M]. The Dryden Press, Harcourt Brace College Publishers, 1999.

③ 罗伯特 C. 莫顿、兹维·博迪：《金融学》，中国人民大学出版社，2000。

④ Robinson Chris. Conceptual Frameworks for Personal Finance [J]. Working Paper, 2000, November.

续表

科 目	指标	指标含义	备 注
可管理的财务资源	$E_t - C_t$	未来新创财富即每期收支结余	t 为时间，E_t 为 t 期的收入，C_t 为 t 期的消费，$E_t - C_t$ 代表了每期的收入与支出结余
实现方式	k	理财收益率	代表了资产配置下的投资组合收益率，是当前可投资资产 W_0 及未来收支结余 $E_t - C_t$ 为实现目标的必要报酬率，不同的 k 意味着不同的产品配置及投资工具组合

Hilgert et al.（2003）① 指出，理财知识与理财行为之间有重要的联系。人们对知识掌握的程度不断改变人们财务管理行为。

夸克·霍和克里斯·罗宾逊（2003）② 在《个人理财策划》一书中，较为详细地界定和讨论了个人理财活动中面临的各种风险，在此基础上较为系统地阐述了各类金融风险的辨识理论与方法。

由于金融产品与服务具有不可感知性、不可分离性、差异性和不可贮藏性等特点，金融消费决策过程也具有其特殊性。蒂娜·哈里森（2004）③ 在前人研究的基础上，将金融服务消费决策行为分为 3 个阶段：购买前的信息搜寻、可选方案的评价及购买后的评价。他指出在购买前的信息搜寻中，存在记忆扫描（Bettman，1979）④。

Z. Bodie（2003）⑤ 对生命周期理财的发展过程进行了一定的

① Hilgert Marianne A.，Jeanne M. Hogarth，Sondra G. Beverly. Household Financial Management：The Connection Between Knowledge and Behavior [R]. Federal Reserve Bullet in Washington. Jul. 2003，Vol. 89，Iss. 7. p. 309.

② 夸克·霍、克里斯·罗宾逊：《个人理财策划》，中国金融出版社，2003。

③ 蒂娜·哈里森：《金融服务营销》，机械工业出版社，2004。

④ Bettman James R. An Information Processing Theory of Consumer Choice [M]. Addison – WesleyPub. Co. 1979.

⑤ Z. Bodie. Thoughts on the Future：Life – cycle Investing in Theory and Practice [J]. Financial Analysts Journal，2003（1）：24 – 29.

总结，从福利计量指标、时间框架、风险管理技术、零售投资产品、定量模型和资本市场预期等六个方面阐述了生命周期理财新范式的发展和变化，对未来生命周期理财提出方向性的指导。

E. Porter（2003）① 提出差异化服务对银行理财服务的重要性，在满足客户的基本需求，即投资带来的收益之外，银行应该努力提高自身的差异化服务，树立品牌，提高顾客的认同感和客户忠诚度。

蒂娜·哈里森（2004）② 认为，个体的差异是商业银行应当注意的重要问题，并应针对不同的客户提供个性化的产品。相对于已经设计好的固定的理财投资组合，投资者更偏向于与众不同的理财产品，尤其是希望理财经理能够为他们量身定做理财产品或者亲自为他们设计独特的投资组合。

蒂娜·哈里森（2004）③ 认为，金融方面的需要或者目标是随着时间发展变化的。个人和家庭都有财务生命周期，不同生命周期阶段有不同的需要和目标。

Reilly 和 Brown（2004）④ 指出，资产配置是指投资者为了实现投资目标，决定如何将其资金在不同国家和不同资产类型间进行分配的过程。

Hendrik 和 Hakenes（2004）⑤ 认为，个人进行理财活动，必须高度注意风险和风险控制；所谓风险分析，就是对风险资产的分布与相关信息进行总结与汇总；所谓风险控制，就是对风险资产的组合进行积极的构造与设计；个人开展理财活动，必须在风

---

① Michael E. Porter. Competitive Advantageis［M］. 华夏出版社，2003。

② 蒂娜·哈里森：《金融服务营销》，机械工业出版社，2004。

③ 蒂娜·哈里森：《金融服务营销》，机械工业出版社，2004。

④ Reilly Frank K. and Keith C. Brown. Investment Analysis Portfolio Management［M］，Thomson，2004.

⑤ Hendrik，Hakenes. Banks as Delegated Risk Managers［J］. Journal of Banking & Finance，2004，Volume 28，Issue 10.

险分析的基础上进行风险控制。

Jack (2004)[①] 和 Brett (2004)[②] 等全面阐述了对个人理财过程中各种风险的测度和防范问题。Shih、Samad - Khan 和 Medapa (2000)[③]、Muermann 和 Oktem (2002)[④] 等文献还专门详细探讨了银行理财业务操作风险的分类与测度问题。

Joseph A. Divanna (2005)[⑤] 提出，商业银行在提供对客户的服务过程中投资者所产生的对银行的信任和依赖是银行重要的收获之一。银行在提供理财服务时，就会同时传递一种对投资者自信心和依赖度的因素，而这种因素在投资者选择投资时往往会起到决定性的作用。

Sang - Wook (2011)[⑥] 运用自己构建的生命周期模型，研究一个家庭在不确定的薪酬收入风险的条件下，应该如何合理安排自己财富的积累和资产的组合。

2. 认知偏差相关研究

(1) 启发式偏差

a) 代表启发式偏差

代表启发式是指人们简单地用类比方法去判断，如果甲事件相似于乙类事件，则甲就属于乙，与乙同类。事件甲相似于乙类事件的程度越高，属于乙类事件的可能性也就越高。使用“代表

---

① Jack. Personal Finance [M], Irwin Publishing, 2004. 7th Edition.

② Brett. Personal Finance Service in the Branch [J]. The Banker. 2004, Vol. 2, Issue 9, Sep.

③ Shih Jimmy, Ali Samad - Khan, and Pat Medapa. Is the Size of an Operational Loss Related to Firm Size? [J]. Operational Risk 2000 (1).

④ Muermann A. and Oktem U. The Near Miss Management of Operational Risk [J]. Journal of Financial Risk, 2002, 4 (1), 25 - 36.

⑤ Joseph A. Divanna. Redefining Financial Services [M]. 中国金融出版社，2005：121 - 213。

⑥ Sang - Wook (Stanlcy) Cho. Household Wealth Accumulation and Portfolio Choices in Korea [J]. Journal of Housing Economics, 2010, 19: 13 - 25.

性”进行判断往往导致过度自信。代表性启发式所导致的偏差主要有对基率不敏感，对样本大小不敏感，对偶然性的误解，对预测的难度不敏感以及对趋均数回归的误解。

Festinger（1950）[①] 通过研究指出，由于个体经验、价值观的差异，同样事物会使不同的人产生不同的知觉；而知觉是人对客观事物的综合影响和解释；知觉对人的行为有着重要影响。

Chris Hsia（1995）[②] 在其文章中指出，人们在作判断时，一般很难充分分析涉及经济判断和概率判断的环境。此时，人们依靠某些捷径或者原则作出决策，这些捷径或原则与传统的决策理论存在认知偏差。

Kahneman（2002）[③] 通过对系统性偏差的研究来获取有限理性的图谱，而且这些系统性的偏差使人们所持有的信念和人们所作的选择独立于理性人模型所假设的最优信念和最优选择。

Tversky 和 Kahneman 于 1974 年提出“启发式策略”的概念。他们认为，决策者利用启发式来进行决策，可以利用很少的时间和努力而达到与理性决策相同的结果，使决策者“满意”。不过，这样的决策方法也会产生“系统性偏差”。[④]

Tversky 和 Kahneman 认为启发式策略存在 3 种基本形式：一是代表性启发式，即决策者通常会根据一些代表性的特征来推测结果。“最低限要求启发式”和“选最好启发式”都属于这类策略。二是易得性启发式，即决策者通常会根据某一事例是否容易回忆起

---

① Festinger L. Informal Social Communication［J］. Psychological Review，1950，57：271 －282.

② Chris Hsia. Elastic Justification in Decision Malting：How Tempting yet Task － irrelevant Factors Influence Decisions［J］. Organizational Behavior and Human Decision Processes，1995，62：330 －337.

③ Kahneman D. Maps of Bounded Rationality：a Perspective on Intuitive Judgment and Choice［R］. Prine Lecture，2002，8.

④ Tversky A.，Kahneman D. Judgment Under Uncertainty：Heuristics and Biases［J］. Science，1974，185：41 －57.

来判断同类事件发生的频次或概率。三是锚定和调整。即决策者会根据初得的信息作出一个初始判断，然后在此基础上进行调整。[①②]

在 Simonson 和 Tversky 的研究中[③]，提出了运用两种知觉启发式的策略：一种是折中对照，即一个备选产品是否会被挑中是看它在系列中的折中水平是否一致。另一种是极端排斥，即消费者不会选择处于等级最高或最低这样极端位置的商品。而 Dawes 等（1993）[④] 证明了每个特定性格特征的人对几率的判断都不一样。

Kahneman 和 Tversky 指出[⑤]，个体（行为者）的信息加工能力具有局限性，因此人们总是试图采用把复杂问题简化的战略来认知，如通过忽略一部分信息以减少认识负担；过度使用某些信息避免寻找更多的信息；接受一个不尽完美的选择。这种战略可能是有效的，因为这样做可以很好地利用有限的认知资源来加工几乎无穷无尽的信息。

Hirshleifie（2001）[⑥] 研究发现，根据认知偏差发生的原因和具体表现形式来区分，投资者的认知偏差包括启发式简化、自我欺骗、情绪和自我控制以及社会交互作用四种类型。不过，缘于投资者心理的复杂性和行为的非线性特征，四大类认知偏差具有一定的重叠性和干扰性。

---

① Kahneman D. , Tversky A. Prospect Theory: An Analysis of Decisions Under Risk [J]. Econometrica, 1979, 47 (3): 263 - 291.

② Daniel Kahneman, Amos Tversky. Choices, Values, and Frames [J]. American Psychologist, 1984, 39 (4): 341 - 350.

③ Itamar Simonson, Amos Tversky. Choice in Context: Trade off Contrast and Extremeness Aversion [J]. Journal of Marketing Research, 1992, 29 (3): 281 - 295.

④ Dawes, Mirels, Gold, Donahue. Equating Inverse Probabilities in Implicit Personality Judgments [J]. Psychological Science, 1993, 4 (6): 396 - 400.

⑤ Kahneman D. , P Slovic, and A. Tversky Judgment Under Uncertainty: Heurislies and Biases [M]. Cambridge University Press, Cambridge, 1982.

⑥ Daniel K. Hirshleifie D. Pricing, Journal of Finance, Subramanyama: Over - confidence [C]. Arbitrage and Equilibrium Asset, 2001.

Camerer（1995）等[①]通过市场实验证实了代表性偏差，研究结果表明，普通投资者的估计置信区间具有狭窄性，即使投资专家也只是在某些方面且在一定的背景下具有较好的度量能力。DeBondt 和 Thaler（1985）[②] 对股票二级市场经常出现的价格与价值背离现象用代表性偏差作出了解释。他们认为，由代表性偏差造成的投资者对收益的过度反应是股票价格暂时偏离其基本价值的结果。虽然现有的几份研究证实了市场中存在代表性偏差并利用它解释了一些异象，但在将代表性偏差进行量化和模型化的方面，只有 Barberis、Sheleifer 和 Vishny（1998）[③] 提出的 BSV 模型可以进行分析。BSV 模型认为，人们进行投资决策时存在两种错误范式：其一是代表性偏差，如投资者过分重视近期数据的变化模式，而对产生这些数据的总体特征重视不够；另一种是保守性偏差，投资者不能及时根据变化了的情况修正行为的预测模型。这两种偏差常常导致投资者产生两种错误决策：反应不足和反应过度。

b）易得性启发式偏差

易得性启发式是指人们倾向于根据客观事物或现象在知觉或记忆中获得的难易程度来估计其概率的现象，即当人们需要作出判断时，往往会依赖快速得到的信息，或是最先想到的东西，而不是致力于挖掘更多的信息。人们在使用“易得性”进行判断时，从记忆中最先搜寻到的信息往往成为判断的依据。易得性启发式具有一定的客观依据：一般来讲，经常出现的事件概率高，也容易被回忆，它们之间具有一定的一致性，因此利用事件的易得性判断其概率的策略在多数情况下是正确的。易得性启发式受

① Camerer C. F. and Thaler R. H. Anomalies: Ultimatums, Dictators and Manners. Journal of Economic Perspectives, Spring 1995, 9（2）: 209－219.

② DeBondt W. F. M., Thaler R. Does the Stock Market Overreact? [J]. Journal of Finance, 1985, 40, 793－805.

③ Barberis N., A. Sheleifer, R. Vishny. A Model of Investor Sentiment [J]. Journal of Financial Economics, 1998, 49（3）: 307－345.

记忆提取难易程度的影响，越容易提取的材料，概率越容易被高估。受信息搜索范围的影响，并与材料的生动性有关。

易得性启发式指人们根据相关事件的易获得性作为捷径作出决策。Kahneman（1973）① 指出，材料的生动性会影响其易得性，材料越生动、越形象，则越容易被提取，人们对此事件出现的概率的估计也越高。

Carroll（1978）② 发现，对一个事件结果的刻意想象可以增加其易得性，并由此开创了“易得性启发式”的实验范式，即将对一个事件结果的刻意想象作为对该类事件“易得性启发式”的诱发。

Kahneman 和 Tversky（1979）③ 的实验也证实，个人在面对不确定结果作出预期时，常常违背贝叶斯法则或其他关于概率的理论，容易让人联想到的事情会让人认为这件事情会常常发生。由于人不能从记忆中获得决策所需的全部信息，所以在信息加工时往往会出现可获得性偏差。

Schwarz 和 Vaughn（2002）④ 指出，相对于要回忆或想象的内容本身而言，对事件回忆或想象的难易程度更能影响“易得性启发式”的诱发。

在风险决策领域，Folkes（1988）⑤ 的研究表明，“易得性启

---

① Tversky A. , & Kahneman D. Availability: A Heuristic for Judging Frequency and Probability [J]. Cognitizie Psychology, 1973, 5: 207 - 232.

② Carrol J. S. The Effect of Imagining an Event on Expectations for the Event: An Interpretation in Terms of the Availability Heuristic [J]. Journal of Experimental Social Psychology, 1978, 14: 88 - 96.

③ Kahneman D. & Tversky A. Intuitive Prediction: Bias and Corrective Procedures. TIMS Studies in Management Science, 1979, 12, 313 - 327.

④ Schwarz N. & Vaughn L. A. The Availability Heuristic Revisited: Ease of Recall and Content as Distinct Sources of Information. In T. Gilovich D. Griffin, & D. Kahneman (Eds.), Heuristics and Biases: The Psyehology of Intuitizne Judgment. Cambridge: Cambridge University Press. 2002, 103 - 119.

⑤ Folkes V. S. The Availability Heuristic and Perceived Risk [J]. The Journal of Consumer Research, 1988, 15: 13 - 23.

发式”会影响消费者对产品失败的可能性的判断。

Gigerenzer 等（2002）[①] 发现，人们在购买股票时，通常会借助“易得性启发式”，选择经常听说的大公司股票进行投资。

c）锚定和调整启发式偏差

锚定是指当人们需要对某个事件作定量估测时，会将某些特定的数值（比如以前的股票价格）作为起始值，这些起始值就像“锚”一样使估测值落于某一区域。如果这些“锚”定的方向有误，那么估测就会产生偏差。在判断过程中，人们最初得到的信息会产生锚定效应，从而制约对事件的估计。人们通常以一个初始值为开端进行估计和调整，以获得问题的解决方案。调整策略是指以最初信息为参照来调整对事件的估计。调整通常是不充分的，不同的开始点会产生估计，这就易于偏离其初始价值。锚定效应通常有三种体现：不充分的调整、在连续和独立事件上的估测偏向和主观概率分布的估测偏向。

锚定往往也是导致证实偏差的心理因素之一。锚定并不是指人们误解附加证据，而是导致人们忽视附加证据。心理学证据揭示了这样的现象：人们倾向于把证据理解为支持初始假设的附加证据。Lord、Ross 和 Lepper（1979）[②] 提出了这种倾向的认知机制，认为有足够证据说明人们倾向于解释后续迹象时继续原先的信念。

Kahneman 和 Tversky（1973）[③] 认为，锚定值的设定会受到事件陈述时人和数量的影响，而且常常是不当的被影响，他们的

---

① Gigerenzer G. Calculated Risks: How to Know When Numbers Deceive You [M]. New York: Simon & Schuster. 2002.

② Lord C., Ross L., Lepper M. Biased Assimilation and Attitude Polarization: The Effects of Prior Theories on Subsequently Considered Evidence [J]. Journal of Personality and Social Psychology, 1979, 37.

③ Tversky A. & Kahneman D. On the Psychology of Prediction. Psychol. Rev. 1973, 80, 237-251.

一项实验中，先让接受测试者启动未来之轮（上面有很多数字的转盘），受试者先看轮子上的数字，他们知道这些数字是随机的，然后估计另外一个事件（比如，加入联合国的非洲国家）的数量。结果发现，轮子上的数字较小的受试者估计了一个较小的数量，而轮子上数字较大的受试者则估计了一个较大的数量。

Tversky、Kahneman（1974）① 进行了“幸运轮”的试验并根据试验结果指出，不同的初始值会对以后的数值估计产生影响，使得估计值偏向于初始值。即个体的判断是以初始值也就是“锚”为依据，然后进行调整，即所谓的“锚定与调整”（Anchoring and Adjustment）。

Northcraft（1987）② 经过研究指出，专家在作决策判断时同样存在锚定效应，并且锚定效应的大小不会因为其丰富的专业知识和经验而减小。

Slovic 和 Lichtenstein（1971）③ 指出，个人在对不确定数字的数值估计时，从起始值调整的幅度通常是不够充分的。也就是说，评估时受锚定效应影响，其调整往往是不充分的。

Plous（1989）④ 认为，“锚定与调整”效应就是对最初开始值或锚定值进行不充分的向上或向下调整，而由于这些调整是不充分的，最终估计值将从不同的方向偏向于锚值。

Cutler 等（1990）⑤ 对股票市场的研究也发现锚定效应的存

---

① Tversky A., Kahneman D. Judgment Under Uncertainty: Heuristics and Biases [J]. Science, 1974, 185: 41 -57.

② Northcraft G. B., and Neale M. A. Experts, Amateurs, and Real Estate: An Anchoring and Adjustment Perspective on Property Pricing Decisions [J]. Organizational Behavior and Human Decision Processes, 1987, 39: 84 -97.

③ Slovic P., and S. Lichtenstein. Comparison of Bayesian and Regression Approaches to the Study of Information Processing in Judgment [J]. Organizational Behavior and Human Performance, 1971, 6: 649 -744.

④ Plous S. Thinking the Unthinkable: The Effects of Anchoring on Likelihood Estimates of Nuclear War [J]. Journal of Applied Social Psychology, 1989, 19: 67 -91.

⑤ Cutler D., J. Poterba, and L. Summers. Speculative Dynamics and the Role of Feedback Traders [J]. American Economic Review, 1990, 80, 63 -68.

在，当重要消息发生时，股票市场通常只有些许变动，随后在没有什么重大消息发布时发生巨幅变动。Shafir（1997）等研究了相同的假设决策问题，发现当依赖以强调名义数量的方式或者真实数量的方式提出问题时，人们趋于给出不同的回答。问题中出现的不管是名义的还是真实的数量都存在锚定。最近的研究发现，不仅普通投资者存在锚定，专业投资人士在决策时同样存在锚定，但如何细致地区分二者的不同并没有得到很好的解释，这也等待在未来进一步细致研究和完善。

Kruger（1999）① 在其研究中发现，当让受试者与其他人作比较时，受试者倾向于认为自己的能力高于平均水平。他认为人们通常锚定自己的能力，而根据其他人的能力进行调整，由于获得锚定数值较简单，而调整则要费劲得多，结果导致调整不充分。

Strack 和 Mussweiler（1997）② 通过试验手段研究后在其论文中指出，当锚值和目标估计值在数量上属同一维度（如两者的度量单位均为米，且都是用于度量高度或宽度）时，锚定效应更显著。即锚定效应在同一事物比较时显示得更为明显。并且，极值锚或对于目标估计值看似不大合理的数值，会产生很明显的锚定效应。锚定值越特殊，锚定效应越明显。也就是说，稀有但生动的案例往往更易引人注意。

Wilson 和 Houston（1996）③ 认为，锚值和估计值维度上的不

---

① Kruger J. Lake Wobegon be gone! The "Below – average Effect" and the Egocentric Nature of Comparative Ability Judgments [J]. Journal of Personality and Social Psychology, 1999, 77: 221 – 232.

② Strack F., and Mussweiler T. Explaining the Enigmatic Anchoring Effect: Mechanisms of Selective Accessibility [J]. Journal of Personality and Social Psychology, 1997, 73: 437 – 446.

③ Wilson T. D., Houston C., Etling K. M., and Brekke N. A New Look at Anchoring Effects: Basic Anchoring and It Antecedents [J]. Journal of Experimental Psychology: General, 1996, 4: 387 – 402.

同会降低锚定效应，但幅度不像 Strack 和 Mussweiler（1997）所发现的那么大。也就是说，在不同量纲的比较中，锚定效应仍会存在。

Wilson 和 Quattrone（1996）① 指出，锚定效应与意识到锚定效应的存在之间的关系非常弱，让受试者意识到存在锚定效应并不会降低锚定效应的程度。因此，意识到锚定效应的存在并不能有效减少锚定效应。

Chapman 和 Johnson（1994）② 指出，提不提供金钱激励并不会影响锚定效应的发生，即对受试者进行金钱激励并不会降低锚定效应。Chapman 等（1996）③ 经研究后指出，锚定效应存在于各个方面。如在模拟审判里，原告最初要求的赔偿金额将作为一个锚定值并影响最终对于被告是否有罪和赔偿金额的判决，也就是说，原告要求越多，得到的赔偿金额越高。Chapman 和 Johnson（2002）④ 在其最新研究中指出，并不是所有的数字都会产生锚定效应，发生"显著"的锚定效应需要具备以下条件：受试者对"锚值"充分注意、锚定值与目标值相兼容、极值锚、意识和激励。也就是说，通过一些有意识的手段可相应减少锚定效应的影响。

Yadav（1994）⑤ 经研究后指出，当消费者评估两种或更多商

---

① Wilson and Quattrone N. A New Look at Anchoring Effects: Basic Anchoring and It Antecedents [J]. Journal of Experimental Psychology: General, 1996, 4: 387 - 402.

② Chapman G. B., and Johnson E. J. The Limits of Anchoring [J]. Journal of Behavioral Decision Making, 1994, 7: 223 - 242.

③ Chapman G. B., and Bornstein B. H. The More You Ask for, The More You Get: Anchoring in Personal Injury Verdicts [J]. Applied Cognitive Psychology, 1996, 10: 519 - 540.

④ Chapman and Johnson, Incorporating the Irrelevant: Anchors in Judgments of Belief and Value [J]. Cambridge University Press, 2002, p. 126.

⑤ Yadav M. S. How Buyers Evaluate Product Bundles: a Model of Anchoring and Adjustment [J]. Journal of Consumer Research, 1994, 21: 342 - 353.

品时，最重要的商品会作为一个锚定值，并最终影响对所有商品的评估。

George 和 Hwang（2004）[①] 在研究中发现，前期股价的最高点对未来股票收益具有一定的影响。他们认为，这与投资者在决策时具有锚定和调整的行为偏差有关，即股价的前期高点成为投资者估值的锚定值，然后根据新信息进行不充分的调整。

（2）知觉偏差

a）首因效应和近因效应

人们除了容易受到对一个论题的第一种论述影响外，最后一个论述也会给人留下深刻印象，这种现象被称为“近因效应”。近因效应经常发生，即比起中间的论述，人们能够更清晰地记住最后一个论述。而注意力递减理论影响人们印象的形成，即随着人们注意力的转移，列表上排位靠后的项目受到较少的关注，因此这些项目对判断的影响力较小，这就是首因效应。

Asch（1946）[②] 通过“印象形成”实验首先发现关于首因效应的结论：即顺序靠前的特征比顺序靠后的特征对人们印象形成的影响更大。

Luchins（1957）[③] 通过“吉姆印象形成”实验首先发现关于近因效应的结论：即最后出现的信息会比最先出现的信息对印象形成的影响更大。

Wishner（1960）[④] 发现首因效应和近因效应究竟何者起作用，取决于认知主体的价值选择和价值评价。

---

① George T. J. and Chuan - yang Hwang. The 52 - week High and Momentum Investing [J]. Journal of Finance, 2004, 59: 2145 - 2175.

② Asch S. E. Forming Impressions of Personality [J]. Journal of Abnormal and Social Psychology, 1946, 41: 258 - 290.

③ Luchins A. S. Experimental Attempts to Minimize the Impact of First Impressions [M]. Yale University Press, New Haven, CT. 1957.

④ Wishner J. Reanalysis of "Impressions of Personality" [J]. Psychological Review, 1960, 37: 96 - 112.

b）晕轮效应

晕轮是指太阳周围有时会出现的一种光圈，远远看上去，太阳好像扩大了许多。晕轮效应是一种普遍存在的心理现象，它是指一个人在对他人进行评价时，对他人的某种品质或特征有非常清晰鲜明的知觉，由于这一特征或品质从观察者角度来看非常突出，从而掩盖了这个人其他特征和品质的知觉。也就是说，这一突出的特征或品质起着一种类似晕轮的作用，使观察者看不到其他品质，而仅仅凭借一点信息就对这个人的整体面貌作出判断。

晕轮效应被普遍认为是对人进行评价时的一种偏见形式。晕轮效应的发现在20世纪初首先出现在心理学研究领域。[①] Thorndike（1920）[②] 在进行人员资源方面的研究时，第一次正式提出了晕轮效应的概念。

随后，许多学者对晕轮效应进行了广泛的研究。Murphy（1993）[③] 认为晕轮效应为属性之间超出真实相关关系的多余的关系。

Bingham（1939）[④] 发现尽管由于偏好的因素，导致属性之间产生了虚假关系，但是即使在晕轮效应不存在的情况下，属性之间的“本质上的”或“真实的”相关关系也是存在的，从而无法确定相关关系是否出现了超出了真实相关关系水平。

Symonds（1956）[⑤] 和 Gilinsky（1947）[⑥] 分别通过测量属性

---

① Wells F. L. A Statistical Study of Literary Merit [J]. Archives of Psychology, 1907, 1: 7.

② Thorndike E. L. A Constant Error in Psychological Ratings [J]. Journal of Applied Psychology, 1920, 4: 25-29.

③ Murphy K. R. Anhalt R L, Jako R. Nature and Consequences of Halo Error: a Critical Analysis [J]. Journal of Applied psychology, 1993, 78 (2): 218-225.

④ Bingham W. V. Halo, Invalid and Valid [J]. Journal of Applied Psychology, 1939, 23: 221-228.

⑤ Symonds P. M. Notes on Rating [J]. Journal of Applied Psychology, 1956, 9: 188-195.

⑥ Gilinsky A. S. The Influence of the Procedure of Judging on the Halo Effect [J]. American Psychologist, 1947, 2: 309-310.

间的相关关系方法来测量属性间是否存在晕轮效应，如果属性之间的相关关系相对增加，则说明晕轮效应存在。

Lachman 和 Bass（1985）[1] 提出，应从晕轮效应的基础定义来直接测量晕轮效应的存在，他们将评价对象分为总体印象高和总体印象低两类，然后采用方差分析（ANOVA）统计方法检验评价者对这两类被评价对象具体属性的评价是否具有显著差异，如果存在显著差异，则说明存在晕轮效应。

c）对比效应

许多早期的心理学研究，都涉及像温度识别、颜色识别和重量识别的知觉判断，对比的选择会产生截然不同的效果，根据前后不同的情景，可能让事物或方案看起来更好或更坏，这就是对比效应。我们通常不太留意前后关系的影响，更少质疑呈现方案的效度。但它会极大地增加前后关系涉及者的影响，如政客、广告商、券商。他们设计的前后关系可以影响我们的观点和判断，哄骗我们作出不在这种场合不会作出的决策。

Festinger（1954）[2] 提出社会比较理论以来，就有研究者开始关注社会比较的方向对个体自我评价的影响，即上行比较（与比自己优秀的人比较）和下行比较（与比自己差的人比较）对个体自我评价的影响作用。他们普遍认为，社会比较对个体自我评价的影响与其比较方向具有一种内在的联系，从而产生对比效应。

基于对比效应机制的存在，Suls（2000）[3] 提出下行比较理论，认为当个体遭遇失败、丧失等消极生活事件威胁时，倾向于进行下行比较，以使自己得以维持主观幸损感和积极的自我

① Lachman S. J. , Bass A R. A direct study of halo effect [J]. Journal of Psychology, 1985, 119 (6): 535-540.

② Festinger L. A. Theory of Social Comparison Processes [J]. Human Relations, 1954, 7 (2): 117-140.

③ Suls J. M. & Wheeler L. Handbook of Social Comparison: Theory and Research [M]. New York: Plennm Press, 2000.

评价。

Buunk (2001)① 认为，下行比较可以通过降低个体自我评价的参照体系，以维持积极的自我评价，是压力事件和心理健康的一种应对机制，具有很好的适应功能。

Mlarsh (1984)② 将对比效应引用到教育情境中，提出了“大鱼小池塘效应”：认为具有相同能力的学生，当他们与更高能力的同伴进行比较时，就会具有较低的学业自我评价，当他们与能力较低的同伴进行比较时，就会拥有较高的学业自我评价。

d）稀释效应（刻板印象）

当我们反复思考如何作出一个困难的决策时，一般都会辩解说：“如果我能掌握更多的信息……”但是，虽然拥有更多信息确会有所帮助，但同时也会通过“稀释效应”改变我们对事物的认识，即中性和非相关信息容易削弱我们对问题实质的判断，掌握与问题非相关的信息会产生稀释相关信息的作用，导致相关信息的有效性减弱。“刻板印象”指有关某一群体或社会类别成员的特征、属性、行为的过分划一化的、夸张的信念。③

Leclerc (1994)④ 发现虽然社会心理学家们认为刻板印象一般会导致对人认知偏差与判断失误，但有些广告却利用刻板印象达到说服、促销的目的。如广告中用法语读法国品牌，会激活非法语消费者的与法国相关的刻板印象，从而促进对产品的享乐主

---

① Buunk B. P. Oldersma. Enliancing Satisfaction Through Downward Comparison: the Role of Relational Discontent and Individual Differences in Social Comparison Orientation [J]. Journal of Experimental Social Psycliology, 2001, 37 (3): 45 - 2467.

② Mlarsh H. W., Hau K. T. Big - Fisli - Little - Pond Effect on Academic Self - concept [J]. American Psycliologist, 2003, 58 (5): 364 - 372.

③ Hilton J. L., Von Hippel W. Stereotypes [J]. Annual Review of Psychology, 1996, 47: 237 - 271.

④ Leclerc F., Schmitt B. H., Dube L. Foreign Branding and Its Effects on Product Perceptions and Attitudes [J]. Journal of Marketing Research, 1994, 31: 263 - 271.

义功用的知觉，影响对品牌及品牌名称的态度。

Martin（2004）[①] 发现，如果消费者恰好是该刻板印象关联的群体并且是少数民族时，这种广告会对这些消费者的品牌态度及购买意向产生负面影响。

Nisbeet、Zukier 和 Lemley（1981）[②] 认为，实际上人们在作判断时往往会遭遇许多对其判断无帮助的信息，亦即无诊断力信息。以前的研究并未将焦点放在人们如何整合诊断力信息与无诊断力信息以作出判断。

（3）其他偏差

a）框架效应

框架效应。理性决策理论认为，对内容一致的备选方案，其描述方式的变化不应改变决策者的判断。但现实中人们常常会因为问题的表达方式不同而有不同的选择。“框架”这个名词是指对相同客观信息的不同表述，由于表述不同也会显著改变模型决策，即使框架差异的程度不应对理性决策产生影响。框架和措辞能够显著影响人们的决策和判断。

Kahneman & Tversky（1973）[③] 将框架效应定义为个体在分析问题时具有思维隔离、角度狭窄的一种倾向。具体来说，框架效应是指人们通常用一种分离的方式来分析问题，不同的分离方式可以形成不同的问题分析框架。由于受人们知识、信息、认知能力的局限，这种问题分析框架是相对有限的。这种问题分析方法在认知资源受到限制的情况下是非常有用的。但是，当人们面临

① Martin B. A. S.，Lee K.，Yang F. The Influence of AD Model Ethnicity and Self – referencing on Attitudes［J］. Journal of Advertising，2004，33：27 – 37.

② Nisbett R. E.，H. Zukier，and R. E. Lemley. The Dilution Effect：Nondiagnostic Information Weakens the Implications of Diagnostic Information［J］. Cognitive Psychology，1981，13：248 – 277.

③ Tversky A. & Kahneman D. On the Psychology of Prediction. Psychol. Rev. 1973，80，237 – 251.

某一个决策问题而且拥有众多的相关信息时，他的决策必然会受到大量可供选择的不同分离方式所产生的结果的影响。研究表明，由于这种问题分析方式的存在，人们的价值取向会发生翻转。

Fagley & Miller（1987）[①] 研究发现，在两维中框架效应影响的大小是不同质的，在许多情境下框架效应比较微弱或者根本不存在。Wang（1996）[②] 采用不同版本的亚洲疾病问题开展了一系列研究，改变了患者总数，使总数介于 6 至 600 人之间。结果发现：患者总数为 60 或 6 时没有发现框架效应；患者总数较少时，被试者明显喜欢选择冒险的方案。对于这种结果被试的解释是想给每个人一个平等的生存机会，被试关心的是公平性，这种关心在患者总数很少的情况下尤为明显。

Anderson（1993）[③] 发现，具有相同内部表征但外部表达方式不同的问题，也会引起决策者完全不同的决策行为。

Fagley（1993）[④] 区分出“纯框架”和“反射框架”两种框架类型。纯框架将框架内涵限定在对同一问题的不同表征上；而许多风险决策实验研究中所用到的博彩或对策任务，则归属于反射框架的范畴。

Levin、Schneider 和 Gaeth（1998）[⑤] 又将框架区分为风险选择框架、特征框架和目标框架。风险选择框架特指通过对潜在结

---

① Fagley N. S. , Paul M. Miller. Framing Effect and Arenas of Choice: Your Money or Your Life? [J]. Organizational Behavior and Human Decision Processes 1997, 71: 355 -373.

② Wang X. T. Framing Effects: Dynamics and Task Domains [J]. Organizational Behavior and Human Decision Processes, 1996, 11: 145 -157.

③ Anderson J. R. Rules of the Mind [M]. Hillsdale. NJ: Erlbaum, 1993, 33 -62.

④ Fagley N. S. A Note Concerning Reflection Effects Versus Framing Effects [J]. Psychological Bulletin, 1993, 113: 451 -452.

⑤ Levin I. P. , Schneider S. L. & Gaeth G. J. All Frames are not Created Equal: A typology and Critical Analysis of Framing Effects [J]. Organizational Behavior and Human Decision Processes, 1998, 76: 149 -188.

果发生概率进行表征而实现的框架；特征框架则指通过对客体或事件特征的操纵来实现的框架，如强调事件的正面积极特征，而忽略其负面消极特征等；目标框架则指通过对问题目标的不同凸显方式而呈现的框架，因此也被称为结果凸显框架。

Tversky 和 Kahneman（1981）① 通过调查和实验质疑了经济学视野中对决策者理性的基本假设，提出了决策制定过程中的框架效应相关理论。该理论认为，尽管问题表征框架的变化本质上并没有改变问题的基本结构，但会对人们的判断和决策行为产生系统性的影响。这种选择结果的差异显然违背了期望效用理论中的一致性原则。而这种问题实质未变但因框架不同而引起不同选择的现象则被称为框架效应，它可以解释传统理性分析所不能解释的行为主体背离理性选择一致性的原因。

Kuhberger（1998）② 发现框架效应对个体决策有显著影响。时间框架概念在 Peace（1995）③、Chandran 和 Menon（2004）④ 的研究中被正式提出，前者在时间分配决策中，根据活动开始和活动结束的时点分别构造出“停留（多长时间）”和“提前（多长时间）离开”两种时间框架；后者则将疾病发生率以天和年为时间单位进行表达，构造出“每天（发生多少例疾病）”和“每年（发生多少例疾病）”两种时间框架。上述两个研究中的时间框架都是关于决策问题的外部时间表征，即外部时间框架，是对

---

① Tversky A. & Kahneman D. The Framing of Decisions and the Psychology of Choice [J]. Science, 1981, 211: 453-458.

② Kuhberger A. The Influence of Framing on Risking Decisions: A Meta-analysis [J]. Organizational Behavior and Human Decision Processes, 1998, 75 (1): 23-55.

③ Peace P. W. Effects of Framing on Actual Time Allocation Decisions [J]. Organizational Behavior and Human Decision Processes, 1995, 61 (1): 67-76.

④ Chandran S. & Menon G. When a Day Means More Than a Year: Effects of Temporal Framing on Judgments of Health Risk [J]. Journal of Consumer Research, 2004, 31: 375-389.

行为决策所产生影响的初步探索。

Schuman 和 Presser（1981）[①] 在其调查研究中更明确地提出，相同问题的不同顺序会导致人们产生截然不同的答案。

Loewenstein（1988）[②] 指出，当即期和延期两种时机选择框架根据不同的参照点进行表征时，人们的决策偏好出现逆转。这种跨期选择中的框架效应，反映了个体进行时机选择时出现偏好不一致的内在心理机制，而这正是传统贴现理论所不能解释的。

Tversky 与 Kahneman（1986）[③] 认为，决策者并不是对价值的绝对水平敏感，而是对决策所造成结果的价值相对于参照点的变化敏感。因此，价值运算的前提和基础是价值零点即参照点的确立，而不同的决策框架将产生不同的价值零点，可见，框架效应本质上是通过影响个体在问题编辑过程的参照点而产生作用的。

Camerer、Loewenstein 和 Prelec（2005）[④] 认为，对于决策过程来说，认知与情感间的适当平衡非常关键，决策错误的产生可能就是由认知与情感间的不恰当分工造成的；并且，行为决策心理过程中的偏好关系也并不明确，它只是决策过程的反映，并随着问题的改变而由不同的价值准则所决定。

法国 M. W. 艾森克和 M. T. 基恩在《认知心理学》一书中也讨论了判断与决策的问题。他们认为，判断与决策问题在某些方面也与人类的推理很接近。判断研究关心的问题是从已有知识和

---

① Schuman H.，Presser S. & Ludwig J. Context Effects on Survey Responses to Questions About Abortion [J]. Public Opinion Quarterly，1981，45：216－223.

② Loewenstein Cz F. Frames of Mind in Inter－temporal Choice [J]. Management Science，1988，34（2）：200－214.

③ Tversky A. & Kahneman D. Rational Choice and the Framing of Decisions [J]. Journal of Business，1986，59（4）：251－278.

④ Camerer C.，Loewenstein G. & Prelec D. Neuroeconomics：How Neuroscience Can Inform Economics [J]. Journal of Economic Literature，2005，March，9－64.

可获得的证据中推导出结论的加工过程。相反，决策研究所关心的问题是我们如何在众多选择中作出决定，并且这些选择可能是对个人具有重要意义的。①

普劳斯（2004）② 指出，不依赖情境而起作用的刺激物是不存在的，情境因素对人们的反应方式有很深的影响。

b）联合评估和单独评估偏差

奚恺元（2007）③ 指数联合评估和单独评估偏差是指，在评价一个事物的时候，有明确的另外的事物可以作比较。可以同时分析这两个或两个以上事物的利弊；而在单独评估的时候，没有明确的其他事物可供比较，只能单独评价一个事物。联合评估和单独评估偏差指人们倾向于高估连续事件发生的概率，而低估独立事件发生的概率。对联合事件的高估可以有力地解释时间安排问题，该问题一般发生在多阶段计划的项目中。由于时间安排和预算问题，个人、公司和政府往往成为联合事件偏差的受害者。比如房屋的重建、新产品项目和公共建设项目很少按时或在预算内完成。

Hsee（1996）④ 认为，评估模式是指产品属性是被联合评估还是被独立评估。联合评估是指各个产品被并排放在一起并同时被一个人评估，而独立评估是指各产品被分开放置并且被不同的人评估。但是评估模式并不能严格地被分为这两种模式，而是处于这两种模式之间的一个连续变量。

Hsee（1998）⑤ 通过一系列实验发现，送出价值 45 美元的围

---

① M. W. 艾森克、M. T. 基恩：《认知心理学》，高定国、肖晓云译，华东师范大学出版社，2004。

② 斯科特·普劳斯：《决策与判断》，施俊琦、王星译，人民邮电出版社，2004。

③ 奚恺元：《别做正常的傻瓜》，机械工业出版社，2007。

④ Hsee C K. The Evaluability Hypothesis：an Explanation for Preference Reversals Between Joint and Separate Evaluations of Alternatives ［J］. Organizational Behavior & Human Decision Processes，1996，67.

⑤ Hsee C. K.，Leclerc F. Will Products Look More Attractive When Presented Separately or Together?［J］. Journal of Consumer Research，1998，25（2）：175－786.

巾作为礼物的人会比送出55美元的大衣的人让人感觉更大方；一个7盎司满杯的冰淇淋比一个8盎司却不满杯冰淇淋的评价更高；24件完好的餐具要比31件完好的餐具加上9件破损的餐具更受欢迎。

Hsee和Zhang（2004）[①]也用实验验证了评估模式对效用函数陡峭程度的影响，他们发现当进行联合评估时，人们认为卖出80本会比一本也没卖出更开心，卖出160本会比卖出80本更开心，卖出240本会比卖出160本更开心；而在进行独立评估的时候，卖出80本会比一本也没卖出更开心（质变），但卖出80本、160本或是240本三种情况下人们的开心程度差不多。

联合评估时，消费者则会用产品互相作为参考来评估。例如，Hsee（1998）[②]的研究发现，如果两个产品都属于同类产品中比较差的产品，当它们被独立评估时，人们会把它们和该类产品平均水平进行比较，给出的支付意愿比较低，而当这两个产品被联合评估时，人们便更倾向于在它们之间进行比较，这样就使得两个产品看起来没那么差，人们对这两个产品的支付意愿都会比在进行独立评估时要高；而当两个产品都属于同类产品中比较好的产品时，联合评估会让人们在比较这两个产品时看到两个产品的缺点，感觉它们没那么好，因此对这两个产品的支付意愿都会比在进行独立评估时要低。Willemsen和Keren（2004）[③]的研究也支持这一结论，他们发现消费者在独立评估下对负性的属性

---

① Hsee C. K., Zhang J. Distinction Bias: Misprediction and Mischoice Due to Joint Evaluation [J]. Journal of Personality & Social Psychology, 2004, 86 (5): 680-695.

② Hsee C. K. Less Is Better: When Low Value Options Are Valued More Highly Than High Value Options [J]. Journal of Behavioral Decision Making, 1998, 11 (2): 107-121.

③ Willemsen M. C., Keren G. The Role of Negative Features in Joint and Separate Evaluation [J]. Journal of Behavioral Decision Making, 2004, 17 (4): 313-329.

比对正性的属性赋予更多的权重。

在联合评估下消费者对产品的互相比较还能使一些比较隐形的特征凸显，例如，Okada（2005）[①] 发现在独立评估时，人们对享乐型产品比对功利型产品评价更高，但是在联合评估时，消费者却更倾向于选择功利型产品而不是享乐型产品，这是因为当享乐型产品和功利型产品被同时展示时，功利型产品的存在会让享乐型产品显得更加可有可无，让消费者缺乏购买享乐型产品的理由。

Yeung 和 Soman（2005）[②] 发现，当某产品的两个属性的可评估性一个较高一个较低时，如果消费者所了解的这两个属性的价值范围变大，则人们会更倾向于选择那个在可评估性较高的属性上表现更优的产品。

Zikmund Fisher 等（2004）[③] 在对消费者医疗决策的研究中发现，评估模式对消费者在医疗服务信息中能否作出正确的选择有重要的影响。

Chu 等（2010）[④] 已经发现在独立评估模式下，人们并不关注产品原产地，他们的决策更多地受品牌的影响，而在联合评估模式下，比较使得产品原产地这一属性对人们决策有更大的影响，人们更喜欢那些在优势产地生产的产品。

c）过度自信

过度自信是指人们对自己的能力、知识和未来的预测表现出

---

① Okada Erica Mina. Justification Effects on Consumer Choice of Hedonic and Utilitarian Goods［J］. Journal of Marketing Research, 2005, 42（1）: 43 -53.

② Yeung C., Soman D. At Tribute Evaluability and the Range Effect［J］. Journal of Consumer Research, 2005, 32（3）: 363 -369.

③ Zikmund Fisher B. J., Fagerlin A., Ubel P. A. Is 28% Good or Bad? Evaluability and Preference Reversals in Health Care Decisions［J］. Medical Decision Making, 2004, 24（2）: 142 -148.

④ Chu P. Y., Chang C. C., Chen C. Y., et al. Countering Negative Country of Origin Effects: the Role of Evaluation Mode［J］. European Journal of Marketing, 2010, 44（7, 8）: 1055 -1076.

过分的乐观自信。决策者过度自信对他们在处理决策信息时会产生三种影响：过度自信者会过分依赖自己收集到的信息而轻视甚至否认他人收集的信息；过度自信者在过滤各种决策信息时，只注重那些不伤害他们自信心的信息；他们一旦形成一个信念较强的假设或设想，就经常会把一些附加证据错误地解释以对该设想有利。很显然，"适度自信"是可取的，但"过度自信"则是一种非理性行为，过度自信者的决策会损害企业运行效率。

Oskamp（1965）① 首先提出了过度自信这一概念，指个体认识不到自己知识的局限性，导致高估自己的能力。尤其在决策环境和条件不是很清晰的时候，例如是否要引进一种新产品等。

Lichtenstein S. 等（1977）② 认为，个人对于自己不太能了解或想象的事件，会低估其发生的可能性，从而忽略其可能产生的风险，并造成个人过度自信与过度反应的情况。

Kahneman 和 Tversky（1979）③ 主要是从信息处理的认知角度，来解释人们过度自信的形成原因，结果发现当人们在作判断与决策时，会倾向给予较突出的信息比较高的权值。

Hastorf 等（1970）④ 认为，人们易于把成功归于自己的高能力，而把失败归咎于外部因素的不利影响。Shefrin（2007）⑤ 认为，过度自信是一种因人们对自身能力和知识面了解程度不足而

① Oskamp S. Overconfidence in Case - study Judgments, The Journal of Consulting Psychology, 1965, 29: 261 - 265.

② Lichtenstein S. and B. Fischhoff. Do Those Who Know More also Know More About Much They Know? The Calibration of Probability Judgements [J]. Organizational Behavior and Human Performance. 1977, 3.

③ Kahneman D., Tversky A. Prospect Theory: An Analysis of Decisions Under Risk [J]. Econometrica, 1979, 47 (3): 263 - 291.

④ Hastorf A. H., Schneider D. J., Polefka J. Person Perception, Reading, Mass. [M] Los Angeles, California, U. S. A: Addison - Wesley Publishing Company, 1970.

⑤ Shefrin H. M. Behavioral Corporate Finance - decisions that Create Value [M]. International Edition, McGraw - Hill Education, 2007, 113 - 124.

产生的偏差，对自身能力过度自信的人对自己的判断总是高于实际，对知识面过度自信的人总是觉得自己明白很多东西，实际并非如此。

Daniel 等（1998）① 认为已经成功的人会将自己的成功归因于自己所掌握知识的准确性和个人的超强能力，从而变得更加自信，这种自我归因偏差的结果是导致成功者变得更加过度自信。

Camerer 和 Lovallo（1999）② 通过实验研究指出，企业家普遍相信自己的能力高于其竞争对手，过度自信的结果是导致企业家过多地非理性地进入商业竞争。

Russo 和 Schoemaker（1992）③ 的研究发现，99%以上的管理人员都高估了自己所掌握的知识和信息，高估了自己的经营能力以及企业的赢利能力，而职业经理人也具有高估自己判断准确性的特点。

Weinstein（1980）④ 的过度乐观是指人们对有利和不利事件所作估计的偏差是单向的，通常会高估有利事件发生的可能性，低估不利事件发生的可能性。大多数人在评估自身能力或预测未来事件时会表现出不切实际的美好想法，他们总是期待发生在自己身上的好事要比别人更多一些。

Kahneman and Lovallo（1993）⑤ 的研究发现，过度自信作为一种认知偏差在一定程度上可以通过学习得到修正。但是，公司决

---

① Daniel, Kent, David Hirshleifer, and Avanidar Surbrahmanyam. Investor Psychology and Security Market Under and Over - reactions [J]. Journal of Finance, 1998, 3: 1839 - 1885.

② Camerer C. and D. Lovallo. Optimism and Excess Entry: An Experimental Approach [J]. American Economic Review, 1999, 89 (1): 306 - 318.

③ Russo J. E. and P. J. H. Schoemaker. Managing Overconfidence [J]. Sloan Management Review, 1999, 33: 7 - 17.

④ Weinstein N. D. Unrealistic Optimism about Future Life Events [J]. Journal of Personality and Social Psychology, 1980, 39: 806 - 820.

⑤ Kahneman D., and Lovallo D. Timid Choice and Bold Forecasts: A Cognitive Perspective on Risk Taking [J]. Management Science, 1993, (39): 17 - 31.

策环境决定了学习效应并不适合管理者。学习效应是指非理性的代理人会通过对以往经验的学习来不断达到理性，学习效应通常存在于"当非常相似的问题不断反复出现，尤其是当所做决策的结果短时间内就会显现而且结果本身能够提供明确的反馈信息的情况"。

Odean（1998）[①] 则从接受投资项目的时间以及企业价值角度研究了管理者过度自信和企业投资行为之间的关系。在其资本预算模型中，对过度自信的管理者和理性管理者的投资决策进行了比较，结果发现过度自信的管理者倾向于更早地接受投资项目；而对风险更加厌恶的理性管理者却倾向于推迟接受项目。此外，管理者的过度自信导致自己对自身能力的估计更高，错误地认为自己能控制更高的投资风险，从而更多地接受高风险的投资项目。在投资决策中，管理者自信程度和企业的价值之间的关系是非线性的，一定程度内的管理者过度自信可以提高企业的价值，而超过一定限度的管理者过度自信却造成企业价值的损失。

Odean（1998）[②] 也发现，散户会在卖出股票之后很快又买进另一种股票，但是平均而言，在第一年的交易中，即使扣除交易成本，其所卖出的股票之后续表现会比其所买进的股票表现要好，而这种交易过度频繁的现象，可能是来自投资人的过度自信。

Shefrin and Statman（1994）[③] 认为，投资人之所以做了"不好的"投资，是因为他们不知道自己的信息不足所产生的过度自信。

---

① Odean T. Volume, Volatility. Price, and Profit when all Traders Are Above Average [J]. Journal of Finance, 1998, 53 (6): 1887 - 1934.

② Odean T. Are Investors Reluctant to Realize Their Losses [J]. Journal of Finance, 1998, Oct.

③ Shefrin H. and M. Statman. Behavioural Capital Asset Pricing Theory [J]. Journal of Financial and Quantitative Analysis, 1994, 29.

Fiske 和 Taylor（1991）① 认为，人们只要相信，就不会考虑其信息是否完全精确，该信息是否早已过时，或只是道听途说；而人们之所以相信这些事项的真实性或非真实性，主要是缘于个人的过度自信心理。

d）损失规避

损失规避是指人们总是强烈倾向于规避损失：一定数额的损失所引起的心理感受，其强烈程度相当于两倍数额的获益感受。这种强烈的心理与行为倾向广泛存在于风险与非风险领域，在该两个领域中损失规避的研究范式也不同。损失规避常见于经济和消费等领域，可用于解释行为决策中有悖于规范化理论的诸多现象，如禀赋效应、现状偏差、股权溢价之谜和赢者的诅咒等。

损失规避之所以被认为是一种无处不在的现象，部分归功于 Thaler（1980）② 将其引入非风险领域，用以解释禀赋效应。禀赋效应指个人对自己所拥有物品的评价价值要比没有拥有该物品时高。典型禀赋效应实验以商品交易为原型，将被试随机分为两组，研究者要求得到物品的一组被试给愿意出让该物品的最低价格 WTA，并要求得到金钱的另一组被试给愿意购买该物品的最高价格 WTP。为了保证被试在实验中表达自己真实的意愿，研究者们常使用 BDM（Becker，DeGroot & Marschak，1964）③ 方法，即随机抽取被试的抉择之一以决定其实际报酬。Sayman 和 ncüler（2005）④ 通过实验发现，WTA 的中数约两倍于 WTP 的中数，且

① Fiske and Taylor. Social Cognition. New York［M］. McGraw－Hill Inc.，1991.

② Thaler R. Toward a Positive Theory of Consumer Choice［J］. Journal of Economic Behavior and Organization，1980，1：39－60.

③ Becker G. M.，DeGroot M. H.，& Marschak J. Measuring Utility by A Single－response Sequential Method［J］. Behavioral Science，1964，9：226－232.

④ Sayman S.，& Nculer A. Effects of Study Design Characteristics on the WTA－WTP Disparity：A Meta Analytical Framework［J］. Journal of Economic Psychology，2005，26：289－312.

二者的平均数之比大于中数比；研究者们认为这种差异是损失规避的一种表现，并将 WTA/WTP 看作损失规避的系数。

Novemsky & Kahneman（2005）[①] 推测，人们可能只对物品存在损失规避，而对用于消费的金钱没有损失规避。这可能说明人们对消费品（钱也可以看作一种消费品）不存在损失规避。

股权溢价之谜是金融学领域广为研究的一个重要现象，Shlomo 和 Thaler（1995）[②] 以预期理论为基础，用短视性损失规避对此进行解释：根据效用最大化原则，投资者会计算资产组合的潜在损失获益值，并选择期望效用最高的资产组合进行投资。

大量研究已经证实了损失规避现象的普遍性。研究者在多种情境下发现了损失规避现象，其中包括金钱、咖啡杯、油画、巧克力等物品，也包括一些难以用金钱衡量价值的物品，如大学篮球比赛门票（Carmon & Ariely，2000）[③]、赠品证明书（Sen & Johnson，1997）[④]、彩票（Sasaki，Xie，Ohtake，Qin & Tsutsui，2008）[⑤] 等。Carmon、Wertenbroch 和 Zeelenberg（2003）[⑥]、Dhar 和 Wertenbroch（2000）[⑦] 的研究证明，即使人们没有真实地拥有

---

① Novemsky N.，& Kahneman D. The Boundaries of Loss Aversion［J］. Journal of Marketing Research，2005，42：119 - 128.

② Shlomo B.，& Thaler R. Myopic Loss Aversion and the Equity Premium Puzzle［J］. Quarterly Journal of Economics，1995，110.

③ Carmon Z.，& Ariely D. Focusing on the Forgone：How Value Can Appear So Different to Buyers and Sellers［J］. Journal of Consumer Research，2000，27：360 - 370.

④ Sen S.，& Johnson E. J. Mere - possession Effects Without Possession in Consumer Choice［J］. The Journal of Consumer Research，1997，24：105 - 117.

⑤ Sasaki S.，Xie S.，Ohtake F.，Qin J.，& Tsutsui Y. Experiments On Risk Attitude：The Case of Chinese Students［J］. China Economic Review，2008，19：245 - 259.

⑥ Carmon Z.，Wertenbroch K.，& Zeelenberg M. Option Attachment：When Deliberating Makes Choosing Feel Like Losing［J］. Journal of Consumer Research，2003，30：15 - 29.

⑦ Dhar R.，& Wertenbroch K. Consumer Choice Between Hedonic And Utilitarian Goods［J］. Journal of Marketing Research，2000，37：60 - 71.

物品，仅通过情景想象也可以体验到损失规避。

Strahilevitz 和 Loewenstein（1998）[①] 认为，产生损失规避的原因之一是人们对将要失去的物品具有情感依恋。与实用物品相比，人们更不愿意放弃自己喜欢的物品，所以卖掉自己喜欢物品时要价最高，但在购买时则倾向于实用价值的物品。而且拥有物品时间越长，对该物品的依恋越高，禀赋效应也就越明显。

Kermer 等（2006）[②] 认为，人们高估了损失带来的负性情感反应，从而导致损失规避：损失规避仅仅是情感预测的错误，人们恐惧高估的负性情感反应，因此对损失的反应较强。

影响损失规避的另一重要因素是交易中的认知角度。其中包括人们对交换物品属性的认知，如 Chapman（1998）[③] 认为，交换的物品可以被替代时禀赋效应会降低，Johnson 等（2006）[④] 认为，越是重要的属性损失规避就越明显，Wicker、Hamman、Hagen、Reed 和 Wiehe（1995）[⑤] 认为，被试可利用资源较多时禀赋效应降低，即收入效应（income effect）。

经济学将损失看作结果多样性的函数，而 Duxbury 和 Summers（2004）[⑥] 认为，在心理学中，风险的度量标准就是潜在损失

---

① Strahilevitz M. A., & Loewenstein G. The Effect of Ownership History on the Valuation of Objects [J]. The Journal of Consumer Research, 1998, 25: 276 – 289.

② Kermer D. A., Driver – Linn E., Wilson T. D., & Gilbert D. T. Loss Aversion Is An Affective Forecasting Error [J]. Psychological Science, 2006, 17: 649 – 653.

③ Chapman G. B. Similarity and Reluctance to Trade [J]. Journal of Behavioral Decision Making, 1998, 11: 47 – 58.

④ Johnson E. J., Gaechter S., & Herrmann A. Exploring the Nature of Loss Aversion [R]. IZA Discussion Paper, No. 2015. Available at SSRN: http://ssrn.com/abstract=892336.

⑤ Wicker F. W., Hamman D., Hagen A. S., Reed J. L., & Wiehe J. A. Studies of Loss Aversion and Perceived Necessity [J]. The Journal of psychology, 1995, 129: 75 – 89.

⑥ Duxbury D., & Summers B. Financial Risk Perception: Are Individuals Variance Averse or Loss Averse? [J]. Economics Letters, 2004, 84: 21 – 28.

的大小，因此损失规避被看作风险规避的原因。Maggi（2006）① 曾从理论角度提出一种解释，认为在累积性预期理论中，风险规避实际上代表弱损失规避。Joaquin（2008）认为，有效测量风险态度的一个充分条件是要反应弱损失规避。由此看来，损失规避和风险规避相互关联。

Benartzi 和 Thaler（1995）② 指出，通过引入投资者具有短视的损失规避特点可以在一定程度上解释美国股票市场上存在的"股价溢价之谜"。同时，他们的研究发现，机构投资者在进行投资决策时同样表现出损失规避的行为特点。

Rabin（2000）③ 指出，损失规避可以解释诸多在现实世界中出现的对期望效用理论的偏离行为。

Rabin 和 Thaler（2001）④ 进一步发现，参与人损失规避的程度会随着赌注的增加而不断地提高，因而会显著地影响人们的决策行为。

Kahneman 和 Tversky（1979）⑤ 认为，损失和获益的心理效用并不相同，客观上的损失比等量获益产生的心理效用更大，并把这种现象命名为损失规避（loss aversion）。

Kahneman、Knetsch 和 Thaler（1991）⑥ 认为，作为预期理论

① Maggi M. A. Loss Aversion and Perceptual Risk Aversion. Journal of Mathematical Psychology, 2006, 50: 426 - 430.

② Benartzi S. and Thaler. Myopic Loss Aversion and the Equity Premium Puzzle. Quarterly [J]. Journal of Economics, 1995, 110: 73 - 92.

③ Rabin Matthew. Risk Aversion and Expected - utility Theory: A Calibration Theorem. [J]. Econometrica, 2000, 68: 1281 - 1292.

④ Rabin Matthew and Richard H. Thaler. Anomalies: Risk aversion [J]. Journal of Economic Perspectives, 2001, 15: 219 - 232.

⑤ Kahneman D., Tversky A., Prospect Theory : An Analysis of Decisions Under Risk [J]. Econometrica, 1979, 47 (3) : 263 - 291.

⑥ Kahneman D., Knetsch J. L., & Thaler R. H. The Endowment Effect, Loss Aversion, and Status Quo Bias [J]. Journal of Economic Perspectives, 1991 5: 193 - 206.

的基石之一的“损失规避”具有参照点依赖性：获益和损失都是与参照点相比而言的。因此，可以把损失规避定义为：与参照点相比，损失比等量获益产生的心理效用更大。

e）认知失调

几乎所有涉及多种选择的决策都会引起纷争。之所以如此，是因为选择任何一种决策都不可能十全十美，而任何废弃的决策也有可取之处。之所以放弃目前的选择只是因为这种选择的可取之处与决策者的选择相互抵触，而决策者又认为自己已经作出了最好的抉择。这种不协调，在心理学中被称为“认知失调”。“感觉”一词来源于“认知”，一般意义上是指知觉过程所采取的任何形式。如果这些“认知”之间相互一致，我们就称之为协调一致的关系；如果相互抵触，我们就称之为“失调”。

Festinger（1957）① 认为，人有一种保持认知一致性的趋向。在现实社会中，不一致的、相互矛盾的事物处处可见，但外部的不一致并不一定导致内部的不一致，因为人可以把这些不一致的事物理性化，而达到心理或认知的一致。但是倘若人不能达到这一点，也就达不到认知的一致性，心理上就会产生痛苦的体验。

Rosenberg（1965）② 认为，Leon Festinger 的研究结果是由于主试和被试之间的交互作用引起的。主试在观察被试完成实验任务后调查被试态度的改变，这可能导致实验报酬比较多的被试意识到自己的报酬数量与实验任务的简单性是不相符的，进而猜测主试是在考验自己，有意表现出坚持原来的态度，抵制实验中对自己态度的各种影响。被试不仅产生认知失调，还可能产生对态

① Festinger L. A Theory of Cognitive Dissonance [M]. Stanford. CA: Stanford University Press, 1957.

② Rosenberg. When Dissonance Fails: On Eliminating Evaluation Apprehension From Attitude Measurement [J]. Journal of Personality and Social Psychology, 1965, 1(1): 28-42.

度测量的担心。

Camerer（2002）[①] 认为，在决策后，决策者会本能地担心决策的不利结果而产生认知失调，这时，决策者在选择衡量决策结果时，总存在避免产生或者克服这种失调，因而会倾向于选择对衡量有利的参照对象，这种衡量将进一步影响决策者下一次的理性决策。

Festinger 和 Carlsmith（1959）[②] 认为，如果某个人被诱惑去做或去说某件同他自己观点相矛盾的事，则个体会产生一种改变自己原来观点的倾向，以便达到自己言行的一致，用于引发个体这种行为的压力越小，态度改变的可能性越大；压力越大，态度改变的可能性越小。

Tedeschi 等（1971）[③] 提出了印象整饰理论，他们认为该理论也可以替代认知失调理论。他们认为，用单一假设可以更有逻辑性地解释失调现象，这个假设就是：在失调实验中的被试都在整饰他们留给实验者的印象。言语和行为一致提高了个体的可信度，使他更成功地影响其他人。特德斯基等人认为，只有当他们认为其他人知觉到自己的不一致时，矛盾的认知才使他们感到不舒服。

f）沉没成本

奚恺元（2007）[④] 的沉没成本指已经付出且不可收回的成本。一个完全理性的决策者在做成本收益分析时是不应该把沉没成本计算在内的，因为过去的不能挽回，既然不能挽回，就不能对现在产生影响，就应该让它过去，在决策时应将其忽略。而事实上，人们

---

① Camerer G. F. Bahavioral Game Theory: Experiments on Strategic Interaction [M]. Princeton University Press Draft, 2002.

② Festinger L. and Carlsmith J. M. Cognitive Consequences of Forced Compliance [J]. Journal of Abnormal and Social Psychology, 1959, 58: 203 - 211.

③ Tedeschi J. T., Schlenker B. R. & Bonoma T. V. Cognitive Dissonance: Private Ratiocination or Public Spectacle? [J]. American Psychologist, 1971, 26: 685 - 695.

④ 奚恺元：《别做正常的傻瓜》，机械工业出版社，2007。

在作决策的时候，都要或多或少地受到沉没成本的影响。

沉没成本效应具体表现为在某一方面一旦投入了金钱、努力或时间之后，就表现出继续投入的巨大倾向。Arkes 和 Blumer (1985)[①] 将“先前投入的时间、金钱或其他资源会影响个体后来的决策”的现象定义为沉没成本效应。

Kanodia 等（1989）[②] 认为，企业是连续生产还是转换生产依据决策者所拥有的私有信息程度。有关人力资本的私有信息就是决策者的个人能力或水平。

Dixit（1994）[③] 认为，在期望延期投资获得有关未来更多信息的条件下，等待新信息就有实物期权价值。当考虑投资时，相关信息比预期差，这样就会取消投资或者延期投资。当考虑退出时，相关信息比预期好，这就导致不退出或延期退出。从而发现，等待收益使人们考虑投资成本的损失，从而出现沉没成本谬误。

Zeelenberg（1996）[④] 认为，沉没成本效应的存在有其理性的一面。通常来说，人们顾及沉没成本的原因是他们不想表现得太过浪费。抵制浪费的原则通常是一种好原则。但是这种说法也不是绝对正确的。

Francesca Gino（2008）[⑤] 研究认为，当面对决策时，人们采

---

① Arkes H. and Blumer C. The Psychology of Sunk Cost ［J］. Organizational Behavior and Human Decision Processes, 1985, 35: 125 - 140.

② Kanodia C., R. Bushman, J. Dickhaut. Escalation Errors and Sunk Cost Effect, “An Explanation Based on Reputation and Information Asymmetries” ［J］. Journal of Accounting Research, 1989. 59 - 83.

③ Dixit A., Pindyck R. Investment Under Uncertainty ［M］. Princeton Princeton University Press, 1994. 124 - 156.

④ Zeelenberg M. On the Importance of What Might Have Been: Psychological Perspectives on Regret And Decision Making ［D］. University of Amsterdam, 1996.

⑤ Francesca Gino. Do We Listen to Advice Just Because We Paid For It? The impact of advice cost on its use ［J］. Organizational Behavior and Human Decision Processes 2008, 3.

用关于投资的建议和免费的建议有显著差异，并认为这种差异是由成本沉没造成的。

斯蒂格利茨（2000）[①] 认为，当一项开支已经付出并且不管作出何种选择都不能收回，这类支出称为沉没成本。成本沉没依不同的标准，可以划分为不同的种类。根据先前投入成本性质的不同，成本沉没可以划分为货币性成本沉没和行为性成本沉没。货币性成本沉没是以货币为前期投资，而行为性成本沉没则以努力、时间或精力及其他为前期投资。

g）后悔厌恶

后悔厌恶是一种非常普遍而且非常容易理解的心理，人们常常为作出错误的决策自责，这种情绪就是后悔。损失会让人很痛苦，而后悔是一种除了损失之外还自认必须对此负责的感受，因此后悔比损失更让人痛苦。后悔厌恶就是指为了避免决策失误所带来后悔的痛苦，决策者产生一些非理性行为。损失厌恶是导致后悔厌恶的直接原因，正是因为损失所带来的痛苦才使得人们会感到后悔。从后悔厌恶出发，又可以发展出确认偏差、处置效应等行为偏差。

Savage（1951）[②] 认为，有时人们倾向于安全性的选择，有时却倾向于冒险的矛盾决策行为。这与最大后悔最小化原则决策者总是会选择所有最大可能后悔中最小后悔的方案是一致的。

Thaler（1980）[③] 首先提出，当人们作出错误的决策时，会对自己的行为感到痛苦，为了避免后悔，投资者常常作出一些非理性行为。

---

① 斯蒂格利茨：《经济学》（第二版），梁小民、黄险峰译，中国人民大学出版社，2000，第 40 页。

② Savage L. J. The Theory of Statistical Decision [J]. Journal of the American Statistical Association, 1951, 46: 55 -67.

③ Thaler R. Toward to Positive Theory of Consumer Choice [J]. Journal of Economics Behavior and Organization, 1980. 1: 39 -60.

Zeelenberg 等（2006）[①] 认为，预期后悔对随后决策的影响在于人们具有“后悔厌恶”的倾向，个体将选择那些可以最小化后悔的选项，这些选项可能是风险规避行为，也可能是风险寻求行为。

Gilovich 等（1995）[②] 提出，后悔和其他情绪因素的最大差异在于，它是以判断为中心的。后悔对于个人来说，是一种除了损失以外，还自认为必须要负责任的感受，因此，后悔带来的痛苦比因错误导致的损失带来的痛苦还要大。

Loomes 和 Sugden（1982）[③] 所提出的预期后悔理论的中心就是决策中这种情感因素的重要性，因而他们把情感和动机的因素合并到期望效用的结构中。预期后悔理论认为个人会评估他对未来事件或情形的预期反应，这些预期情绪将改变效用函数，决策者在决策中会力争将后悔降至最低。

h）后知之明

后知之明又被称作事后聪明式偏差。后知之明将已经发生的事情视为相对不可避免和显而易见的事情，却忽略了此时此刻自己的判断实际上已经受到已知结果的潜在影响。许多实验发现，后知之明广泛存在于选举、医疗诊断、比赛，以及其他一些领域中。这些实验运用不同的试验技巧、指导语和被试人群，都得到了相同的结果。

Fischhoff（1975）[④] 提出的后见之明心理则强调人们的自信

---

① Zeelenberg M.，Nijstad B. A.，Putten M. V.，et al. Inaction Inetia，Regret，and Valuation：A Closer Look［J］. Organizational Behavior and Human Decision Processes，2006，101：89－94.

② Gilovich T. and V. H. Medvec. The Experience of Xegref：What，When and Why［J］. Psychological Review，1995，102：379－395.

③ Loomes，Sugden Regret. Theory：An Alternative Theory of Rational Choice Under Uncertainty［J］. Econmic Journal，1982，92：805－824.

④ Fischhoff B. Hindsight ≠ Foresight：The Effect of Outcome Knowledge on Judgment Under Uncertainty［J］. Journal of Experimental Psychology：Human Perception and Performance，1975，1（3），288－299.

如何随着新信息的到来而调整。Fischhoff 将后见之明定义为后见判断（可得益于事件结果反馈的判断）与先见判断（不知晓事件结果时的判断）的系统差异。在后见之明的心理下，一个人若已经知道其预期的结果或事件已经发生，其自信会往上调整；反之，若预期的结果或事件没有发生，则其自信会往下调整。

Slovic 和 Fishhoff（1977）① 认为，在先见条件下，各种可能结果都要作为提取线索，证据选样的范围较为宽泛；而在后见条件下，只有确定结果作为提取证据的线索。这样，如果与结果不符的信息有所丧失，再次补充的信息就会朝与给定结果相符的方向偏移，同样道理，确信程度判断也向确定结果偏移。

Blank（2007）② 认为，广义地来说，后见之明偏差是指当事件发生或事实呈现之后，人们在已经得知结果的情况下来观察事件或事实时，对它们的表征所发生的偏差。

Walster（1967）③ 认为，被试的判断有可能受事件动机意义的影响。她认为结果维度对后见效应的调节是以被试的需要为条件的，那就是被试相信这个世界是可预测的甚至是可以控制的，那么在重要的结果面前就会扩大这种需要。

Curren 等（1992）④ 发现，人们在进行团体决策时，也会出现类似现象：当其团体决策导致有利结果时，人们表现出后见效应；而当决策导致不利结果时，则没有表现出后见效应。

---

① Slovic P., Fischhoff B. On the Psychology of Experimental Surprise [J]. Journal of Experimental Psychology: Human Perception and performance, 1977, 3: 544 - 551.

② Blank H., Museh J., & Pohl R. F. Hindsight Bias: On Being Wise After the Event [J]. Social Cognition, 2007, 25: 1 - 9.

③ Walster E. Second Guessing Important Events [J]. I - Iuman Relations, 1967, 20: 239 - 249.

④ Curren M. T., Folkes V. S., Steckel J. H. Explanations For Successful and Unsuccessful Marketing Decisions: The Decision Maker's Perspective [J]. Journal of Marketing, 1992, 56: 18 - 31.

i）归因偏差

人们对他人或自己的行为进行归因时，并不总是既合逻辑又合情理的，常常出现错误或偏差，这就是归因偏差。管理决策中的归因偏差作为一种歪曲的、错误的、片面的归因，会给企业带来诸多负面影响。决策的归因偏差容易降低决策者的自我效能感和监控能力，同时也会对员工工作积极性和归因倾向产生消极影响。管理决策中归因偏差的主要表现有：基本归因偏差、活动者—观察者归因偏差、自利性归因偏差和偏见性归因偏差。

归因是人们对事件发生的原因进行解释，归因理论最早是由美国社会心理学家 Heider（1958）[①] 在其人际知觉研究中首先提出的。

Bem（1965）[②] 提出了自我归因偏差的概念，指出人们在实践过程中，往往认为理想的结果是由自己处理事件的能力导致的，而不理想的结果则归于外部因素影响所致。Wolosin（1973）[③]、Langer（1975）[④] 和 Miller（1975）[⑤] 等人也提出了一致的看法。Daniel、Hirshleifer 和 Subramanyan（1998）[⑥] 将投资者的自我归因偏差加以量化，证明那些对私有信号存在过度自信的

---

① Heider F. The Psychology of Interpersonal Relations [M]. New York: Willey, 1958.

② Bem D. J. An Experimental Analysis of Self – Fpersuasion [J]. Journal of Experimental Social Paychology, 1965, 1: 199 – 218.

③ Wolosin R. J., Sherman S. J., Till A. Effects of Coopertion and Competition on Responsibility Attribution After Success and Failure [J]. Journal of Experimental Social Psychology, 1973, 9: 220 – 235.

④ Langer E. J., Roth J., Heads Iwin. Tail It's Chance: the Illusion of Control as A function of the Sequence of Outcomes in a Purely Chance Task [J]. Journal of Personality and Social Psychology, 1975, 32: 951 – 955.

⑤ Miller D. T., Michael R. Self – serving Biases in Attribution of Causality: Fact or Fiction [J]. Psychological Bulletin, 1975, 82 (2): 213 – 225.

⑥ Daniel K., Hirshleifer D, Subrahmanyam A. A Theory of Overconfidence, Self – attribution, and Security Market Under and Over – reaction [J]. Journal of Finance, 1998, 53: 1839 – 1885.

投资者对该信号反应过度，而自我归因心理会使其变得越发过度自信。

后来 Weiner (1985)[①] 提出三维度六要素的成败归因理论，认为归因影响期望的改变和情感反应，而这种归因后果又促动后继行为，成为后继行为的动因。人们对成败结果不同原因、不同维度的归因，就会产生不同的情感反应和期望水平，继而引起成就动机或行为的变化。

j）证实偏好

证实偏好指人们常常有一种证实自己观点的倾向，即当人们有一个观点时，就会无意识地寻找证据去证实它。反映在投融资决策上，就是人们往往倾向于过度关注支持自己观点的证据，而忽略那些否定该设想的新信息，从而促成管理者选定自己心目中的方案。在公司投融资决策中证实偏好常常影响管理者，当管理者一旦相信某个投资战略，往往会对支持这项投资的信息特别敏感或容易接受，将这种对自己有利的证据视为相关而且可靠的，而视否定证据为偶然因素的结果。

Nickerson (1998)[②] 认为，在行为经济学中，证实性偏差指人们有意或无意地寻找支持自己看法的信息和解释，避免同自己看法冲突的信息和解释的一种倾向。

Wason (1960)[③] 将这种"系统地寻找支持自己的假设的证据"的现象称为"证实性偏差"。Taber 与 Lodge (2006)[④] 后来

---

① Weiner B. An Attributional Theory of Achievement Motivation and Emotion [J]. Psychological Review, 1985, (43): 1142-1162.

② Nickerson R. S. Confirmation Bias: A Ubiquitous Phenomenon in Many Guises [J]. Review of General Psychology, 1998, 2 (2): 175-220.

③ Wason P. C. On the Failure to Eliminate Hypotheses in A Conceptual Task [J]. Quarterly Journal of Experimental Psychology, 1960 (12): 129-140.

④ Taber C. S., Lodge M. Motivated Skepticism In the Evaluation of Political Beliefs [J]. American Journal of Political Science, 2006, 50 (3): 755-769.

通过一组学生的实验，发现了证实性偏差的更多类别：先前的态度效应、否定偏差、证实偏差、态度极化、态度强度效应和老练效应。

3. 非理性决策相关研究

20 世纪 40 年代以来，美国教授赫伯特·西蒙从心理学角度出发，论证了人类行为理性是在给定环境限度内的理性，有限理性是由人的心理机制决定的。西蒙认为，长期以来，在关于人类行为的理性方面存在两个极端。一个极端是由弗洛伊德开始的，就是试图把所有人类的认知活动都归因于情感的支配。另一个极端是经济学家的“经济人”假设，赋予了人类无所不知的理性①。西蒙提出“有限理性”观点，剖析了人们的实际决策行为是不可能完全理性的现实。

丹尼尔·卡尼曼和阿摩司·特沃斯基（1979）② 在经济实验基础上，研究不确定性条件下个体决策行为的前景理论。前景理论认为，不确定性条件下的个体决策存在框架效应、参考点效应和确定性效应等非理性行为，这些非理性行为的存在导致个体决策与预期效用最大化理论决策原则的背离。

芝加哥大学著名行为金融和行为经济学家理查德·萨勒（1980）③ 首次提出“（心理账户）”概念，用于解释个体在消费决策时为什么会受到“沉没成本效应”的影响。萨勒认为：人们在消费行为中之所以受到“沉没成本”的影响，一个可能的解释是卡尼曼教授等提出的“前景理论”，另一个可能的解释就是推

---

① Simon Herbert. A Behavioral Model of Rational Choice [J]. Quarterly Journal of Economics, 1955: 69, 99 - 118.

② Tversky A., Kahneman D. The Framing of Decisions and the Psychology of Choice [J]. Science, 1981, 211: 453 - 458.

③ Thaler R. H. Towards A Positive Theory of Consumer Choice [J]. Journal of Economic Behavior and Organization, 1980, 1: 39 - 60.

测个体潜意识中存在的“心理账户系统”。人们在消费决策时把过去的投入和现在的付出加在一起作为总成本，来衡量决策的后果。这种对金钱分门别类的分账管理和预算的心理过程就是“心理账户”的估价过程。

萨勒教授（1985）[①] 发表《心理账户与消费者行为选择》一文，正式提出“心理账户”理论，系统分析了心理账户现象，以及心理账户如何导致个体违背最简单的经济规律。萨勒认为：小到个体、家庭，大到企业集团，都有或明确或潜在的心理账户系统。在作经济决策时，这种心理账户系统常常遵循一种与经济学的运算规律相矛盾的潜在心理运算规则，其心理记账方式与经济学和数学的运算方式都不相同。因此经常以非预期的方式影响着决策，使个体的决策违背最简单的理性经济法则。萨勒列举了4个典型现象阐明心理账户对传统经济规律的违背，并提出了心理账户的“非替代性”特征。

（二）国内相关文献综述

1. 商业银行理财业务的相关研究

我国理论界目前对个人理财行为的整体研究较少，已有的少数研究大多是从居民消费和金融机构角度来看个人理财行为的。郭庆松（1996）[②] 在《家庭生命周期与消费者行为》一文中指出，不同的家庭生命周期阶段，家庭消费类型和家庭消费模式是不尽相同的，甚至很不相同。

赵建兴（2003）[③] 在对新生命周期理论回顾的基础上，提出

---

① Thaler R. Mental Accounting and Consumer Choice [J]. Marketing Science, 1985, 4 (3): 199-214.

② 郭庆松：《家庭生命周期与家庭消费行为》，《消费经济》1996年第2期。

③ 赵建兴：《生命周期理财理论与实践的新发展》，《经济师》2003年第5期。

工作量可选择性、习惯养成和信息获得可作为设计理财产品的依据，并介绍了风险捆绑年金和增强型人寿年金的可行性。

涂若诗（2004）[①] 引用了大量国内外文化著作，分析了东西方文化对理财观念的影响。从民族文化背景和企业文化背景分析了东西方理财观念的共同性和差异，对理财投资从文化方面首先进行了分析。

李善民、毛丹平（2005）[②] 对个人理财规划理论与实践作了归纳，提出理财规划包括现金管理、保险规划、子女教育规划、养老规划、房产购置规划、税收规划、投资规划和资产传承规划八大人生理财规划。

柴效武（2005）[③] 通过对传统生命周期理论中对住房作为金融资产的忽视，提出了"以房养老"的概念，即个人在工作期间所取得的收入及收入的转化形式如住房等财富，应当在其一生中包括养老期间予以合理配置。浦舍予（2007）[④] 对该模型进行了完善补充。

刘旭光（2005）[⑤] 针对个人理财业务风险的多样性与复杂性，提出可以采用内部控制、转移、对冲、限额管理等技术来达到防范风险的目标。

周详（2006）[⑥] 从我国商业银行理财业务的发展现状入手，提出可以通过加强对银行理财产品的法律定位及产品定价和风险

---

① 涂若诗：《中西方理财观念的比较》，首都经济贸易大学硕士学位论文，2004。

② 李善民、毛丹平：《个人理财规划理论与实践》，中国财政经济出版社，2004。

③ 柴效武：《生命周期理论及其在售房养老模式中的运用探索与创新——浙江省劳动保障理论研究论文选集》第四辑，2005。

④ 浦舍予：《以房养老对个人理财规划的完善与提升》，浙江大学硕士学位论文，2007。

⑤ 刘旭光：《商业银行个人理财业务的风险管理》，《中国金融》2005年第24期。

⑥ 周详：《我国商业银行个人理财业务的风险防范研究》，郑州大学硕士学位论文，2006。

对冲，以及规范个人理财业务流程，以实现商业银行控制个人理财业务风险的目的。

钟本刚（2006）[①] 对中国工薪阶层理财的背景、现状及误区和发展趋势进行了分析和阐述。

胡云祥（2006）[②]通过对不同类型理财产品的具体分析，提出商业银行综合理财产品具有储蓄、信托和委托代理三类不同的性质，而不仅仅是银监会所定义的委托代理一种性质；在此基础上探讨了因理财性质不同所形成的商业银行对客户相互矛盾的理财行为、双方风险与收益的博弈关系以及产生的问题。

胡建（2007）[③] 对中国工薪阶层中老年理财细分市场进行了研究，提出对细分顾客群体进行有针对性的研究和理财产品设计，并从政策层面为相应群体的社会保障问题提出建议。

徐敏（2008）[④]认为控制银行个人理财业务风险，应该明晰理财资金的来源与用途；实行银行资产与客户理财业务资产的分灶管理；正确处理分业经营与混业经营关系。

朱玲（2008）[⑤] 从认知偏差角度分析了高校学生的理财行为，对南京高校学生的投资情况、消费情况、理财观念、理财教育等理财现状进行了全面了解，同时检验各种可能影响大学生理财行为的认知偏差：过度自信、心理账户、知识幻觉、投机心理、从众心理、代表性偏差、控制力幻觉、自我归因、保守主义、损失厌恶、时间偏好。

---

① 钟本刚：《我国工薪阶层个人、家庭理财研究》，昆明理工大学硕士学位论文，2006。

② 胡云祥：《商业银行理财产品性质与理财行为矛盾分析》，《上海金融》2006年第9期。

③ 胡建：《我国工薪阶层中老年人个人理财研究》，西南财经大学硕士学位论文，2007。

④ 徐敏：《商业银行理财业务风险控制策略》，《西南金融》2008年第10期。

⑤ 朱玲：《基于认知偏差的高校学生理财行为研究》，南京理工大学硕士学位论文，2008。

郭雳等（2010）[①] 针对银行个人理财业务，以现实案例为基础，发现产品风险性、收益性（两者都应考虑程度和概率）、流动性（包括期限和提前终止条件）三大要素的匹配程度可用来度量客户风险和收益的不对称性，从而评判银行适当性和告知义务的履行情况。

叶彧佩（2009）[②] 通过对商业银行个人理财产品的消费者调查，从理财产品收益与风险、便利性、服务质量、个性化服务、银行品牌声誉几个方面了解消费者对银行的满意度和信任，分析了影响其购买行为的因素。

刘晓刚（2011）[③] 则认为，防范商业银行个人理财业务风险，要从构建良好的外部环境和加强商业银行自身风险防范思路出发，找到解决问题的对策。

李善民、毛丹平（2011）[④] 研究了高净值财富个人理财行为，根据金融消费的决策过程构建了个人理财行为决策概念模型，提出了影响消费者行为的 11 个因素，构建了个人理财规划行为分析模型。

张朕玺（2011）[⑤] 分析了非理性行为对商业银行个人理财产品投资决策的影响，在取得的数据分析基础上阐述各种行为在何种程度上影响了投资者购买理财产品，针对数据的结果进行聚类分析，将现有投资者分为：激进型投资者、消极型投资者和专业

① 郭雳、温馨：《个人理财业务中银行和客户的义务配置》，《金融论坛》2010 年第 7 期。

② 叶彧佩：《商业银行个人理财产品的消费者购买行为研究》，西南财经大学，2009。

③ 刘晓刚：《我国商业银行个人理财业务的风险及对策》，《产业与科技论坛》2011 年第 8 期。

④ 李善民、毛丹平：《高净值财富个人理财行为研究》，《经济研究》2011 年增刊。

⑤ 张朕玺：《非理性行为对商业银行个人理财产品投资决策的影响研究》，哈尔滨工业大学硕士学位论文，2011。

投资者三大类。

方建武等（2011）[①] 从行为金融视角分析商业银行个人理财人员的有限理性行为。

2. 认知偏差的相关研究

国内学者在前人研究的基础上，逐渐开始对认知偏差的研究。郑雨明（2007）[②] 在《决策判断中认知偏差及其干预策略》一文中，综合了 Kahenman、Giegernzer 等人的观点，将认知偏差定义为：个体在认识和判断事物时，与事实本身、标准规则间所产生的某种差别和偏离，或偏离的倾向和趋势，是认知与被认知的事物之间、应遵从的判断规则和人们的现实表现之间所存在的一种无法拟合的缺口，一种没有实现的不完全匹配，是人们的认知局限和认知风格、感觉机制和加工策略、个体动机和情绪情感等因素共同作用的结果。其中按照不同的研究领域和方向，将认知偏差分为启发式偏差、归因偏差和推理偏差；按照认知偏差的成因和发生机制将其分为心理物理性偏差、关联性偏差和策略性偏差。

李宏、郑全全（2002）[③] 在《错误管理理论——一种新的认知偏差理论》一文中认为，认知偏差主要存在于两个过程中，一是主体对客体的认知过程（主要指知觉偏差，如首因效应、近因效应、光环作用等）；二是个体的判断与决策过程（主要指归因偏差，如观察者与行为者偏差、防御性归因等）。

王宁、茅宁（2005）[④] 在《对有限理性个体投资者心理偏差

---

① 方建武、马亚丽：《我国商业银行个人理财人员的行为研究——基于行为金融的视角》，《生产力研究》2011 年第 4 期。

② 郑雨明：《决策判断中认知偏差及其干预策略》，《统计与决策》2007 年第 10 期。

③ 李宏、郑全全：《错误管理理论——一种新的认知偏差理论》，《心理科学进展》2002 年第 1 期。

④ 王宁、茅宁：《对有限理性个体投资者心理偏差的研究新进展》，《经济理论与经济管理》2005 年第 6 期。

的研究新进展》一文中认为，所谓心理偏差是指现实市场中有限理性的投资者，在对外部信息进行识别、编辑、评价等认知活动中系统产生的、有偏于标准理论定义或预测的心理现象。人的行为是基于其对客观事物的主观认知，显然基于这些心理和认知偏差而作出的交易决策和投资行为将不同于新古典理论中的预期行为。心理偏差是认知偏差的表现形式，而抽象的认知偏差可以用一系列具体的心理偏差来表征。

张莉、傅小兰、孙宇浩（2003）① 在《判断偏差分析的认知——生态取样途径》一文中提出，在日常生活中人们根据已有经验和知识对事物作判断时会出现各种各样的偏差，如实际混淆、忽视基础率、错觉相关、虚假偶联、选择暴露等。

张新海、王楠（2009）② 认为，作为微观主体的企业，在投资决策过程中并非全知全能、完全理性的，存在有限理性行为，其将认知偏差理论引入产能过剩问题的研究中，从微观视角分析了企业作为市场中的微观主体的投资行为，分析了我国的产能过剩问题。

张谊浩、陈柳钦（2004）③ 认为，投资者在投资判断和决策过程中可能产生的认知偏差，按照认知偏差的来源不同可以划分为启发式简化、自我欺骗、情绪和自我控制、社会的交互作用四大种，而且其具有相互重叠性和相互干扰性。

张波涛、李延喜、栾庆伟（2008）④ 认为，决策者的心理认知偏差和企业较低的财务困境成本是导致资本结构决策中财务保守行为的重要原因，研究结论对促进企业融资决策科学化有重要意义。

---

① 张莉、傅小兰、孙宇浩：《判断偏差分析的认知——生态取样途径》，《心理科学进展》2003 年第 6 期。

② 张新海、王楠：《企业认知偏差与产能过剩》，《科研管理》2009 年第 5 期。

③ 张谊浩、陈柳钦：《投资者认知偏差研究综述》2004 年第 3 期。

④ 张波涛、李延喜、栾庆伟：《认知偏差、财务困境成本与财务保守行为》，《运筹与管理》2008 年第 2 期。

卿志琼（2005）[①] 运用“最后通牒博弈”问卷实验检验经济学理性假设和决策中的认知偏差。行为经济学证实了不确定性条件下的认知偏差，即使在确定性条件下，也存在一定程度的认知偏差和框架效应。

王军（2009）[②] 将认知偏差形成的过程分成三个阶段：信息收集阶段、信息编辑阶段和信息评估阶段。根据决策者的认知加工模式特点，可把决策过程分解成问题识别、形成备择方案和评价备择方案三个阶段。认知偏差产生于决策过程之中，有信息收集阶段认知偏差、信息编辑阶段认知偏差和信息评估阶段认知偏差。

3. 非理性决策相关研究

李爱梅（2004）[③] 在《心理账户的非替代性及其运算规则》和其2005年的博士论文《心理账户与非理性决策行为的实证研究》[④] 中分析了中国人的心理账户特点、本质特征和内在心理机制，揭示了心理账户与非理性经济决策行为的内在规律及其实践应用。

何大安（2005）[⑤] 认为，人的非理性选择在很大程度上是由理性选择转化而来的。认为人的选择行为是理性和非理性的同构，通过解析丹尼尔·卡尼曼等人创立的前景理论所蕴含的理性向非理性选择转化的思想，构建了理性选择向非理性选择转化的抽象模型。

---

① 卿志琼：《认知偏差与理性选择——基于“最后通牒博弈”实验的认知博弈》，《南开经济研究》2005年第1期。

② 王军：《管理决策中的个体认知偏差研究》，辽宁大学博士学位论文，2009。

③ 李爱梅、凌文辁：《心理账户的非替代性及其运算规则》，《心理科学》2004年第4期。

④ 李爱梅：《心理账户与非理性经济决策行为的实证研究》，暨南大学博士学位论文，2005。

⑤ 何大安：《理性选择向非理性选择转化的行为分析》，《经济研究》2005年第8期。

潘智勇（2006）① 认为，在不确定条件下，由于决策和判断依据来自有限的经验和启发，因而所作出的投资决策往往是不理性的。

王官诚（2008）② 分析了我国个体非理性经济行为的心理特征，心理账户在非理性经济行为中起着重要作用。

（三）文献评述

1. 国外文献评述

国外针对理财行为研究主要集中在如下方面：从生命周期视角、永久性收入和马科维茨投资组合角度论述了如何投资理财；从理财决策出发，分析了理财过程及理财活动中存在的风险；从金融消费者视角，分析了其购买行为及其与客户忠诚度、产品满意度之间的关系。

对认知偏差和非理性行为研究起源于西蒙的有限理性研究，其后的行为经济学家以“心理学实验”“调查问卷”“实证分析”以及“统计检验”等手段为主，研究了各种认知偏差所引致的非理性行为。

2. 国内文献评述

国内对理财的研究主要集中于如下几方面：首先，从生命周期模型出发研究了个人理财客户行为，建立了理财模型；其次，分析了理财的途径、理财目的以及存在的契约关系；再次，分析了商业银行个人理财客户理财行为与满意度之间的关系；最后，从认知偏差、有限理性角度运用聚类分析等方法分析了客户理财行为。

国内研究认知偏差方面的论文较少，其主要研究集中于个人

① 潘智勇：《非理性投资决策的管理学实验与分析》，《科技进步与对策》2006年第9期。

② 王官诚：《个体非理性经济行为的心理透析》，《经济纵横》2008年第9期。

决策、金融投资和企业管理等领域，大部分以定性研究为主，定量研究较少。

国内非理性决策的研究多从心理账户入手，研究个体决策如何违背理性人假设。对前景理论与非理性决策的研究概述内容居多，很少系统性地研究认知偏差引致的非理性决策行为和负面影响以及相关的作用机理。

3. 商业银行个人理财客户认知偏差与非理性理财行为的研究空白

国外理财市场较为成熟、客户对理财知识较为了解，且一般由专业机构帮助其理财；而我国商业银行个人理财客户理财知识较为贫乏，且一般以个人理财行为为主，因此其对商业银行理财产品存在较大的认知偏差，而这些认知偏差引致的非理性理财行为阻碍了我国商业银行理财市场的健康发展，因此有必要对其存在的认知偏差非理性理财行为进行深入研究。

（1）国外研究认知偏差引致的非理性决策行为首先是在国外的经济、社会、人文背景下进行的，这些认知偏差是否存在于我国商业银行个人理财客户身上、存在的程度如何还需要验证；其次，专门针对个人理财行为的认知偏差研究文献较少。

（2）国内针对商业银行个人理财客户认知偏差非理性理财行为研究不够全面。第一，商业银行个人理财客户的认知偏差不全面，且没有分析整个理财过程，仅仅分析了购买环节的认知偏差；第二，对个人理财认知偏差引致的非理性行为没有进行识别、分类；第三，针对其非理性理财行为没有进行定量分析，仅有张朕玺①采用聚类方法将非理性客户进行了分类，其研究也未能深入研究商业银行个人理财客户非理性行为的负面影响和作用

① 张朕玺：《非理性行为对商业银行个人理财产品投资决策的影响研究》，哈尔滨工业大学硕士学位论文，2011。

机理。

（3）国内缺乏对商业银行个人理财客户非理性理财行为的经济学解释，由于其非理性理财行为与传统的理性人假设相悖，有必要对我国商业银行个人理财客户非理性理财行为作出相应的经济学解释。

（4）我国目前尚无可操作性的措施以减少商业银行个人理财客户非理性理财行为。因为其认知偏差导致的非理性理财行为事前不易观察和测量，因此有必要研究最容易观察到的商业银行个人理财客户个人统计特征与其认知偏差导致的非理性理财行为间关系；其次应建立相应的指标体系对其非理性理财倾向进行定量预测，只有这样才能将商业银行、商业银行个人理财客户的损失降至最低。

三　研究目的、意义和方法

（一）本书研究目的和意义

居民理财行为最终表现为对各类理财产品和金融服务的消费行为，并且消费者对金融产品的消费与对其他消费品的消费不同，金融产品的消费并不是最终消费，而只是为其一生的人生目标作出的财务安排。随着我国经济的快速增长与居民收入水平的持续提高，个人财富规模不断扩大，同时财富结构也发生了显著变化，包括银行理财在内的非储蓄类个人金融资产增速惊人。然而，近年来频频出现的商业银行理财纠纷导致银行理财产品的声誉和客户忠诚度下降，从而对商业银行个人理财业务发展带来严重的负面影响。在理财纠纷中，商业银行及其工作人员出于自身利益考虑而误导理财客户只是诱因，而主因在于商业银行个人理财客户理财产品认知偏差引致的非理性理财行为。因此，本书从商业银行视角审视个人理财客户的认知偏差，认为各类认知偏差在个人理财行为中的表现形式为“认知偏差非理性理财行为”，并在此研究假设基础上对商业银行个人理财客户认知偏差非理性理财行为进行识别、分析和明确其负面影响和作用机理并建立相关测度指标体系。

本书首先在系统回顾商业银行个人理财业务的发展脉络和对个人理财、认知偏差和非理性行为相关理论分析基础上，着重识别和定性分析了各类认知偏差非理性理财行为，并在此基础上定量分析了其与人口统计特征之间的关系；其次，分析了商业银行个人理财客户认知偏差非理性理财行为与个人理财客户忠诚度间的作用机理，揭示了其产生的一般性规律；再次，构建了商业银行个人理财客户认知偏差非理性理财行为预测指标体系；最后，在本书研究结论的基础上，从制度和技术两个方面分析提出防范和处理商业银行个人理财客户非理性理财行为的建议。

本书的研究内容有助于商业银行、商业银行个人理财客户减少非理性理财行为，做到事前调查、事中审查、事后检查和反馈跟踪改进。

（二）本书的研究方法

本书采用定性和定量相结合的研究方法，具体为：

（1）在借鉴前人研究基础上，采用标准五量表的制作方法，经预试和专家修正形成最终问卷。使用 SPSS 对收集到的有效问卷进行因子分析，识别和验证相关的影响因素。

（2）采用结构方程方法实证检验了各认知偏差非理性理财行为与客户忠诚度间的作用机理。在验证了量表的信度和效度后，采用 AMOS 软件建立相应的结构方程模型，经过修正后得出商业银行个人理财客户非理性理财行为的概念模型。

（3）使用层次分析法和粗糙集综合定权的模糊综合评价模

型，建立了我国商业银行个人理财客户非理性理财行为预测指标体系和评价方法，并运用七级分类量化以定量分值的方法测度了其非理性理财倾向。

四　研究内容与结构

本书包括六章：第一章主要阐述本书的选题背景，国内外相关研究综述，以及研究的内容和意义、创新点等；第二章主要说明商业银行个人理财客户认知偏差、理财购买行为和非理性行为的相关理论；第三章首先识别了商业银行个人理财客户各类认知偏差非理性理财行为，其次完成了本书调查问卷设计与数据收集以及数据的分析验证，再次对问卷的定性部分数据进行了分析，最后对人口统计特征与商业银行个人理财客户非理性理财行为之间的关系进行了实证分析。第四章首先从理论上分析了各种认知偏差非理性理财行为与客户忠诚度之间的作用路径，探讨了其作用机理，由此建立了相关的概念模型以及相关研究假设，最后运用结构方程建模方法实证检验了所作的研究假设。第五章在前四章研究结论基础上，以“理财产品购买前阶段”“理财产品购买中阶段”和“理财产品购买后阶段”这三个阶段构成的子阶段为基础，通过增加第三级可量化指标，构建商业银行个人理财客户非理性理财行为测度的三级指标体系。然后使用层次分析法和粗糙集综合定权的模糊综合评价模型，建立了对商业银行个人理财客户理财非理性程度进行预测的指标体系和评价方法，并运用七级分类量化以定量分值的方法测度了其理财的非理性倾向。第六章，在对全文进行总结和展望基础上，提出防范和处理商业银行个人理财客户非理性理财行为的措施，从制度和技术两个方面提出相关措施。全书总体结构如图 1－1 所示。

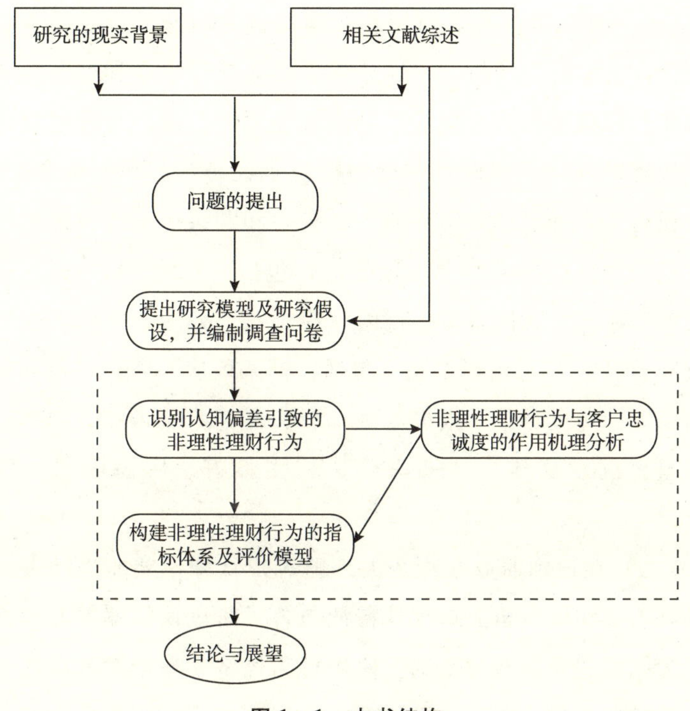

图 1-1 本书结构

五 主要创新点

本书首先在系统回顾商业银行个人理财业务发展脉络和对个人理财、认知偏差和非理性行为相关理论分析基础上，着重识别和定性分析各类认知偏差非理性理财行为，并在此基础上定量分析了其与人口统计特征之间的关系；其次，分析了商业银行个人理财客户认知偏差非理性理财行为与个人理财客户忠诚度间的作用机理，揭示了其产生的一般性规律；再次，构建了商业银行个人理财客户认知偏差非理性理财行为预测指标体系；最后，在研究结论的基础上，从制度和技术两个方面分析提出防范和处理商业银行个人理财客户非理性理财行为的建议。本书的主要创新点有以下几方面。

（一）首次将各类认知偏差非理性行为研究成果应用于商业银行个人理财行为分析，定性分析了商业银行个人理财客户认知偏差非理性理财行为，揭示了其非理性理财心理，为理解商业银行个人理财客户非理性理财行为提供了经济学解释。研究发现，商业银行个人理财产品购买前、购买中和购买后三个决策阶段均存在三类偏差：（a）信息收集偏差，包括：易得性启发式、锚定和调整启发式、近因效应、首因效应、对比效应、稀释效应、晕轮效应；（b）信息编辑偏差，包括：框架效应、联合评估和单独评估偏差、过度自信、损失规避；（c）信息评估偏差，包括：归因偏差、沉没成本、认知失调、证实偏好、后悔厌恶、后知之明。

（二）在识别商业银行个人理财客户认知偏差非理性理财行为基础上，实证分析人口统计特征与各子阶段认知偏差非理性理财行为间的关系，在此基础上使用行为经济学理论对其非理性理财心理进行分析，为商业银行理解和识别非理性个人理财客户提供理论依据，实证研究发现，性别只与购买前、后的信息编辑、评估相关；年龄与所有子阶段相关；学历只与购买前信息编辑、评估无关；工作单位与购买前信息编辑、评估无关，与购买后信息收集、评估无关；投资理财经验只与购买前信息编辑、购买后信息收集相关；财经金融知识与购买前信息编辑，购买中信息收集，购买后信息收集、评估无关；金融从业经验与所有评估子阶段无关；家庭状况与购买中信息收集，购买后信息收集、评估无关；目前家庭可支配收入只与购买前信息编辑无关；未来家庭可支配收入与购买前和购买后的信息收集、评估无关。

（三）通过结构方程建模实证研究商业银行个人理财客户认知偏差非理性理财行为与客户忠诚度间的作用机理，从而建立了商业银行个人理财客户认知偏差非理性理财行为与其忠诚度间关系的概念模型。实证结果表明，情境因素变动偏差非理性与启发式偏差非理性之间存在路径关系、启发式偏差非理性与认知偏差非理性之间存在路径关系、认知偏差非理性与心理偏差非理性之间存在路径关系，且均呈显著的正比关系；情境因素变动偏差非理性与心理偏差非理性之间不存在路径关系、启发式偏差非理性与心理偏差非理性之间不存在路径关系；启发式偏差非理性与客户忠诚度之间不存在路径关系、情境因素变动偏差非理性与客户忠诚度之间不存在路径关系、认知偏差非理性与客户忠诚度之间存在路径关系、心理偏差非理性与客户忠诚度之间存在路径关系，均呈显著的反比关系。该模型弥补了以往研究认知偏差导致的非理性行为相互之间及其与忠诚度之间关系分析的不足，指明各个阶段间非理性行为的量化特征，为减少其非理性理财行为提供了理论依据。

（四）在识别各类认知偏差非理性理财行为基础上，首先构建了商业银行个人理财客户非理性理财行为的预测指标体系，其次运用层次分析法确定了指标体系中一、二级指标权重，运用粗糙集方法确定了指标体系中一级指标权重，再次建立了模糊综合评价模型，实现了对商业银行个人理财客户非理性理财行为的预测和评价，最后运用七级分类量化以百分定量分值方法测度了商业银行个人理财客户非理性理财行为倾向，对商业银行防范商业银行个人理财客户非理性理财行为具有重要的应用价值。

第二章
商业银行个人理财客户非理性理财行为相关理论

本章阐述了商业银行个人理财客户理财相关理论及消费理论与消费者行为理论，介绍非理性决策相关理论。

一　商业银行个人理财客户理财理论

（一）个人理财理论

个人理财和理财金字塔个人理财是指由理财师通过收集整理客户的收入、资产、负债等数据，倾听顾客的希望、要求、目标等，为顾客制订投资组合、储蓄计划、保险投资对策、财产继承及经营策略等财务设计方案，并帮助客户施行的过程。个人（家庭）的生命周期是个人理财存在与发展的基础。生命周期理论认为，个人（家庭）一生经历家庭形成期、成长期、成熟期、衰退期四个阶段，消费者会根据一生的收入和支出来安排在各个生命阶段的即期消费和储蓄，而安排的目的是获得整个生命周期内的效用最大化。不同的生命周期阶段产生子女教育、购房、退休，以及税务遗产等方面的规划、理财需求。西方国家的个人（家庭）具有比较成熟的理财观念。一方面，他们认为个人理财就是对个人（家庭）的财务进行科学、有计划、系统的全方位管理，实现个人财产的合理使用和消费，有效地保值和增值。另一方面，设置“金字塔”状的理财规划。他们认为稳健的理财模式应该由三部分组成，即管理层、储蓄层和投资层（见图2-1）。

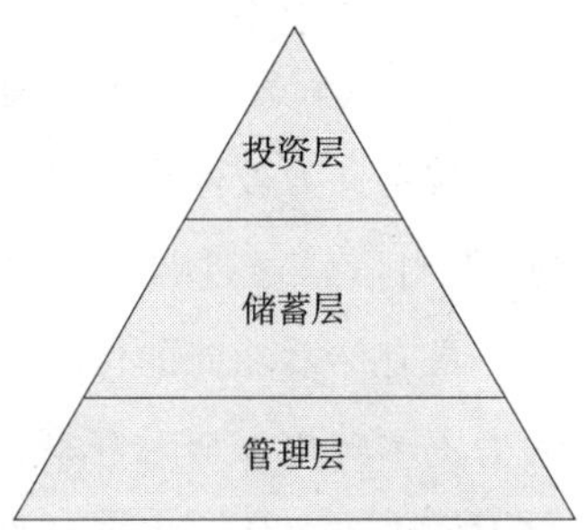

图2-1　西方国家理财金字塔

位于底层的相当于基础，称为管理层（Management Level），包括充足的收入、有计划的开支、应急资金、充足的保障和遗产安排；第二层是储蓄层（Savings Level），包括为去某地旅游等的短期储蓄、退休储蓄计划和儿童教育基金；第三层是投资层（Investment Level），按照风险大小的不同分为债券和基金、股票和收藏品、期权和期货。投资层的资产是位于牢固的基础上的，所占比重有限，即便有损失，也不会动摇家庭财务状况。国外个人理财业务认为，财产的保护也是规划的一部分，因为意外（如疾病）很容易使积累的财富在短时间内消耗，盲目投资很容易带来投资风险和投资失败，这样就会影响原来的生活质量，因此理财是生活理财和投资理财的综合，成熟的理财方式是自己对现在和未来的财产全面系统地管理。而目前国内居民理财观念更多的是强调投资组合及资产增值，这种“单一目的型”的理财观念与国外成熟、稳定的“金字塔状”的理财模式还存在较大差距，理财业务的服务供给方（指商业银行、保险公司、基金公司、券商等）应该从意识培养、产品设计、投资组合等方面加大宣传力度，加强引导。

（二）生命周期理论

生命周期理财理论产生于20世纪20年代，由著名经济学家侯百纳提出，他认为“人类生命价值的概念比仅仅承受生命有经济价值的含义广泛得多”，不过“从人寿和健康保险角度考虑，应用货币计量人类生命价值，它被定义为被保险人赡养家属的收入的资本化”。1920年，侯百纳[①]提出可以通过购买保险给自己积累退休养老金，购买的保险应该是具有储蓄功能的保险，换句话说，就是人们在有劳动能力时将人力资本转化为金融资本，为后面的金融资本兑现做准备；那么，当人们由于退休、疾病及伤残等各种因素导致失去经济收入时，可以把以前积累的金融资本兑现成维持基本生活的生活资料。此时的生命周期理财的思想正处于萌芽阶段，只是很简单地运用一些数量模型和传统的金融工具进行消费、储蓄、投资和收支管理。侯百纳此后又把财务管理技术引入了对生命价值的评估和管理，他的基本观念可以归纳为三个要点：第一，人是最可宝贵的资产，人寿保险保单可以实现生命价值的资本化；第二，管理物质财富的经验和技术应该及时移植到对人力资本的管理上来；第三，要从个人投资者的终身储蓄和消费出发并充分考虑个人在储蓄和投资方面的弱点，简而言之，人们挣得的钱要比维持自己生活所需的费用多，生命价值就是一个人扣除自己生活费用后的将来净收入的资本化价值，换言之，每个人都拥有两种财产，一种是“已获得的财产”，另一种是“潜在财产”。

萨缪尔逊（1958）[②] 提出了代际重叠模型及三阶段生命周期

---

① 侯百纳：《人寿保险经济学》，中国金融出版社，1997。

② Samuelson Paul. An Exact Consumption - Loan Model of Interest With or Without the Social Contrivance of Money [J]. Journal of Political Economy, 66 (6), pp. 465 -482, December, 1958.

模型，将生命周期分为三个阶段：一是人力资本积累阶段。从父母的收支账户来看，这是代际转移的一种方式，从宏观角度来看，这是必要的教育投资，社会的即期消费部分地转化为人力资本形成；二是人力资本向金融资本转化阶段。工作人口的主要资产是其工作技能和学习能力，在信息时代持续学习能力会显得更加重要；三是金融资本兑现阶段。退休人员退休后依靠积累的金融资本和养老金交换生活资料，以维持一定生活水平。这一模型考虑人的生命的有限性和代与代之间市场的不完备性，因此成为研究经济增长、政府财政政策、社会保障等方面有用的分析工具。

博迪（2002）[①] 回顾了生命周期理财的发展过程并结合个人财务规划提出生命周期理财的新旧两种范式，如表 2－1 所示。

表 2－1　生命周期新旧理论比较

特　征	旧范式	新范式
福利的计量指标	财富	财富和闲暇的终身消费
时间框架	单期	多期
风险管理技术	审慎储蓄，分散投资	审慎储蓄，分散投资，对冲，保险
零售投资产品	共同基金	定制的生活水平合同
定量模型	方差—协方差模型和蒙特卡洛模型	动态规划和有偿权分析
资本市场预期	根据历史资料估计	从金融产品当前价格判断

（三）投资组合理论

“鸡蛋不能放在一个篮子里”是出于资产安全、风险分散的考虑，商业银行在为客户设计理财规划时，就必须结合投资目标

① Bodie Z. Life－Cycle Financein Theory and in Pracitce [J]. Boston University School of Management Working Paper. 2002－02.

配置资产。马柯维茨于1952年提出的“均值—方差组合模型”①，是在禁止融券和没有无风险借贷的假设下，以个别股票收益率的均值和方差找出投资组合和没有无风险借贷的假设下，以个别股票收益率的均值和方差找出投资组合的有效边界，即一定收益率水平下方差最小的投资组合。

根据马柯维茨“投资组合”概念，欲使投资组合风险最小，除了多样化投资于不同的股票之外，还应挑选相关系数较低的股票。根据有关假设，确立了证券组合预期收益、风险的计算方法（这里关键是组合收益率的方差是唯一的风险测度）和有效边界理论，建立了资产优化配置“均值—方差模型”。因此，“均值—方差模型”不只隐含将资金分散投资于不同种类的股票，还应将资金投资于不同产业的股票。

威廉·夏普（William Sharpe，1964）②、约翰·林特纳（John Lintner，1965）③ 和简·莫辛（Jan Mossin，1966）④ 分别独立提出资本资产定价模型理论。资本资产定价理论是现代金融理论的重要基础之一，为金融市场运行规律的分析提供了基本框架。由Sharpe和Lintner提出的资本资产定价模型（Capital Asset Pricing Model，CAPM）是第一个在不确定条件下探讨资本资产定价理论的数学模型，为金融市场收益结构的分析提供了理论依据。资本资产定价理论认为，投资者冒着较大的风险进行投资时，本着获

---

① Markowitz Harry M. Portfolio Selection [J]. Journal of Finace, 1952, 71: 77-91.

② Sharpe William F. Capital Asset Prices: A Theory of Market Equilibrium in Under Conditions of Risk [J]. The Journal of Finance, Vol. 1964 Sep., No. 3, pp. 425-442.

③ Lintner John. The Valuation of Risk Assets and the Selection of Risky Investments in Stock Portfolios and Capital Budgets [J]. Review of Economics and Statistics. 1965, 47: 1, pp. 13 37.

④ Mossin Jan. Equilibrium in a Capital Asset Market [J]. Econometrica. 1966, October, 35, pp. 768-783.

取高收益原则，应当以低风险收益原则为基础和保障，以保证最低限度也能获得市场平均收益率。

（四）行为金融学理论

基于效用理论之上的现代投资组合理论，是建立在投资者理性和市场均衡基本假设基础上的，它假定投资者是风险的回避者。然而近年的研究表明，基于理性投资者假设的有效市场假说存在内在缺陷，以耶鲁大学席勒教授为代表的一批金融学家认为，投资者是“非完全理性的”。

行为金融学是金融学和人类行为学交叉的边缘学科，它确立了市场参与者的心理因素在决策、行为以及市场定价中的作用和地位，否定了现代投资组合理论关于理性投资者的简单假设，更加符合金融市场实际情况。对于开展个人理财业务的商业银行而言，行为金融学的巨大指导意义在于商业银行可帮助个人投资者采取针对非理性市场行为的投资策略来实现投资目标。

1. 投资从众与相反投资策略

所谓投资从众行为是指由于受其他投资者采取某种投资策略影响而采取相同的投资策略；反之亦然。当市场上大规模发生从众行为的时候，行为金融学中称为的“羊群效应”随即发生，不论是个人理财的客户还是经营个人理财业务的商业银行，从众行为是广泛存在的，因此，针对资本市场上理财工具价格受从众行为的影响变化，商业银行可以利用预期的理财工具的价格反转，采取相反投资策略来进行套利交易，实现为客户资产增值的目的。

2. 反应错误与纠错投资策略

大量行为学研究发现，人的心理状况会扭曲推理过程，导致不应该的投资错误，从而对市场信息产生反应过度或反应不足，依据行为金融学理论，商业银行可采用的投资策略，就是帮助客户发现对新信息的过度反应或者反应不足的理财工具。因此，行为金融学投资策略的目标就是在大多数投资者认识到自己的错误以前，帮助理财客户投资那些定价错误的工具，并在理财工具价格正确定位之后获利。商业银行还可以采用将低估和高估的理财工具结合起来的办法，实现客户资产保值增值。

二 消费者购买行为理论

（一）消费行为理论

1. 马歇尔均衡价格论

英国剑桥大学教授马歇尔（Alfred Marshall）在 1890 年出版的《经济学原理》一书提出了“均衡价格论”框架，在此基础上构建了简单的个体消费行为理论[①]。在此基础上根据边际效用递减规律、需求规律、需求的价格弹性规律、消费习俗的惯性和消费者剩余构建了消费者需求理论，马歇尔的理论和观点成为以后西方微观消费经济学体系的基石。

2. 凯恩斯收入决定论

20 世纪 30 年代，欧美国家面临生产过剩危机，原有经济学无法解释现状，面临严峻的挑战。为了摆脱总需求不足困境，经济学家们纷纷提出新经济理论，其中最具有代表性的是凯恩斯 1936 年在《就业、利息和货币通论》[②] 一书中提出的以“国家干

① 马歇尔：《经济学原理》，商务印书馆，1981。

② 凯恩斯：《就业、利息和货币通论》，商务印书馆，1998。

预”和“需求调控管理”为中心的理论。凯恩斯认为，个人消费不足取决于“心理上的消费倾向、流动偏好和对资产未来预期收益”。在此基础上，凯恩斯提出了绝对收入假设理论，其核心内容就是边际消费倾向递减规律，即消费在整个收入中所占的比例随着收入增加而减少。

3. 杜森贝里相对收入假设

杜森贝里（James Duesenberry）[①] 相对收入假设的核心内容可概括为：“恢复效应”“棘轮作用”“不可逆性”和“示范作用”。所谓“示范效应”指消费者的消费支出不仅受其自身收入影响，而且受周围人消费支出的影响；所谓“不可逆性”指消费习惯除了受现在收入的影响，还受过去收入最高期的最高消费水平影响；所谓“棘轮作用”指消费的“不可逆性”导致的消费支出变化滞后于收入变化现象；“恢复效应”指收入随着经济复苏时，人们不会立即增加消费开支，而是增加储蓄。

4. 莫迪格利安尼生命周期理论

生命周期假说即消费与储蓄的生命周期假说，是由美国经济学家 F. 莫迪格利安尼和 R. 布伦贝格等人[②]在 20 世纪 50 年代初共同提出来的。其主要代表人物莫迪格利安尼由于对储蓄理论的贡献获得了 1985 年诺贝尔经济学奖。

生命周期假说认为，消费者是根据其一生中的全部预期收入来进行其消费支出和储蓄安排的。该理论首先假定：①消费者会以理性方式分配自己的收入；②消费者行为的目的是实现效用最

① James S. Duesenberry. Income, Saving and the Theory of Consumer Behavior [M]. Cambridge, Mass: Harvard University Press, 1949: 54 - 81.

② 莫迪格利安尼等：《效用分析与消费函数——对横断面资料的一个解释》，载《凯恩斯学派经济学》，商务印书馆，1964。

大化。在以上前提下，消费者会将其一生的全部收入合理分配，使得一生的总效用最大化，而并非当期效用最大化。

5. 弗里德曼持久收入假说

货币主义代表人物弗里德曼（Milton Friedman）提出持久性收入假说，他认为人们总是在好年景时储蓄，坏年景时动用储蓄来维持原有的消费水平；同时由于收入的不均衡，有的人收入多，储蓄多；有的人消费能力相对较强，愿意提前消费。因此后者可以用未来收入做担保来借前者储蓄，增加自己的当前消费，也就是消费信贷方式的消费①。

（二）消费者购买行为理论

消费者行为模式是研究和分析消费者行为的系统及基本架构。一些西方学者对消费者行为模式进行了深入研究，并提出了许多试图理解和解释消费者行为的模式，其中比较著名的消费者行为模式有：尼柯西亚模式、科特勒模式、恩格尔－科拉特－布莱克模式和霍华德－谢恩模式。

1. 尼柯西亚模式

尼柯西亚（Nicosia，1966）② 认为，消费者行为受厂商特性与消费者特性影响，并建立决策程序。该模式主要有四个部分。

（1）有关厂商信息形成消费者态度。

（2）信息收集与方案评估。消费者主动收集与商品有关的信息作为评估标准并产生购买动机。

---

① M. Friedman. A Theroy of Consumption Function ［M］. New Jersey：Princeton University Press，1957.

② Nicosia F. Consumer. DecisionProcesses：Marketing and Advertising Implications. Englewood Cliffs ［M］. New Jersey：Prentice－Hall，1966.

（3）购买行动。消费者将动机转化为购买行为。该阶段消费者受到产品评估标准影响。

（4）信息反馈。消费者使用商品后的经验和感觉影响消费者的再次购买行为。厂商根据消费者反应，获得反馈信息并调整营销组合策略。

该模式认为消费者的信息形成态度受到厂商的广告等信息影响，动机受到消费者所收集到的信息影响，而价格和促销等因素也会影响消费者的决策行为。

2. 科特勒模式

科特勒（Kotler，1985）[①] 认为，消费者决策行为的作出主要受消费者心理黑箱影响，而其他外部刺激性原因通过影响消费者心理黑箱影响消费者行为。其提出了消费者行为的一般模式，如图 2－2 所示[②]。将可能影响消费者行为的因素分为四大类：文化因素、社会因素、个人因素和心理因素，如图 2－3 所示[③]。

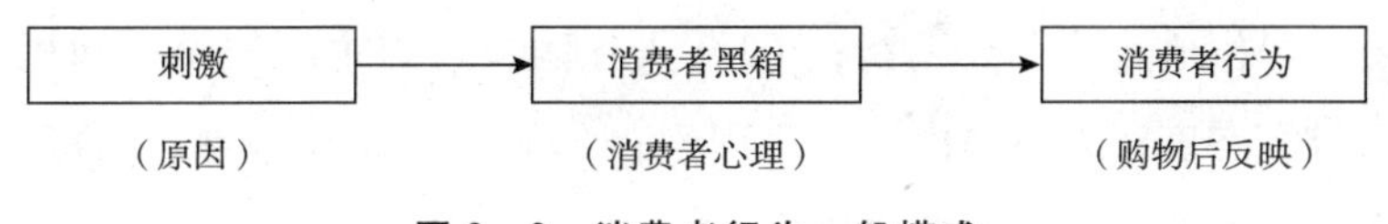

图 2－2　消费者行为一般模式

3. E. K. B. 模式

1968 年，恩格尔等人提出消费者行为理论[④]，简称为 E. K. B.

① Philip Kotler. Marketing Management Analysis, Planning, and Control [M]. New Jersey: Prentice－Hall, 1985.

② 江林：《消费者心理与行为》，中国人民大学出版社，1999。

③ 菲力普·科特勒：《营销管理：分析、计划、执行和控制》，上海人民出版社，1990。

④ Engel, James F., David T., Kollat, and Roger D. Blackwell. Consumer Behavior [M]. New York: Holt, Rinehart and Winston, 1968.

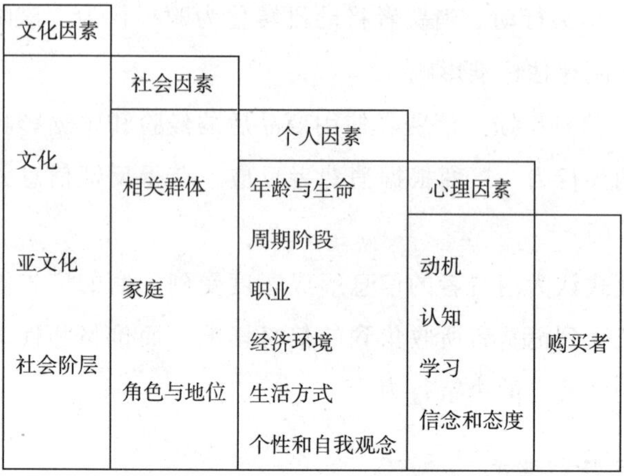

文化因素	社会因素	个人因素	心理因素	
文化	相关群体	年龄与生命周期阶段	动机	购买者
亚文化	家庭	职业	认知	
社会阶层	角色与地位	经济环境	学习	
		生活方式	信念和态度	
		个性和自我观念		

图 2－3　影响消费者购买行为诸因素的详细模式

模式，其认为消费者行为包括消费者行为和消费者购买决策过程。E. K. B. 模式包括：信息输入、信息处理、决策过程、决策过程变量和外部影响。

恩格尔等人将影响消费行为的因素分为三大类：（1）年龄、性别、家庭、生命周期、民族、职业、收入、教育程度、社会阶层、居住地点等个人因素；（2）人在购买过程中的知觉、动机、学习、态度、人格等内在心理因素；（3）社会价值观念、经济因素、参考群体等外在环境因素。

恩格尔等人认为，决策过程包括认识需求、信息收集、评估方案、购买决策和购后行为，如图 2－4 所示。

4. 霍金斯消费者决策过程模型

美国消费心理与行为学家霍金斯（D. I. Hawkins）① 的消费者决策过程模型是关于消费者心理和行为的模型，被称为将心理学与营销策略整合的最佳典范，为我们描述消费者特点提供了一个

① 德尔·霍金斯（D. I. Hawkins）、罗格·J. 贝斯特（Roger J. Best）、肯尼思·A. 科尼（KonnethA. conoy）：《消费者行为学》，机械工业出版社，2003。

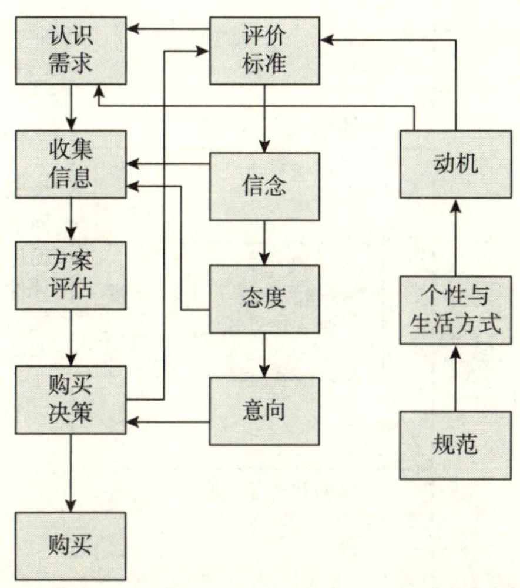

图 2－4　恩格尔－科拉特－布莱克模式

资料来源：摘选自江林《消费者心理与行为》，中国人民大学出版社，1999。

基本结构与过程或概念性模型，也反映了今天人们对消费者心理与行为性质的信念和认识。霍金斯对消费者决策模型的描述如图 2－5 所示。

霍金斯认为，消费者在内外因素影响下首先形成自我概念或自我形象。其后自我概念又将通过生活方式反映出来。自我概念是个体关于自身的所有想法和情感的综合体。生活方式则是消费者如何生活。涉及消费者所使用的产品，其如何使用这些产品以及消费者对这些产品的评价和感觉。

主观因素（自我概念）可分为内部因素驱动和外部因素驱动两个类型。内部影响因素驱动指消费者是一个非常注重自我感觉的人，其行为经常由自己独立决定，不依赖外界影响。外部世界对消费者来说常常是不存在或者仅供参考的。消费对消费者来说意义完全在于满足个人的各种需要，比如生理缺损的需要、心理满足的需要和个人成就的需要等。内部因素驱动型消费者在消费时关心的仅仅是其付出是否可以得到满意的回报。外部影响因素驱动指消费者是一个非常注重其在别人心目中形象的人。消费者

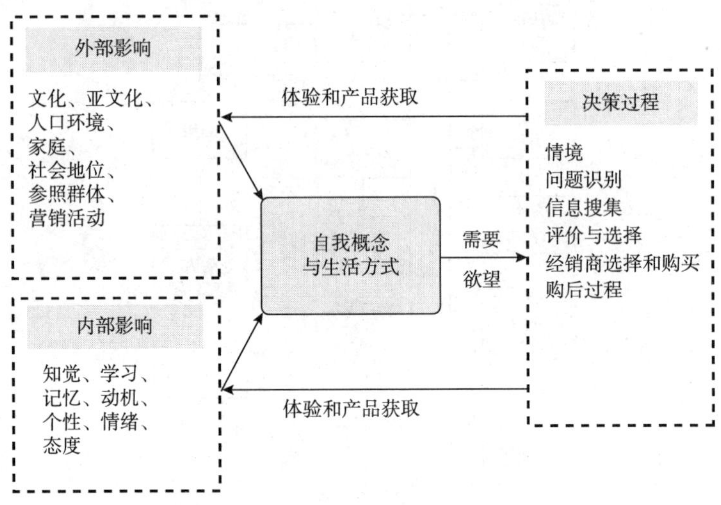

图 2-5 霍金斯消费者决策模型

资料来源：德尔·霍金斯、罗格·J. 贝斯特（Roger J. Best），肯尼思·A. 科尼（KonnethA. conoy）：《消费者行为》，机械工业出版社，2003。

很在意别人对他的评价，因此他的行为常常由别人是否喜欢来决定，而不是自己真实的感受。即使有时候，感到别人需要他做的并非自己愿意做的，因此会极力压抑自己的感受去顺从别人，因为只有得到别人的肯定，他才会感到安全。消费者需要在别人肯定中获得自己存在的感觉，而其购物的行为完全是为了证明自己，更多地满足消费者人际交往的需要，地位价值被证明的需要，爱的需要和温暖、友谊的需要。外部因素驱动型消费者在消费时关心的是别人会怎么看待自己。

生活方式的选择折射出了自我概念，消费者选择购买、使用产品以及如何评价它们，最终是由对事物、对自己的综合想法和情感决定的。一个人的生活方式是由意识到和没有意识到的各种决策或选择决定的。通常，我们能够意识到我们的选择对自己生活方式所产生的影响，而不太可能意识到现在和希望的生活方式也会对所作的消费决策产生影响。

5. 消费者在进行购买决策时的影响因素总结

消费者在进行购买决策时会受个人因素、心理因素和社会因素等多方面的影响。

个人因素包括稳定因素和随机因素两方面。稳定因素主要是指个人的某些特征，诸如年龄、性别、民族、收入、家庭、生命周期、职业等。稳定因素不仅能影响家庭决策参与者，而且影响人们决策过程的速度。在决策过程的某一特殊阶段，购买行为也部分地决定于稳定因素。随机因素是指消费者进行购买决策时所处的特定场合和具备的一系列条件，它对购买行为的影响是多方面的。

心理因素包括感觉、动机、经验、态度和个性等方面。感觉和态度主要由消费者知识和对目标的积极和消极情感构成，感觉和态度会影响消费者对某种产品或者服务的消费倾向。动机指激励一个人行动朝一定目标迈进的一种内部动力，消费者可能因为某种动机，如商品的价格、服务态度和产品的多样性等，而进行购买行为。经验指由于信息和经历所引起个人行为的变化，个人行为的结果强烈地影响着经验积累过程。如果个人的活动带来了满意的结果，那么在以后相同的情况下，他会重复以前的做法。如果行为没有带来满意的结果，那么将来他可能采取完全不同的做法。个性是和人们的经验与行为联系在一起的内在本质特征，不同的人个性不同，则其所购商品和选择的服务也会有差异[①]。

社会因素包括角色和家庭、相关群体、社会阶层和文化等。角色指每个人在一定的组织、机关和团体中占有的位置及其影响力，个人所扮演的角色会影响其购买决策，如个人的家庭角色直接和其购买决策联系在一起。相关群体和社会阶层是指个人对群

---

① 许彩国：《消费者购买决策的影响因素的研究》，《消费经济》2003 年第 1 期。

体的认可，并采纳和接受群体成员的价值观念、态度和行为。相关群体及阶层对个人来说可以起到参照物和信息来源的作用，消费者的行为趋向和群体成员的行为与信念保持一致。文化是指人类所创造的物质财富与精神财富的总和，是人类劳动的结晶，构成文化的观念、价值和行为，是一代接一代地学习和传授的。文化对我们如何购买和使用产品有影响，而且还影响我们从中得到的满足。

三　非理性行为决策理论

在传统的经济学领域中，对决策行为的研究，大部分是把决策者视为理性者的假设作为前提，即决策者是始终追求效用最大化并偏好始终一致的人，甚至对决策者行为的进一步探讨，也认为决策者的决策就是对所面临问题寻求解决方法，即决策者会收集各种可能的信息，并参照现有知识，慎重评估每一个可能选择的属性，再作出决策，充分显示为理性的决策。然而，愈来愈多的例子和研究表明，实际的决策绝非亦然，人的各种行为包括经济行为并不那么理性，而是受到各种因素和个体自身条件的影响，进而西蒙提出有限理性。之后又有很多学者进一步研究发现，决策者的决策往往不会遵循如此固定的步骤和程序，在心理活动如决策者的情感，外在的刺激诸如产品外观、广告信息、购物情境等因素的作用下，决策者的决策中呈现出大量的非理性行为。

（一）有限理性和决策理论

1. 有限理性

赫伯特·西蒙（Herbert Simon）最早提出替代期望效用理论

的“有限理性”模型。他的研究第一次证明决策与判断是人的思维活动，不是建立在数学和逻辑基础之上的，而是建立在人的情感、理念和经验基础上的。他把决策的原则定义为“第一满意原则”，也就是说，我们进行决策和判断的标准并不是理性假设说的“最佳选择”，而是建立在人类心理上的“第一满意选择”。西蒙认为：“不管有机体在学习和选择情境中的行为多么具有适应性，这种适应能力都远远无法达到经济理论中理想的最大化状态。”显然，有限理性揭示了人们在认知上无法实现最优化，在实际判断中经常不遵从概率和最大效用的原则，其结果就是产生了各种对规则的偏离和认知谬误。西蒙的“有限理性”理论开启了人类探索决策行为的另一面窗户。①

西蒙在阐述“有限理性”时，谈到两种相互联系的成分：人类头脑的局限性和头脑在其中发挥作用的环境结构。也就是说，导致人类不能达到完全理性的制约因素主要有人类头脑的认知偏差和环境结构的影响。对此西蒙有一段精辟的论述：有限理性是一把剪刀，这把剪刀是由两片刀刃组成的，一片刀刃是认知偏差，而另一片刀刃就是环境结构导致的决策偏差。因此，导致人类偏离理性的内在原因就表现为认知偏差和情绪等因素，而外在原因就是环境结构（如情感、社会关系以及组织文化等）。

决策者有限理性产生的原因有：

（1）从认知心理学角度来看，人类行为的理性是在有限环境和资源条件下的理性，有限理性是由人的心理机制决定的。每一个体都是一个独立的信息加工系统，这个系统由感知、记忆、注意、思维等组成，并且这个系统的资源是有限的，具体表现在：人的感知能力有限，对感知信息的记忆能力有限，对被记忆信息

① Simon Herbert. A Behavioral Model of Rational Choice［J］. Quarterly Journal of Economics，1955：69，99－118.

的加工能力有限。因此，现实生活中的个体不可能掌握完备的信息。

（2）决策过程存在复杂的成本和激励机制。人们所处的客观环境是复杂的，不确定的，信息是不完全的，获得信息是有成本的。经济主体的决策行为受到其所处的社会环境、过去的经验、日常惯例等因素的影响，所以在决策时只能得到较满意的方案，而非最优的方案。

正是由于人的感知能力、记忆能力、分析能力、计算能力和不一致偏好影响判断和决策，使人们并不能像“理性经济人”那样完美地思考，只能在有限资源和有限心智的基础上思考问题，所以在进行决策的时候，会出现认知上的偏差。

2. 决策理论

决策理论是在系统理论的基础上，吸收了行为科学、运筹学和计算机科学等研究成果发展起来的。主要代表人物是美国人西蒙。西蒙因其在决策理论、决策应用等方面作出的开创性研究，而获得 1978 年诺贝尔经济学奖。决策理论主要表现在三个方面。

（1）决策贯穿管理的全过程，决策是管理的核心。西蒙指出组织中经理人员的重要职能就是作决策。他认为，任何作业开始之前都要先作决策，制订计划就是决策，组织、领导和控制也都离不开决策。

（2）系统阐述了决策原理。西蒙对决策的程序、准则、程序化决策和非程序化决策的异同及其决策技术等作了分析。如图 2－6 所示，西蒙提出决策过程包括 4 个阶段：搜集情况阶段、拟订计划阶段、选定计划阶段和评价计划阶段。这四个阶段中的每一个阶段本身就是一个复杂的决策过程。

（3）在决策标准上，用“令人满意”的准则代替“最优化”准则。以往管理学家往往把人看成以“绝对的理性”为指导，按

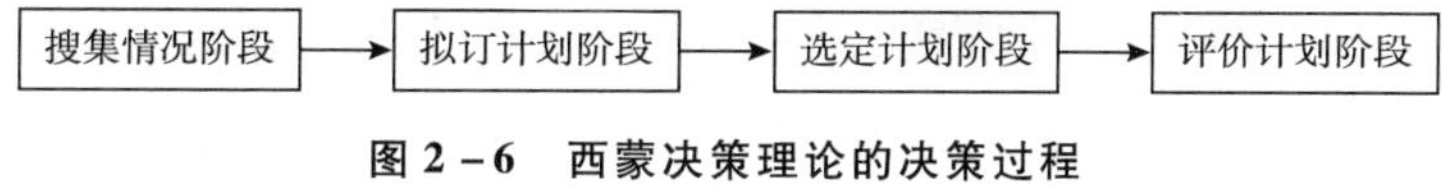

图2-6　西蒙决策理论的决策过程

最优化准则行动的理性人。西蒙认为事实上这是做不到的，应该用“管理人”假设代替“理性人”假设，“管理人”不考虑一切可能的复杂情况，只考虑与问题有关的情况，采用“令人满意”的决策准则，从而可以作出令人满意的决策。

（4）一个组织的决策根据其活动是否反复出现可分为程序化决策和非程序化决策。经常性的活动的决策应程序化以降低决策过程的成本，只有非经常性的活动，才需要进行非程序化的决策。

（二）非理性决策理论

一般情况下，决策者产品体现出一种正常的模式，即遵循一定的程序的产品。但偶尔出现的非理性决策违背了决策者正常的模式，以下从深层机制探讨非理性决策内部生成机制。

1. 认知心理学角度

心理学家卡西奥波等（Cacioppo，1983）[①] 提出精细加工可能性模式（Elaboration Likelihood Model，ELM）。ELM 描述了信息加工深度或认知卷入程度对态度改变的影响，可能与形成非理性决策有关。该模型包含以下假设。

信息的说服存在两种路径，一种为中央路径（central route），强调消费者以理性的方式来处理信息，意指决策者对产品、广告等的认知反应（cognitive responses）的数量与方向，决定他的态度。运用中央路径的信息接收者，个体具有高度的动机与能力，

① Richard E.，John T. Cacioppo，David Schumann. Central and Peripheral Routes to Advertising Effectiveness：the Moderating Role of Involvement [J]. Journal of Consumer Research，1983，10：135.

对于与该议题相关的信息内容投注相当的注意力，并进行仔细评估，以作出最佳判断，达到最优决策。

另一种为边缘路径（peripheral route），意指决策者态度的改变并非经过仔细思考信息内容所致，而是根据一些情境因素来作出判断。边缘路径是一种思考问题和解决问题的捷径方式。

钱肯（Chaiken，1980）[①] 提出的系统法则模式也与精细加工可能性模型有类似观点，对分析非理性行为有帮助。系统法则包含两种不同的路径，第一种为系统式途径，决策者着重信息本身，会主动搜寻信息，并加以评估。例如，产品功能与实质上的利益，此时决策者会花费较多的心力，强调对信息作出仔细的处理。第二种为捷径式途径，是指决策者通常依赖某些原则或线索来作决定，尤其当时间不足、注意力不集中以及缺乏评估能力时，此时决策者依赖一些简单的规则或者认知捷径，而不强调仔细对信息处理的过程。现代认知心理学的一个重要发现：在面对不确定环境下的决策问题时，人们通常会把显著的、生动的、具体的信息看得过于重要，而常常忽视枯燥的、抽象的、不显著的信息。而这些信息决策者很可能会用捷径式途径加工。显然，非理性决策的产生很可能与捷径式途径信息加工有关。

认知心理学研究表明，人们在社会认知过程中面临的信息往往是不确定的、不完全的、复杂的，在对它们进行加工的过程中，达到最优化的合理性是困难的。人的认知资源是有限的，人在社会认知的过程中常常偏爱采取捷径式，而不是采取精细的统计学分析，以尽量节省时间和加工资源。但这种采取捷径式的信息加工方式很可能被动造成非理性决策的可能性。因为“捷径导致人们犯错误”。

---

① Chaiken S. Heuristic Versus Systematic Information Processing and the Use of Source Versus Message Cues in Persuasion [J]. Journal of Personality and Social Psychology, 1980, 39, 752 -766.

2. 社会心理学角度

1995 年，蒂特玛（Dittmar）、贝蒂（Beattie）和福里斯（Friese）[①] 利用社会建构主义理论（Social Constructionist Theory）和物质拥有心理（Psychology of material possession）发展一个理论，用以探讨为什么某些产品和某些变量对非理性来说非常重要。这个理论的核心在于：能够反映自我形象（self - image）的产品容易被冲动。蒂特玛、贝蒂和福里斯推论出两个观点：第一，比起其他产品，某些产品更容易产生冲动，尤其是那些有强烈符号性（symbolic）和情绪性（emotional）意义的产品；第二，由于性别是一个重要的类群，因此在个人的自我形象建构中，冲动性会受性别的影响。

他们认为在整个社会环境下，个体若发现“真实的我”和“理想的我”不一致时，很可能会产生自我概念落差（self - discrepancy）。从社会建构理论和符号自我完成理论来看，非理性起因之一是决策者认为产品可以代表自我形象，他们需要产品的符号性意义来反映自我的品位、生活方式、身份地位。因此，非理性决策者会购买某些产品，是希望透过物质上的拥有，作为自我认同的象征，这是一种符号决策行为。

（三）卡尼曼直觉启发式与前景理论

1. 直觉启发式与认知偏差

卡尼曼和特沃斯基认为，人们在不确定条件下作判断并不能收集所有的信息进行理性的概率统计判断，而是依赖有限的直觉

---

① Dittmar H., Beattie J. and Friese S. Gender Identity and Material Symbols: Objects and Decision Considerations in Impulse Purchases [J]. Journal of Economic Psychology, 16, 1995: 491 - 511.

启发原则。最重要的启发式（heuristics）包括：代表性、可得性、锚定与调整以及小数法则。

代表性启发式是指人们凭经验已经掌握了一些事物的“代表性特征”，并由此进行推断。在生活中，当人们判断某一事物是否出现时，只需要看这一事物的“代表性特征”是否出现，而忽略了先验概率的影响。代表性启发说明在现实判断决策中，人们并不是像传统经济学所认为的会理性通过概率估计作出判断。

可得性启发式是指人们倾向于根据客体或事件在记忆中可获得程度大小来评估其相对概率，容易知觉到或回想起的客体或事物被判断为概率更高。可得性启发式表明人们在判断中容易受到记忆效应的影响。人们对概率分布的判断取决于得到信息（尤其是一些范例性信息）的难易程度。在判断过程中，通常给予一些容易得到的、容易记忆的信息以很高的权重。这些因素都影响人们判断决策时的认知和情绪，从而出现非理性倾向。

锚定与调整原则指在判断过程中，人们会对最初得到的信息产生“锚定效应”，会以最初信息为参照点调整对事件的估计。锚定与调整启发式表明，人们在进行判断时常常根据一些典型特征或过去的经验对这些事件得出某个锚定值，然后根据情况作一些调整，但是调整的范围仍然在该锚定值临近领域。越是模糊的价值或事件，越容易受到“锚定效应”影响，导致在判断中常常过分夸大或缩小事件发生概率，出现非理性倾向。

小数定律是指人们认为一个小样本具有与大样本近似相同的概率分布。按照统计学大数定律，一个随机变量样本均值的概率分布是以该变量平均值为中心进行分布的。并且，当样本数不断增加时，样本均值方差趋近于零。然而，在实际生活中，人们常常认为一个小样本的均值也是以平均值为中心分布的，这就导致所谓从少量独立观测中作出的“过度推断”（over - inference）。

卡尼曼与特沃斯基研究发现，在现实的判断和决策行为中，人们解决问题的方法是依靠一系列判断捷径和启发式，并不是获得所有必要信息来作出理性判断。而以经验规则为主要特征的直观推断会产生严重的系统错误和偏差，常常出现系统地偏离理性决策假设的非理性决策行为。

除了以上四种直觉式启发可能导致的认知偏差外，从心理学角度讲，人们还可能由于后悔与认知不协调及过度自信、反应过度或者反应不足而发生认知偏差，从而导致非理性决策行为。卡尼曼认为，当人们犯错误时，哪怕是很小的错误，也会有后悔之痛并会严厉自责，而不是从更远的背景中去看待这种错误。为了避免或拖延这种后悔感的产生，人们会采取一些非理性行为。认知不协调是指人们被告知有证据表明其信念或假设是犯错误时所表现出的心理和智力上的冲突，它是对错误信念的后悔。认知不协调理论指出人们往往采取行动来减轻因认知不协调而带来的痛感，例如，人们会故意回避新信息或寻找扭曲的论据以坚持自己的信念或假设是正确的观点。卡尼曼指出，在实际预测能力未改变的情况下，人们更倾向于相信自己对较熟悉领域的预测，这往往会导致过度自信的情况并造成错误结果。当错误的结果重复出现时，人们往往会从中学习并进行修正，表现为反应过度或反应不足。

2. 前景理论

1979 年，卡尼曼和特沃斯基在一系列实验和实证研究基础上发表了《前景理论——不确定条件下风险决策的分析》一文，提出了前景理论。该理论对传统的风险决策理论作出了修正，证明不确定条件下的判断和决策中，有许多系统偏离了传统经济学理论，特别是偏离了期望效用理论。

前景理论认为，人们的行为决策关注的是财富的增量而不是财富的绝对量。卡尼曼和特沃斯基指出，决策过程基本上可以细分为两个阶段：编辑阶段（edit stage）和评估阶段（evaluation stage）。在编辑阶段，人们根据选择结果建立适当的决策参考水平（参照点），大于参考水平的部分被编辑为“获得（gain）”，低于参考水平的部分被编辑为“损失（loss）”，参照点的变化就经常影响人们对同一个决策结果的得失评价。例如一个中等水平的决策结果，当参照水平低的时候编辑为“获得”，而当参照水平高的时候编辑为“损失”。

前景理论指出，就等量财富的减少或增加而言，两者产生的效用不相等。在面临条件相当的赢利前景时，人们往往倾向于风险规避，而在面临条件相当的损失前景时，人们通常倾向于风险偏好。设以财富变化为自变量的值函数 V，则其在参考水平之上的收益曲线是上凸的，而在参考水平之下的损失曲线是下凹的，如图 2－7 所示。卡尼曼和特沃斯基研究了人们在面临可能损失时的“风险追求”，发现人们有为逃避确定性损失

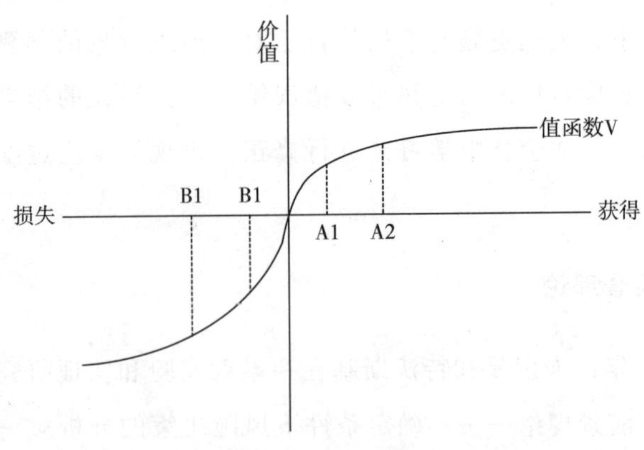

图 2－7 值函数图形

而冒更大风险的选择倾向。他们在 1992 年的研究中也发现，损失曲线斜率大于获益曲线斜率，同等价值损失带给人们的痛苦通常是同等价值收益带给人们快乐的两倍。同时他们也发现前期决策效用会影响后期的风险态度和决策，前期盈利可以增强风险偏好和平滑后期损失，前期损失会加剧后期亏损痛苦和提高风险厌恶程度。

第三章
商业银行个人理财客户认知偏差非理性理财行为识别及实证分析

本章在借鉴前人文献研究成果基础上提出研究假设和研究依据，识别商业银行个人理财客户认知偏差非理性理财行为，实证分析其与人口统计特征之间的关系。

一　研究假设和文献依据

（一）研究假设

根据第二章理论分析，本书作出如图 3－1 所示的研究假设。

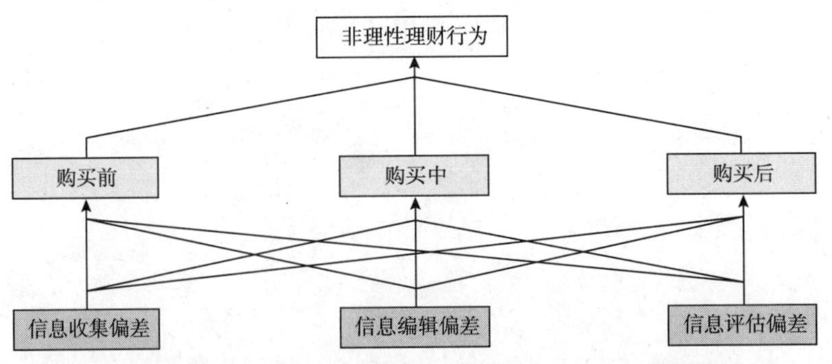

图 3－1　商业银行个人理财客户非理性理财行为研究假设

假设一，根据消费者行为理论，将商业银行个人理财客户的购买过程分为：理财产品购买前阶段、理财产品购买中阶段和理财产品购买后阶段。

假设二，借鉴西蒙决策过程模型，将所有的购买过程分为三个子阶段：信息收集子阶段、信息编辑子阶段和信息评估子阶段。

假设三，本书从商业银行视角审视个人理财客户的认知偏差，认为其各类认知偏差在个人理财行为中的表现形式即为认知偏差引致的非理性理财行为，简称为认知偏差非理性理财行为。

（二）文献依据

1. 认知偏差的分类依据

王军（2009）[①] 对各类认知偏差所处的决策阶段进行了详细分类，如表 3-1 所示。

表 3-1　各个决策阶段的认知偏差

决策阶段	认知偏差	
信息收集阶段	启发式偏差	代表启发式
		易得性启发式
		锚定和调整启发式
	知觉偏差	近因效应
		首因效应
		对比效应
		稀释效应
		晕轮效应

① 王军：《管理决策中的个体认知偏差研究》，辽宁大学博士毕业论文，2009。

续表

决策阶段	认知偏差
信息编辑阶段	框架效应 联合评估和单独评估 过度自信 损失规避
信息评估阶段	归因偏差 沉没成本 认知失调 证实偏好 后悔厌恶 后知之明

2. 认知偏差的文献依据

在对认知偏差非理性理财行为分析前，本书对认知偏差的文献进行了整理和总结，试图找出其中与之有关的概念和内容，如表 3－2 所示。

表 3－2 相关文献

作 者	主要研究内容
Festinger（1950）、Chris Hsia（1995）	使用思维捷径进行的决策，可能是非理性决策
Carroll（1978）、Kahneman 等（1979）	依赖快速得到或最先想到的信息决策可能是非理性决策
Plous（1989）、Northcraft（1987）	以“锚定信息”为初始值进行估计和调整，以获得问题的解决答案的决策可能是非理性决策
Asch（1946）、Luchins（1957）	以首先获取或最近获取的信息进行决策可能是非理性决策
Bingham（1939）、Murphy（1993）	突出的特征或信息会导致非理性决策
Festinger（1954）	依赖前后不同情景进行决策可能是非理性决策
Nisbeet 等（1981）	过多与决策非相关的信息可能导致非理性决策

续表

作　者	主要研究内容
Tversky & Kahneman (1981)	不同的信息表述会导致不同的决策可能是非理性决策
奚恺元 (2007)、Hsee (1996)	高估连续事件发生的概率，而低估独立事件发生的概率可能会导致非理性决策
Oskamp (1965)、Lichtenstein 等 (1977)	过度自信可能会导致非理性决策
Kermer (2006)、Duxbury (2004)	对损失或风险的负面情绪可能会导致非理性决策
Camerer (2002)、Festinger & Carlsmith (1959)	改变自己观点，只选择对自己有利的决策可能是非理性决策
Francesca 等 (2008)、Zeelenberg (1996)	沉没成本可能会导致非理性决策
Savage (1951)、Zeelenberg 等 (2006)	选择使自己最小后悔的决策可能是非理性决策
Slovic & Fishhoff (1977)、Blank (2007)	得知决策结果后对信息的判断可能会导致非理性决策
Bem (1965)、Weiner (1985)	错误或不理性结果归于外因会导致今后出现非理性决策
Nickerson (1998)	总是寻找支持自己决策的信息，忽略其他信息可能会导致非理性决策

(1) 代表性启发式。代表性启发式是指人们简单地用类比方法去判断，如果甲事件相似于乙类事件，则甲就属于乙，与乙同类。事件甲相似于乙类事件的程度越高，属于乙类事件的可能性也就越高。使用“代表性”进行判断往往导致过度自信。代表性启发式所导致的偏差主要有对基率不敏感，对样本大小不敏感，对偶然性的误解，对预测的难度不敏感以及对趋均数回归的误解。Festinger (1950)[①] 通过研究指出，由于个体经验、价值观

① Festinger L. Informal Social Communication [J]. Psychological Review, 1950, 57: 271 - 282.

的差异，同样的事物会使不同的人产生不同的知觉；而知觉是人对客观事物的综合影响和解释；知觉对人的行为有着重要影响。Chris Hsia（1995）① 指出，人们在作判断时，一般很难充分分析涉及经济判断和概率判断的环境。此时，人们依靠某些捷径或者原则作出决策，这些捷径或原则与传统的决策理论存在认知偏差。

（2）易得性启发式。易得性启发式（availability bias）是指人们倾向于根据客观事物或现象在知觉或记忆中获得的难易程度来估计其概率的现象，即当人们需要作出判断时，往往会依赖快速得到的信息，或是最先想到的东西，而不是致力于挖掘更多的信息。人们在使用“易得性”进行判断时，从记忆中最先搜寻到的信息往往成为判断的依据。易得性启发式具有一定的客观依据：一般来讲，经常出现的事件概率高，也容易被回忆，它们之间具有一定的一致性，因此利用事件的易得性判断其概率的策略在多数情况下是正确的。易得性启发式受记忆提取难易程度的影响，越容易提取的材料，概率越容易被高估。受信息搜索范围的影响，并与材料的生动性有关。Carrol（1978）② 发现，对一个事件结果的刻意想象可以增加其易得性，并由此开创了“易得性启发式”的实验范式，即将对一个事件结果的刻意想象作为对该类事件“易得性启发式”的诱发。Kahneman 和 Tversky（1979）③ 的实验也证实，个人在面对不确定结

① Chris Hsia. Elastic Justification in Decision Malting：How Tempting Yet Task－Irrelevant Factors Influence Decisions［J］. Organizational Behavior and Human Decision Processes，1995，62：330－337.

② Carrol J. S. The Effect of Imagining An Event on Expectations For the Event：An Interpretation in Terms of the Availability Heuristic［J］. Journal of Experimental Social Psychology，1978，14：88－96.

③ Kahneman D.，& Tversky A. Intuitive Prediction：Bias and Corrective Procedures. TIMS Studies in Management Science，1979，12，313－327.

果作出预期时，常常违背贝叶斯法则或其他关于概率的理论，容易让人联想到的事情会让人认为这件事情会常常发生。由于人不能从记忆中获得决策所需的全部信息，所以在信息加工时往往会出现可获得性偏差。

（3）锚定和调整启发式。锚定是指当人们需要对某个事件作定量估测时，会将某些特定的数值（比如以前的股票价格）作为起始值，这些起始值就像“锚”一样使估测值落于某一区域。如果这些“锚”定的方向有误，那么估测就会产生偏差。在判断过程中，人们最初得到的信息会产生锚定效应，从而制约对事件的估计。人们通常以一个初始值为开端进行估计和调整，以获得问题的解决答案。调整策略是指以最初的信息为参照来调整对事件的估计。调整通常是不充分的，不同的开始点会产生估计，这就易于偏离初始价值。锚定效应通常有三种体现：不充分的调整、连续和独立事件的估测偏向和主观概率分布的估测偏向。Plous（1989）① 经过研究后认为，“锚定与调整”效应就是对最初开始值或锚定值进行不充分的向上或向下调整，而由于这些调整是不充分的，最终估计值将从不同方向偏向于锚值。Northcraft（1987）② 经过研究后指出，专家在作决策判断时同样存在锚定效应，并且锚定效应的大小不会因为其丰富的专业知识和经验而减小。

（4）近因效应和首因效应

a）人们除了容易受到对一个论题的第一种论述的影响外，最后一个论述也会给人留下深刻的印象，这种现象被称为“近

① Plous S. Thinking the Unthinkable: The Effects of Anchoring on Likelihood Estimates of Nuclear War [J]. Journal of Applied Social Psychology, 1989, 19: 67-91.

② Northcraft G. B., and Neale M. A. Experts, Amateurs, and Real Estate: An Anchoring and Adjustment Perspective on Property Pricing Decisions [J]. Organizational Behavior and Human Decision Processes, 1987, 39: 84-97.

因效应”（recency effect）。近因效应经常发生，即比起中间的论述，人们能够更清晰地记住最后一个论述。Luchins（1957）[①]通过“吉姆印象形成”实验首先发现关于近因效应的结论，即最后出现的信息会比最先出现的信息对印象形成的影响更大。

b）注意力递减理论影响人们印象的形成，即随着人们注意力的转移，列表上排位靠后的项目受到较少的关注，因此这些项目对判断的影响力较小，这就是首因效应。Asch（1946）[②] 通过“印象形成”（impression formation）实验首先发现关于首因效应的结论：即顺序靠前的特征比顺序靠后的特征对人们印象形成的影响更大。

（5）晕轮效应。晕轮是指太阳周围有时会出现的一种光圈，远远看上去，太阳好像扩大了许多。晕轮效应是一种普遍存在的心理现象，它是指一个人在对他人进行评价时，对他人的某种品质或特征有非常清晰鲜明的知觉，由于这一特征或品质从观察者的角度来看非常突出，从而掩盖了这个人其他特征和品质的知觉。也就是说，这一突出的特征或品质起着一种类似晕轮的作用，使观察者看不到其他品质，而仅仅凭借一点信息就对这个人的整体面貌作出判断。Murphy（1993）[③] 认为，晕轮效应为属性之间超出真实相关关系的多余的关系。Bingham（1939）[④] 发现，尽管偏好的因素导致属性之间产生了虚假关系，但是即使在晕轮效应不存在的情况下，属性之间的“本质上的”或“真实的”相

---

① Luchins A. S. Experimental Attempts to Minimize the Impact of First Impressions [M]. Yale University Press, New Haven, CT. 1957.

② Asch S. E. Forming Impressions of Personality [J]. Journal of Abnormal and Social Psychology, 1946, 41: 258 -290.

③ Murphy K. R., Anhalt R. L., Jako R. Nature and Consequences of Halo Error: A Critical Analysis [J]. Journal of Applied psychology, 1993, 78 (2): 218 - 225.

④ Bingham W. V. Halo. Invalid and Valid [J]. Journal of Applied Psychology, 1939, 23: 221 -228.

关关系也是存在的，从而无法确定相关关系是否出现了超出真实相关关系水平。

（6）对比效应。许多早期的心理学研究，都涉及了像温度识别、颜色识别和重量识别的知觉判断，对比的选择会产生截然不同的效果，前后不同的情景，可能让事物或方案看起来更好或更坏，这就是对比效应。我们通常不太留意前后关系的影响，更少质疑呈现方案的效度。但它会极大地增加前后关系设计者（如政客、广告商、券商）的威力。他们设计的前后关系可以影响我们的观点和判断，哄骗我们作出若不在这种场合下不会作出的决策。Festinger（1954）[①] 提出社会比较理论以来，就有研究者开始关注社会比较的方向（direction）对个体自我评价的影响，即上行比较（与比自己优秀的人比较）和下行比较（与比自己差的人比较）对个体自我评价的影响作用。他们普遍认为，社会比较对个体自我评价的影响与其比较方向具有一种内在的联系，产生对比效应。

（7）稀释效应。当决策者反复思考如何作出一个困难的决策时，一般都会辩解说："如果我能掌握更多的信息……"但是，虽然拥有更多的信息有时候确会有所帮助，但同时它也会通过"稀释效应"（dilution effect）改变对事物的认识，即中性和非相关信息容易削弱对问题实质的判断，掌握与问题非相关的信息会产生稀释相关信息的作用，导致相关信息的有效性减弱。Nisbeet、Zukier和Lemley（1981）[②] 认为，实际上人们在作判断时往往会遭遇许多对其判断无帮助的信息，亦即无诊断力信息（non -

---

① Festinger L. A Theory of Social Comparison Processes [J]. Human Relations, 1954, 7 (2) 117 - 140.

② Nisbett R. E. , H. Zukier, and R. E. Lemley. The Dilution Effect: Nondiagnostic Information Weakens the Implications of Diagnostic Information [J]. Cognitive Psychology, 1981, 13: 248 - 277.

diagnostic information）。以前的研究并未将焦点放在人们如何整合诊断力信息与无诊断力信息以作出判断。

（8）框架效应（framing effect）。理性决策理论认为，对内容一致的备选方案，其描述方式的变化不应改变决策者的判断。但现实中人们常常会因为问题的表达方式不同而有不同的选择。框架这个名词是指对相同客观信息的不同表述，由于表述不同也会显著地改变模型决策，即使框架差异的程度不应对理性决策产生影响。框架和措辞能够显著影响人们的决策和判断。Tversky 和 Kahneman（1981）① 通过调查和实验质疑了经济学视野中对决策者理性的基本假设，提出决策制定过程中的框架效应相关理论。该理论认为，尽管问题表征框架的变化本质上并没有改变问题的基本结构，却会对人们的判断和决策行为产生系统性的影响。这种选择结果的差异显然违背了期望效用理论中的一致性原则。因框架不同而引起不同选择的现象则被称为框架效应，它可以解释传统理性分析所不能解释的行为主体背离理性选择一致性的原因。

（9）联合评估和单独评估。奚恺元（2007）② 认为联合评估和单独评估偏差是指在评价一个事物的时候，有明确的另外的事物可以作比较。可以同时分析这两个或两个以上的事物的利弊；而在单独评估的时候，没有明确的其他事物可供比较，只能单独评价一个事物。Hsee（1996）③ 认为，评估模式是指产品属性是被联合评估还是被独立评估。联合评估是指各个产品被并排放在一起并同时被一个人评估，而独立评估是指各产品被分开放置并

---

① Tversky A. & Kahneman D. The Framing of Decisions and the Psychology of Choice [J]. Science, 1981, 211: 453 - 458.

② 奚恺元：《别做正常的傻瓜》，机械工业出版社，2007。

③ Hsee C. K. The Evaluability Hypothesis: An Explanation for Preference Reversals Between Joint and Separate Evaluations of Alternatives [J]. Organizational Behavior & Human Decision Processes, 1996, 67.

且被不同的人评估。但是评估模式并不能严格地被分为这两种模式，而是处于这两种模式之间的一个连续变量。

（10）过度自信。心理学家通过实验观察和实证研究已经发现，人们往往过于相信自己的判断能力，从而在行为上表现为“过度自信”。过度自信是指人们对自己的能力、知识和未来的预测表现出过分的乐观自信。决策者过度自信对他们在处理决策信息时会产生三种影响：过度自信者会过分依赖自己收集到的信息而轻视甚至否认他人收集的信息；过度自信者在过滤各种决策信息时，只注重那些不伤害他们自信心的信息；他们一旦形成一个信念较强的假设或设想，就经常会把一些附加证据错误地解释从而对该设想有利。很显然，“适度自信”是可取的，但“过度自信”则是一种非理性行为，过度自信者的决策会损害企业运行的效率。Oskamp（1965）① 首先提出了过度自信这一概念，指个体认识不到自己知识的局限性，导致高估自己的能力。尤其在决策环境和条件不是很清晰的时候，例如是否要引进一种新产品等。Lichtenstein，S. 和 B. Fischhoff（1977）② 认为，个人对于自己不太能了解或想象的事件，会低估其发生的可能性，从而忽略其可能产生的风险，并造成个人过度自信与过度反应的情况。

（11）损失规避。在现实生活中，人们常常具有“损失规避”的非理性行为特征，因为损失对人们造成负的刺激度远远高于同等收益对人们正的刺激度。如丢掉 5 万元钱的难受度是捡到 5 万元钱的高兴度的若干倍。因此，个体经济活动中，在面对获得时倾向于“风险规避”；而面对损失时则倾向于“追求风险”，即为

① Oskamp S. Overconfidence in Case – study Judgments，The Journal of Consulting Psychology，1965，29：261 – 265.

② Lichtenstein S. and B. Fischhoff. Do Those Who Know More Also Know More About Much They Know? The Calibration of Probability Judgements [J]. Organizational Behavior and Human Performance. 1977，3.

了避免确定的损失而甘愿冒更大的风险。在“框架效应”例子中，由于损失厌恶效应的存在，人们不愿意接受一个“100%损失或浪费”而表现为风险偏好，在第一个决策框架所显示的A、B方案中，人们常不愿选择A方案接受确定的损失，而宁愿选择B方案，追加资金进行一搏，表现出寻求风险，孤注一掷。Kermer、Driver－Linn、Wilson和Gilbert（2006）[①]认为，人们高估了损失带来的负性情感反应，从而导致损失规避：损失规避仅仅是情感预测的错误，人们恐惧高估的负性情感反应，因此对损失的反应较强。Duxbury和Summers（2004）[②]认为，在心理学中，风险的度量标准就是潜在损失的大小，因此损失规避被看作风险规避的原因。

（12）认知失调。几乎所有涉及多种选择的决策都会引起纷争。之所以如此，是因为选择任何一种决策都不可能十全十美，而任何废弃的决策也有可取之处。之所以放弃目前的选择只是因为这种选择的可取之处与决策者的选择相抵触，而决策者又认为自己已经作出了最好的抉择。这种不协调，在心理学中被称为“认知失调”。“感觉”一词来源于“认知”，一般意义上是指知觉过程所采取的任何形式（信息、信念或知识的相结合）。如果这些“认知”之间相互一致，我们就称之为协调一致的关系，如果相互抵触，我们就称之为“失调”。Camerer（2002）[③]认为，在决策后，决策者会本能地担心决策的不利结果而产生认知失调，这时，决策者在选择衡量决策结果时，总存在避免产生或者

① Kermer D. A., Driver－Linn E., Wilson T. D., & Gilbert D. T. Loss Aversion Is An Affective Forecasting Error [J]. Psychological Science, 2006, 17: 649－653.

② Duxbury D., & Summers B. Financial Risk Perception: Are Individuals Variance Averse Or Loss Averse? [J]. Economics Letters, 2004, 84: 21－28.

③ Camerer G. F. Bahavioral Game Theory: Experiments on Strategic Interaction [M]. Princeton University Press Draft, 2002.

克服这种失调，因而会倾向于选择对衡量有利的参照对象，这种衡量将进一步影响决策者下一次的理性决策。Festinger 和 Carlsmith（1959）① 认为，如果某个人被诱惑去做或去说某件同他自己观点相矛盾的事，则个体会产生一种改变自己原来观点的倾向，以便达到自己言行的一致，用于引发个体这种行为的压力越小，态度改变的可能性越大；压力越大，态度改变的可能性越小。

（13）沉没成本。沉没成本指已经付出且不可收回的成本。例如，因失误造成的不可收回的投资。沉没成本是一种历史成本，对现有决策而言是不可控成本，不会影响当前行为或未来决策。因此，沉没成本是决策非相关成本，在购买决策时无须考虑。人们在决定是否做一件事情的时候，不仅看这件事情对自己有没有好处，而且也看过去自己是不是已经在这件事情上有过投入。一个完全理性的决策者在做成本收益分析的时候是不应该把沉没成本算在内的，因为过去的不能挽回，既然不能挽回，就不能对现在产生影响，就应该让它过去，在决策时应将其忽略。而事实上，人们在做决策的时候，都要或多或少地受到沉没成本的影响。Francesca Gino（2008）② 研究认为，当面对决策时，人们采用关于投资的建议和免费的建议有显著差异，并认为这种差异是由成本沉没造成的。Zeelenberg（1996）③ 认为，沉没成本效应的存在有其理性的一面。通常来说，人们顾及沉没成本的原因是他们不想表现得太过浪费。抵制浪费的原则通常是一种好原则。

---

① Festinger L. and Carlsmith J. M. Cognitive Consequences of Forced Compliance [J]. Journal of Abnormal and Social Psychology, 1959, 58: 203 -211.

② Francesca Gino. Do We Listen to Advice Just Because We Paid For It? The Impact of Advice Cost on Its Use [J]. Organizational Behavior and Human Decision Processes 2008, 3.

③ Zeelenberg M. On the Importance of What Might Have Been: Psychological Perspectives on Regret and Decision Making [D]. University of Amsterdam, 1996.

但是这种说法也不是绝对正确的。

（14）后悔厌恶。后悔厌恶是一种非常普遍而且非常容易理解的心理，人们常常为作出了错误决策而自责，这种情绪就是后悔。损失会让人很痛苦，而后悔是一种除了损失之外还自认必须对此负责的感受，因此后悔比损失更让人痛苦。后悔厌恶就是指为了避免决策失误所带来后悔的痛苦，决策者产生一些非理性行为。损失厌恶是导致后悔厌恶的直接原因，正是因为损失所带来的痛苦才会使人们感到后悔。从后悔厌恶出发，又可以发展出确认偏差、处置效应等行为偏差。Savage（1951）① 认为，有时人们倾向于安全性的选择，有时却倾向于冒险的矛盾决策行为。这与最大后悔最小化原则（minimax regret Principle）——决策者总是会选择所有最大可能后悔中最小后悔的那个方案是一致的。Zeelenberg 等（2006）② 认为，预期后悔对随后决策的影响在于人们具有“后悔厌恶”的倾向，个体将选择那些可以最小化后悔的选项，这些选项可能是风险规避行为，也可能是风险寻求行为。

（15）后知之明。后知之明又被称作事后聪明式偏差。后知之明将已经发生的事情视为相对不可避免和显而易见的事情，却忽略了此时此刻自己的判断实际上已经受到已知结果的潜在影响。许多实验发现，它广泛存在于选举、医疗诊断、比赛，以及其他一些领域中。这些实验运用不同的试验技巧、指导语和被试人群，同样都得到了相同的结果。Slovic 和 Fishhoff（1977）③ 认为，在先见条件下，各种可能结果都要作为提取线索，证据选样

① Savage L. J. The Theory of Statistical Decision [J]. Journal of the American Statistical Association, 1951, 46: 55-67.

② Zeelenberg M., Nijstad B. A., Putten M. V., et al. Inaction Inetia, Regret, and Valuation: A Closer Look [J]. Organizational Behavior and Human Decision Processes, 2006, 101: 89-94.

③ Slovic P., Fischhoff B. On the Psychology of Experimental Surprise [J]. Journal of Experimental Psychology: Human Perception and Performance, 1977, 3: 544-551.

的范围较为宽泛；而在后见条件下，只有确定结果作为提取证据的线索。这样，如果与结果不符的信息有所丧失，再次补充的信息就会朝与给定结果相符的方向偏移，同样道理，确信程度判断也朝确定结果偏移。Blank（2007）[①]认为，广义地说，后见之明偏差是指当事件发生或事实呈现之后，人们在已经得知结果的情况下来观察事件或事实时，对它们的表征所发生的偏差。

（16）归因偏差。人们对他人或自己的行为进行归因时，并不总是既合逻辑又合情理的，常常出现错误或偏差，这就是归因偏差。管理决策中的归因偏差作为一种歪曲的、错误的、片面的归因，会给企业带来诸多负面影响。决策的归因偏差容易降低决策者的自我效能感和监控能力，也会对员工工作的积极性和归因倾向产生消极影响。管理决策中归因偏差的主要表现有：基本归因偏差、活动者－观察者归因偏差、自利性归因偏差和偏见性归因偏差。Bem（1965）[②]提出了自我归因偏差的概念，指出人们在实践过程中，往往认为理想的结果由自己处理事件的能力所导致，而不理想的结果则由外部因素影响所致。Weiner（1985）[③]提出三维度六要素的成败归因理论，认为归因影响期望的改变和情感反应，而这种归因后果又促动后继的行为，成为后继行为的动因。人们对成败结果不同原因、不同维度的归因，就会产生不同的情感反应和期望水平，继而引起成就动机或行为的变化。

（17）证实偏好。指人们常常有一种证实自己观点的倾向，即当人们有一个观点时，就会无意识地寻找证据去证实它。反映在投融资决策上，就是人们往往倾向于过度关注支持自己观点的

① Blank H.，Museh J.，& Pohl R. F. Hindsight Bias：On Being Wise After the Event [J]. Social Cognition，2007，25：1－9.

② Bem D. J. An Experimental Analysis of Self－persuasion [J]. Journal of Experimental Social Paychology，1965，1：199－218.

③ Weiner B. An Attributional Theory of Achievement Motivation and Emotion [J]. Psychological Review，1985，(43)：1142－1162.

证据，而忽略那些否定该设想的新信息，从而促成管理者选定自己心目中的方案。在公司投融资决策中证实偏好常常影响管理者，当管理者一旦相信某个投资战略，往往会对支持这项投资的信息特别敏感或容易接受，将这种对自己有利的证据视为相关而且可靠的，而视否定证据为偶然因素的结果。Nickerson（1998）[①]认为，在行为经济学中，证实性偏差指人们有意或无意地寻找支持自己看法的信息和解释，避免同自己看法冲突的信息和解释的一种倾向。

二 商业银行个人理财客户认知偏差非理性理财行为识别

本书将商业银行个人理财客户购买理财产品行为分为三个阶段，即理财产品购买前阶段、理财产品购买中阶段和理财产品购买后阶段，此三个阶段中间商业银行个人理财客户可能存在的非理性购买会或多或少影响他们的购买行为。上述三个阶段的购买过程又各包括三个子阶段“理财信息收集阶段”“理财信息编辑阶段”“理财信息评估阶段”。

（一）购买前阶段认知偏差非理性理财行为

说到“财富管理”，近年来人们并不陌生，尤其是经历过2006、2007、2008年中国股市大喜大悲的洗礼，再到2009、2010、2011年和2012年跌宕起伏的煎熬，“财富管理”不但让人又爱又恨，也带给人们更多的反省和思考。现如今，股市持续低迷，楼市迷雾重重，人们的财富极易缩水，资产面临投资瓶颈，

① Nickerson R. S. Confirmation Bias: A Ubiquitous Phenomenon in Many Guises [J]. Review of General Psychology, 1998, 2 (2): 175－220.

2013、2014 年资本市场延续自 2010 年以来的颓势，投资者亏损累累，客户风险偏好急剧收缩，纷纷转向保本或低风险型的固定收益产品。并且通货膨胀导致财富缩水，因此在动荡的市场中，银行理财产品就成为商业银行个人理财客户最理智的选择。

基于上述分析，本书认为凡是未将商业银行理财产品作为首选理财渠道的理财行为即是非理性的。

1. 理财信息收集阶段

本书认为商业银行个人理财客户未将商业银行理财渠道作为首要选择是非理性的。因此，商业银行个人理财客户在收集理财信息时，未结合自身现在和未来的经济状况，盲目收集理财信息的行为是非理性的。根据前文分析，代表性启发式、易得性启发式、稀释效应和晕轮效应以及锚定和调整启发式偏差等均可导致商业银行个人理财客户作出非理性理财行为。

（1）代表性启发式非理性理财行为

购买产品的代表性启发式非理性理财行为，指顾客倾向于简单地用类比方法去判断、寻找自己的社会关系中对是否购买理财产品的决策，自身某一方面影响因素突出或某一项政策影响较大，而忽视了自身的实际情况（包括家庭的收入储蓄情况，家庭结构以及家庭未来的收入情况）以及宏观经济政策、政府宏观调控、未来通胀预期及自己的社会关系等诸多因素，可能导致顾客作出非理性理财行为。

例如，刘小姐在收集理财信息时，因为当时她的收入水平较高，就只收集那些高成本高风险的理财产品信息。但是她忽视了政府的宏观经济政策是不支持投资的，而且她的家庭储蓄也不多。所以，张小姐只收集高成本的理财产品信息是非理性的。

（2）易得性启发式非理性理财行为

购买理财产品的易得性启发式非理性理财行为，指顾客会首先考虑自己或家庭现阶段收入储蓄情况，而没有充分考虑自己或家庭未来收入情况；只关注自己周围人的决策行为，而没有考虑其他人的决策；或只关注现阶段的宏观政策，而未充分考虑未来的宏观影响，受情绪直觉影响而作出了非理性理财行为。

例如，王先生在收集理财产品信息时，由于自己现阶段的收入水平不高，就只收集那些低成本低收益的理财产品信息。但是他却忽视了自己的未来收入，即使他的未来收入是很客观的。所以，张先生这种只关注现阶段收入而忽视未来收入的行为就是一种易得性启发式非理性行为。

（3）稀释效应非理性理财行为

稀释效应非理性理财行为是指顾客未将最应关注的因素作为决策首要影响因素，如自己与家庭的收入储蓄情况，家庭结构以及自己与家庭的未来收入情况等因素，而受其他因素如社会关系及宏观经济政策、政府调控等因素影响较大，致使作出非理性理财行为。

例如，杨小姐在收集理财产品信息时，只关注了政府支持大家投资，银行现阶段理财产品较热，就对购买理财产品持积极态度。但是忽视了自身的实际收入水平不高，家庭储蓄不多的实际情况是不支持她购买理财产品的。所以这种行为犯了稀释效应非理性偏差。

（4）晕轮效应非理性理财行为

晕轮效应非理性理财行为是指受自己身边影响力较大的人的影响；受自身某一方面影响较大或某一项宏观因素影响较大决定是否购买理财产品，而未充分考虑其他各方面的影响作出非理性理财行为。

例如，刘先生的朋友购买了理财产品，并且赢利较多，张先生就开始广泛收集理财产品的信息。但是，张先生未考虑自己的实际收入水平很低的现状。这种行为是晕轮效应非理性行为。

（5）锚定和调整启发式非理性理财行为

锚定和调整启发式非理性理财行为是指自己的理财行为受到现阶段的经济状况影响，形成所谓的锚定效应，导致其不愿意进行理财考虑，但其未能充分考虑到其个人未来的经济收入。

例如，冯小姐现阶段的收入水平不高，她就完全忽视理财产品的信息，她是以她现阶段的收入为锚定，但是她未充分考虑自己未来的收入水平是很可观的。这种行为就导致了锚定和调整启发式偏差。

2. 理财信息编辑阶段

本阶段的目的是分析各种投资渠道相关信息，从中选出最适合的投资渠道。商业银行个人理财客户在分析理财信息时，未全面考虑收益性、安全性、流动性的行为则是非理性的。经前文分析，框架效应，联合评估和独立评估，过度自信，损失规避可能导致商业银行个人理财客户作出非理性理财行为。

（1）框架效应非理性理财行为

所谓框架效应非理性理财行为，是指客户对同一种多投资渠道组合，由于不同的描述，而得出不同的结论，最后作出选择结果不同的决策。比如，对同一种多投资渠道组合从不同的侧重点（分别从损失和收益两个角度）描述，商业银行个人理财客户认为其收益不同，作出有差异的决策。

例如，刘先生在面对同一种理财产品的信息收集时，由于一种产品的收益性较高，就广泛收集这种理财产品的信息；另一种理财产品风险较高，就忽视这种理财产品的信息收集。他忽视了高收益性和高风险性是并存的，这两种理财产品实际是同一种类型，这种行为就是框架效应非理性行为。

（2）联合评估和单独评估非理性理财行为

所谓联合评估和单独评估非理性理财行为，是指在评价一种投资渠道是否合适时，没有明确的另外投资渠道可以作比较，不能充分分析各种投资渠道的收益性、安全性、流动性，导致分析片面，信息编辑结果不是最佳。比如，单独评估各个投资渠道时，可能收益性都基本符合自己的要求，但放在一起比较时才意识到安全性、流动性也是需要考虑的。

例如，王太太在收集理财产品信息时，只逐个考察几种理财产品的收益，均符合她的预期水平，她就决定对几种理财产品给予同样多的关注度。但是，她没有将几种产品放在一起比较，就算是收益性相同的理财产品，风险性和流动性还是存在差异的。这种只进行单独评估而不进行联合评估的行为就是非理性的。

（3）过度自信非理性理财行为

所谓过度自信非理性理财行为，是指消费者过分相信自己的能力，在过滤各种决策信息时，只注重那些不伤害自己自信心的信息，低估自己不太理解的投资渠道的可行性，高估自己了解的投资渠道发生的可能性，从而忽视其可能产生的风险。比如，消费者对自己了解或有过购买经验的投资渠道，可能会毫不犹豫地再次选择，但是忽视了经济环境与特征的变化，导致该渠道的收益性、流动性和安全性与实际情况不符。

例如，张女士买了某一只股票，当她在网上看到针对这只股票的正面消息很多时，会产生一种自信，而这种自信会让她继续持有。即使出现少量的负面消息，她仍会很自信她所选择的股票，而不愿意选择银行理财产品。

（4）损失规避非理性理财行为

所谓损失规避非理性理财行为，是指消费者在面对获得时倾向于“风险规避”，在各种投资渠道面前，为保证收益规避确定的损失风险，选择低风险的投资渠道而放弃高收益的投资渠道。比如，即使有收益性较好的理财产品，但跟定期存款相比，还是存在一定的损失风险，此时，金融消费者为了完全规避客观损失，就会选择定期存款而放弃高收益的理财产品，忽视整体效益。

例如，张先生知道在购买某理财渠道的产品时，有一定的损失可能，即使可能有同等的收益存在，张先生也会放弃该理财渠道，因为损失对人们造成的负的刺激度远远高于同等收益对人们的正的刺激度。例如，丢掉10万元的难受程度是捡到10万元的高兴程度的若干倍。因此，人们在面对“获得”时倾向于“风险规避”，尽量获得确定性收益；而面对“损失”时则倾向于“追求风险”，即为了避免确定的损失而甘愿冒更大的风险。

3. 理财信息评估阶段

本书认为商业银行个人理财客户在筛选评估理财信息时，客户放弃银行理财渠道的行为是非理性的。据前文分析，归因偏差，证实偏好，认知失调，后悔厌恶均可导致商业银行个人理财客户作出非理性理财行为。

（1）归因偏差非理性理财行为

指顾客对某种理财渠道给出负面评价或放弃该种理财渠道，是基于片面的原因，如该种渠道流动性不好，风险高，服务不好，手续费高等次要原因。

例如，张女士在购买某种理财产品后，基于个人信息变化，最后的收益并未达到预期，于是认为理财渠道并不优于非理财渠道，因为她将放弃银行理财业务的原因片面地归于错误的方向，比如流动性差或其他次要原因。这样，归因偏差一方面导致了短期的惯性和长期的反转，另一方面助长过度自信。

（2）证实偏好非理性理财行为

顾客一旦选择了某种非理财产品渠道，就会收集各方面信息证据支持自己的决策，忽略理财产品的优点，导致其非理性理财行为。

例如，张先生认为理财渠道没有股市获益高，他就会经常问一些反面问题来“证伪”他认为正确或真实的那些信息，比如“理财渠道的收益高于股市”（如果找不出正面证据，则不成立；假如找出了正面证据，那么就有利于全面真实地了解情况，使决策更有质量），这类证伪性问题使他忽略了理财产品的优点和非理财渠道的缺点。

（3）认知失调非理性理财行为

顾客有意无意地选择了非理财产品渠道，会更多地关注该种渠道的正面消息而有意无意地忽略该种渠道的负面消息，从而再不选择银行理财产品，导致非理性理财行为。

例如，张小姐在选择了定期存款这种非理财渠道，但又发现其他理财渠道更合适时，张小姐的认知在逻辑上产生了混乱。当失调存在时，由于个体心理上的痛苦，个体试图减少失调，达到认知和谐，以减少心理上的不舒适体验。于是，张小姐较多地关注了此渠道的正面消息，比如风险低、稳定等，而忽视了该渠道的负面消息，比如收益差、流动性差等缺点。

（4）后悔厌恶非理性理财行为

顾客为防止自己错过高收益机会，寻找收益高于理财产品的非理财渠道，但忽略了高收益伴随的高风险，从而导致非理性理财行为。

例如，张先生觉得股市涨幅很大，为了不错过这高收益的大好机会，防止自己日后后悔，他放弃现有的较稳定的理财渠道，毅然选择伴随有高风险的非理财渠道。

（二）购买中阶段认知偏差非理性理财行为

本阶段的目的在于，理财者在购买理财产品的过程中对理财产品的选择，是投资理财产品过程中最重要的一步。在此阶段中，理财者的认知偏差表现在两个方面：第一方面，其未能根据自身经济情况购买理财产品；第二方面，其对理财合同条款的表述存在认知偏差。这些认知偏差均会导致非理性理财行为。

基于上述分析，本书认为凡是未能根据自身经济状况合理配置理财结构的行为以及未正确认知、理解理财合同条款的行为都是非理性的。

1. 理财信息收集阶段

本阶段理财者将理财产品信息进行收集，目的是为作出决策提供有用信息。本阶段中理财者未能将三性（收益性、流动性和风险性）作为收集信息时首要考虑因素的行为为非理性行为。其中代表性启发式、易得性启发式、锚定和调整启发式、稀释效应、近因效应、首因效应、对比效应与晕轮效应均易使理财者作出非理性理财行为。

（1）代表性启发式非理性理财行为

理财者简单地用类比的方法进行判断。由于个体经验、价值观的差异，同样的理财产品会使不同的人产生不同的知觉。他们认为，银行收益率最高的个人理财产品是适合自己的，也会获得很高的收益。理财者面对不同种类的理财产品会导致对理财产品的三性不敏感，如对“理财获得大收益”的样本大小不敏感等。

例如，张女士看到一款收益率最高的个人理财产品就觉得很适合自己，并且会得到很高的收益，而忽略了理财产品的风险性。这种行为就是代表性启发式非理性理财行为。

（2）易得性启发式非理性理财行为

易得性启发式非理性理财行为在本阶段表现为两方面：一方面，理财者倾向于仅仅根据客户经理的推荐，而非经过科学的计算方法来作出理性的决策。此间理财者易忽略理财环境可能发生的变化，不能理性看待所收集的信息；另一方面，理财者总是依赖从客户经理那里快速得到的信息，而不致力于从其他渠道挖掘更多的信息。因此，在进行判断时，越容易提取的材料越容易被高估。

例如，张小姐在购买理财产品时，仅仅根据客户经理的推荐快速得到的信息，而不致力于从其他渠道挖掘更多的信息，因此高估所得信息。这种行为就是易得性启发式非理性理财行为。

（3）锚定和调整启发式非理性理财行为

锚定和调整启发式非理性理财行为在本阶段也表现为两方面：一方面，理财者受以前投资理财规模大小影响，主观地判断此次理财产品的风险性、流动性与收益性。或理财者以前并未做过投资，为避免损失仅仅关注“风险性”，而非综合考虑理财产品的三性。这样的决策也是非理性的。另一方面，理财者对理财产品作收益评估时，受最初锚定其他理财产品的收益率影响。若最初锚定的收益率有误，产生非理性理财行为的概率大大加大。

例如，张先生第一次理财很是谨慎小心，仅仅关注了风险性，没有结合考虑到收益性和流动性。张女士在此次购买理财产品过程中，因为以前买过理财产品，并且受以前理财产品购买规模的影响，主观地判断此次理财产品的风险性、流动性与收益性，而非客观地评价。这些行为都是锚定和调整启发式非理性理财行为。

（4）稀释效应非理性理财行为

理财者掌握的大量中性和非相关理财产品的信息易削弱对问题实质的判断，使理财者会倾向于忽略理财产品三性的关键因素，而作出非理性理财行为。这些信息会产生稀释相关信息的作用，导致相关信息的有效性减弱。

例如，张女士为此次购买理财产品搜集了大量的理财产品信息，很多信息对此次购买理财产品没有任何价值，张女士由于看到太多的理财产品信息，从而忽略各个理财产品的三性的关键因素。这种行为就是稀释效应非理性理财行为。

（5）近因和首因、对比效应非理性理财行为

a）理财者对最新发布的理财产品比发布已久的理财产品会产生更深的印象，易作出非理性理财行为的概率加大。

b）由于理财者注意力的转移，列表靠后的理财产品受到较少关注，对理财者判断影响效果较小。

c）理财者在对不同的理财产品的对比过程中，表现最好或最差的理财产品会影响理财者的决策，理财者面对表现最好的理财产品会倾向于忽略关键因素，作出不符合自身条件的非理性理财行为。面对表现较差的理财产品会首先排除。这也是理财者作出非理性理财行为的重要因素。

例如，张女士通过报纸看到了新发布的理财产品的信息，产生了很深的印象。在购买中则对此种理财产品印象深刻，从而导致判断的不理性。张小姐在对比理财产品时，面对表现最好的理财产品从而留下了好的印象，忽略了结合自身实际情况的三性的分析。面对表现较差的理财产品会首先排除。以上这些行为都为近因和首因、对比效应非理性理财行为。

（6）晕轮效应非理性理财行为

理财者对特定理财产品进行评估时，理财专家或客户经理推荐的理财产品会在理财者心中有着较大信誉度，会使理财者最终放弃自己曾经的决策。

例如，张先生根据自己的情况进行分析从而找到一款十分适合自己的理财产品，但是因为理财专家或客户经理的推荐最终放弃自己曾经的决策。这种行为是晕轮效应非理性理财行为。

2. 理财信息编辑阶段

这是理财者在获得大量理财产品信息基础上进行编辑、筛选的阶段，此阶段对理财者作出最终决策起到了很大作用。在此期

间，未能正确分析所收集的理财信息和未根据自身知识情况、经济状况导致理财产品购买不当或配置不周的行为是非理性的。其中，框架效应、联合评估与单独评估偏差、过度自信、损失规避易使理财者作出非理性理财行为。

（1）框架效应非理性理财行为

理财者面对不同的理财产品，即使内容一致的备选方案，理财者也会因为其描述方式的变化而改变其判断。同一理财产品的不同预期收益在和同一产品同一年化收益对比时会影响理财者的最终决策。尽管高于或低于年化收益的预期收益仅仅是预期而已。

例如，张女士在面对同一种理财产品时，由于一种产品的收益性较高，就广泛关注这种理财产品；另外一种理财产品风险较高，就忽视这种理财产品。她忽视了高收益性和高风险性是并存的，这两种理财产品实际是同一种类型，这种行为就是框架效应非理性行为。

（2）联合评估和单独评估偏差非理性理财行为

联合评估是各个理财产品被并排放在一起并同时被一个人评估，而独立评估是指各产品被分开放置并且被不同的人评估。不同的评估形式，使理财者作出不同的决策，得出购买一种理财产品优于购买多种理财产品或是相反的结论。在这期间理财者有可能出现非理性行为，导致资金比例的分配和总量安排的不当。

例如，张小姐在理财产品的购买过程中，只逐个考察了几种理财产品的收益，均符合她的预期水平，她就决定购买这几种理财产品。但是，她没有将几种产品放在一起比较，就算是收益性相同的理财产品，风险性和流动性还是存在差异的。这种只进行单独评估而不进行联合评估的行为就是非理性的。

（3）过度自信非理性理财行为

理财者过度相信自己的判断力，不听取银行的理财意见进行改进，导致资金分配和总量安排不当。

例如，张女士根据自己以前购买理财产品的经验和目前所收集的资料来决定自己所购买的理财产品，而忽略了银行的理财意见，导致资金分配和总量安排不当。这种行为就是过度自信非理性理财行为。

（4）损失规避非理性理财行为

为了避免确定的损失而甘愿冒更大的风险，或是仅仅凭风险性大小而选择风险性较小的理财产品，从而导致资金比例的分配不当和总量的安排不当。

例如，张先生以前经历过理财投资失败，所以在此次购买理财产品的过程中，仅仅考虑了风险性的大小，而忽略了流动性和收益性，导致资金比例的分配不当。这种行为就是损失规避非理性理财行为。

3. 理财信息评估阶段

此阶段是理财者继信息收集与编辑之后的最终决策阶段。此阶段理财者在购买理财产品时，未能全面解读协议信息的行为是非理性的。易受归因偏差、证实偏好、认知失调和后知之明影响而作出非理性理财行为。

（1）归因偏差非理性理财行为

理财者在对自身行为进行归因偏差分析时，类似“对于收益性、流动性和安全性的理解有误差主要原因在于协议太复杂”的错误归因易降低理财者的自我效能感和监控能力，同时也会消极地影响自身积极性和归因倾向。

例如，张女士在理财失败后对于失败的原因归为协议太复杂，而不考虑当时自己对收益性、流动性和安全性的理解有误差。这对于购买理财产品将产生消极影响。这种行为是归因偏差非理性理财行为。

（2）证实偏好非理性理财行为

理财者购买理财产品后，往往积极寻找理财产品的正面信息来支持自己决策的正确性，而忽略负面信息，从而促成自己选定自己心目中的方案，以证明所购买的理财产品可能会成功，这样很容易导致理财者在无法正确地评价理财产品时，作出不改变购买决策。

例如，张女士在购买理财产品后，只关注了积极因素及信息，忽略了负面信息，从而无法正确评价理财产品，作出不改变购买决策，造成了更大的损失。这种行为是证实偏好非理性理财行为。

（3）认知失调非理性理财行为

理财者本能地担心理财行为的不利结果，而倾向于选择对权衡有利的参照对象，这种衡量会进一步影响理财者下一次的理性决策。

例如，张女士很担心理财赔本，而选择对权衡有利的参照对象，从而影响下一次的理性决策。这种行为是认知失调非理性理财行为。

（4）后知之明非理性理财行为

理财者将已经发生的理财结果视为相对不可避免和显而易见的事情，却忽略了此时此刻自己的判断实际上已经受已知结果的潜在影响。

例如，张女士在购买理财产品赔本之后，认为自己在先前就预料到这种结果，而忽略了对真正原因的分析。这种行为是后知之明非理性理财行为。

（三）购买后阶段认知偏差非理性理财行为

商业银行理财产品购买后阶段的“理财信息收集阶段”“理财信息编辑阶段”“理财信息评估阶段”分别对应“购买后信息

收集”“购买后信息编辑”“购买后信息评估”。商业银行理财客户本阶段的最终目的是通过评估所购买的理财产品来决定是否继续保持对商业银行的忠诚度。

基于上述分析，在排除商业银行理财协议违约前提下，商业银行个人理财客户未正确评价本次理财产品致使其忠诚度下降的行为属于非理性行为。

1. 理财信息收集阶段

本阶段商业银行个人理财客户的目的是通过对类似理财产品信息的收集，来确定自己的评判标准。根据前文分析，代表启发式、易得性启发式、近因效应、首因效应、对比效应、稀释效应、锚定和调整启发式以及晕轮效应均可能导致商业银行理财产品购买者作出非理性理财行为。

（1）代表启发式非理性理财行为

购买后信息收集的代表启发式非理性理财行为，是指商业银行理财产品客户在收集信息时，倾向于简单地将自己所购买的理财产品与市面上热门理财产品进行对比，而忽视了两种理财产品协议上的不同标准，从而造成所收集信息不具有有效的可比性。

例如，陈先生购买完理财产品后，只是片面地将自己购买的理财产品的收益和市面上热门的产品比较，而忽略了自己产品的协议标准，没有进行平等的比较。所以，陈先生收集了不可比的比较信息是非理性的。

（2）易得性启发式非理性理财行为

购买后信息收集的易得性启发式非理性理财行为，是指商业银行理财产品客户在收集信息时，习惯性地寻找身边的人或者客户自己过往所购买的理财产品信息，但其忽略自身理财产品的标准并不适合于所有产品，从而无法得到正确有用的产品信息。

例如，张先生在收集理财产品的信息时，只是询问了自己的朋友和购买过这个理财产品的客户，而忽略了理财产品标准的不同。所以张某无法得到正确的、对自己购买有帮助的信息。

（3）近因效应、首因效应和对比效应非理性理财行为

购买后信息收集的近因效应、首因效应和对比效应非理性理财行为，是指商业银行理财产品客户在选取理财产品信息收集对象时，倾向于选取那些印象深刻的产品信息，例如，最近发布的、第一次接触的或者所知中表现最差的。但往往忽略不同产品的协议并不相同，从而造成收集的信息并无可比较之处。

例如，王先生购买理财产品以后，对信息进行收集，只是收集了一些最近发布的、第一次接触的和所知道的表现最差的。而没进行协议的比较，没在自己的协议范畴下收集有用的信息，所以，王先生的行为是非理性的。

（4）稀释效应非理性理财行为

稀释效应非理性理财行为是指银行理财产品购买者在收集银行理财产品信息时，往往收集了大量的信息，反而忽略了最重要的收集指标，从而造成理财产品购买者无法准确定义理财产品信息的最重要标准。

例如，秦女士购买理财产品后收集了银行的各种有关理财产品的信息，但很少有关于自己产品的重要的指标信息，忽略了自己理财产品的实际情况。所以这种行为是稀释效应非理性偏差行为。

（5）锚定和调整启发式非理性理财行为

购买后信息收集的锚定和调整启发式非理性理财行为，是指银行理财产品客户往往习惯于将自己的心理预期收益率作为自己的理财收益标准，而忽略了协议上的收益标准，从而造成其心理预期过高或过低，违背现时真实情况。

例如，陈小姐购买理财产品后，按自己的想法定了一个理财产品到期以后的收益，认定这个收益率为锚，但没有充分考虑到

协议上的收益标准。这种行为就导致锚定和调整启发式偏差。

（6）晕轮效应非理性理财行为

购买后信息收集的晕轮效应非理性理财行为，是指银行理财产品客户对理财产品的信息参照标准往往受理财专家、成功人士的推荐而改变，但忽略了自身购买的理财产品协议标准差异，从而造成购买者收集的信息与自身协议标准不相符。

例如，张女士的朋友和理财经理等人都购买了某个理财产品，并且赢利较多，积极地向张女士推荐，张女士就很乐观地趋向购买这个理财产品，而没考虑自己的情况和这几个理财产品协议标准的差异。这种行为是晕轮效应非理性行为。

2. 理财信息编辑阶段

本阶段商业银行个人理财客户的目的在于将自己购买的理财产品信息与在前一阶段收集到信息标准进行正确对比。根据前文可知，框架效应、联合评估和单独评估偏差、过度自信和损失规避均可能导致银行理财产品购买者作出非理性理财行为。

（1）框架效应非理性理财行为

购买后信息编辑的框架效应非理性理财行为，是指银行理财产品客户在进行对比时，错误地将年化收益率作为实际收益率处理，但是忽略了自己所购买的理财产品的实际期限，从而得出错误结论。

例如，赵先生在进行几个理财产品收益率的比较时，错误地按照年化收益率计算每种的收益率，而忽略其与实际收益率的不同及产品年限导致的差异。这种行为就是框架效应非理性行为。

（2）联合评估和单独评估偏差非理性理财行为

购买后信息编辑的联合评估和单独评估偏差非理性理财行为，是指银行理财产品客户在进行对比时，客户对比的参照标准只关注于自己最关心的指标，却忽略了其他的可供参照标准，从而造成了对比结果的片面化。

例如，张太太只想要高回报的产品，所以在收集理财产品信息时，只逐个考察了几种理财产品的收益，均符合她的预期水平，她就决定对几种理财产品给予同样高的关注度。但是，她没有收集其他重要的参照指标，没有对流动性和风险性进行信息的收集，导致决策的不同。这种只进行单独评估而不进行联合评估的行为就是非理性的。

（3）过度自信效应非理性理财行为

购买后信息编辑的过度自信效应非理性理财行为，是指银行理财产品客户在产品的收益与协议上的收益出现差别时，一味地将错误归结于银行头上。但其既不听取银行的解释，也不参照协议上的解释，从而得到片面的错误的结论。

例如，王先生于 2008 年在某商业银行购买期限为两年的理财产品，双方协议上写明年化收益率为 10%。当 2010 年理财产品到期时，王先生收到的实际收益率为 8%。对此，商业银行解释为宏观经济受到金融危机影响从而导致该理财产品收益情况变差。但王先生拒绝听取商业银行的解释，也不认可协议上关于收益率容易受宏观经济环境影响的解释，一味地认为实际收益率下降是商业银行单方面的责任。

（4）损失规避效应非理性理财行为

购买后信息编辑的损失规避非理性理财行为，是指银行理财产品客户在理财产品出现负收益时，客户会觉得理财产品不具有投资价值，甚至不如银行定期存款。但忽略了理财产品的独特特点，作出错误的判断。

例如，张先生在商业银行购买了一万元的理财产品进行投资，期限为一年。一年以后，张先生的投资总共收回八千元。受到这次投资失败的影响，出于对投资收益的考虑，张先生把原打算继续投资理财产品的资金撤资，转而投资收益可保障的银行定期存款，再也不准备购买理财产品。

3. 理财信息评估阶段

本阶段商业银行个人理财客户目的在于通过对信息比较的结果来确认是否继续对银行保持忠诚。据前文可知在这一阶段，归因偏差、认知失调、证实偏好、沉没成本以及后知之明效应都会引起银行理财产品购买者的非理性理财行为。

（1）归因偏差非理性理财行为

购买后信息评估的归因偏差非理性理财行为，是指客户之所以不再愿意购买理财产品都是银行造成的，而与客户自身毫无关系。导致客户对理财产品的评判出现偏差、错误。

例如，张小姐在商业银行购买过一次理财产品后，该款理财产品未能很好地满足张小姐对于投资理财产品的期望。在进行新的投资计划时，张小姐不再考虑商业银行理财产品。问其原因，张小姐将原因全部归结于商业银行，认为是商业银行造成她的投资结果未能符合投资期望。

（2）认知失调非理性理财行为

购买后信息评估的认知失调非理性理财行为，是指客户有自己购买理财产品的经历后决定不再购买，既不愿意听取银行方面的解释，也不愿关注其正面信息。导致客户错误地忽略了关于理财产品的有益信息。

例如，林先生曾经在商业银行购买一次理财产品，但是那次投资未能达到林先生的期望。这次失败的经历影响了林先生以后的投资，不再愿意去关注任何理财产品的信息，只关注除理财产品以外的投资产品信息。

（3）证实偏好非理性理财行为

购买后信息评估的证实偏好非理性理财行为，是指客户发现自己购买的理财产品前景不明时，有意地去收集该款产品的负面消息，以证明理财产品可能不会得到预期收益。这样会导致客户错误地分析信息，从而作出错误的决策。

例如，张先生具有一定的金融知识背景，某次在购买商业银行理财产品以后，基于自身对经济出现恶化的认识，张先生断定其购买的理财产品将会出现亏损。在之后收集与该款理财产品相关的信息时，张先生刻意地去关注更多经济恶化的消息，而忽视那些有助于经济形势变好的消息。

（4）沉没成本非理性理财行为

购买后信息评估的沉没成本非理性理财行为，是指客户购买的超出自己能力承受范围的结构性理财产品出现亏损时，相信继续购买该理财产品之后会取得预期效果，从而错误地决定继续购买。

例如，具有风险偏好的张先生，在商业银行购买了某收益率高、风险也高的理财产品。一期到期后，该款理财产品出现了亏损。但是张先生依旧相信投资该款理财产品会收到高回报，能够弥补之前出现的亏损。所以张先生在之后的投资中，依旧坚持投资该款理财产品。

（5）后知之明非理性理财行为

购买后信息评估的后知之明非理性理财行为，是指客户对理财产品的态度不正确，即往往认为产品服务的成败早在其意料之中，过分地认为自己具有“先知先觉”的能力。但这种“事后诸葛亮”的偏差性行为没有任何的事实依据，还会使得客户作出不反省自身、不借鉴其他成功经验的决策。

例如，张先生一次购买商业银行理财产品后，在未到期的时候便认为该款产品会出现亏损。当到期时真出现亏损后，张先生自认为自己具有判断形势的能力，不再相信其他的信息，只相信自己的判断。

（四）商业银行个人理财客户非理性理财行为的认知偏差

本书将商业银行个人理财客户购买理财产品的行为分为三个阶段，购买前阶段、购买中阶段和购买后阶段，三个阶段的购买过程又各包括三个子阶段，即“信息收集阶段”“信息编辑阶段”“信息评估阶段”，各个阶段引起非理性理财行为的认知偏差如表3－3所示。

表3－3　商业银行个人理财客户非理性理财行为的认知偏差框架

	理财信息收集阶段	理财信息编辑阶段	理财信息评估阶段
理财产品购买前阶段非理性理财行为	代表启发式 易得性启发式 锚定和调整启发式 稀释效应、晕轮效应	框架效应 联合评估和单独评估偏差 过度自信 损失规避	归因偏差 证实偏好 认知失调 后悔厌恶
理财产品购买中阶段非理性理财行为	代表启发式 易得性启发式 锚定和调整启发式 稀释效应 近因效应、首因效应 对比效应、晕轮效应	框架效应 联合评估和单独评估偏差 过度自信 损失规避	归因偏差 证实偏好 认知失调 后知之明
理财产品购买后阶段非理性理财行为	代表启发式 易得性启发式 锚定和调整启发式 近因效应、首因效应 对比效应、晕轮效应 稀释效应	框架效应 联合评估与单独评估偏差 过度自信 损失规避	归因偏差 认知失调 证实偏好 沉没成本 后知之明

三　调研问卷的设计与分析

（一）问卷设计过程

因为本研究所需数据无法从公开资料中获得，故本书的数据收集采用问卷调查方式。鉴于单个题项一般只能度量狭窄的概念，所以测量复杂的组织现象通常需要设计多个题项。在变量的测量题项具有一致性的情况下，多个题项比单个题项更能提高信度①。因此，在问卷中通过设计多个题项对研究内容中所涉及的变量进行测量，以提高度量的信度和效度。

根据诸多学者②的建议，问卷设计过程为：（1）在以往文献基础上筛选合适的原始题项，并进行修改；（2）与相关专家对问卷的内容进行讨论；（3）与被调查对象进行讨论；（4）通过问卷的预发放来优化问卷涉及的题项。因此本书问卷设计流程如下：（1）阅读大量与商业银行个人理财客户非理性理财行为和认知偏差相关的研究文献，吸收了与本研究相关的内容，结合本研究所采用视角，设计相关题项进行测度；（2）征求相关学术团队意见后修改初稿，在文献原始问卷基础上，设计了问卷初稿，并与相关学术团队（包括数位教授、副教授和多位博士、硕士）进行研究分析，通过征求相关意见，形成了可用于预调研的调查问卷；（3）通过对一些商业银行个人理财客户进行前测，用于检验问卷量表内部是否具有所谓的一致性，继而删除、修改不合理的问题，将修正后的量表作为正式的调研问卷，详细的问卷内容见附录。

（二）避免偏差的措施

调查问卷包括填空题部分和选择题部分，选择题部分采用 Likert 五点量表③来表示，每个题目用中等长度的句子表示④。由

① Benbasat L.，Goldstein，D. K.，and Mead M. The Case Research Strategy in Studies of Information Systems［J］. MIS Quarterly，1987，11（3）：369－386.

② Laudan L. Science and Values：An Essay on the Aims of Science and Their Role in Scientific Debate［M］. Berkeley：University of California Press，CA，1984.

③ 应答者根据同意程度，分别在“非常不同意”“基本不同意”“不确定/不知”“基本同意”“完全同意”选项中，圈选最适当的答案。

④ Andrews F. M.，Construct Validity and Error Components of Survey Measures：A Modeling Approach［J］. Public Opinion Quarterly，1984，48：409－442.

于本调查问卷大多数题目均采取 Likert 五点量表来表示，问卷应答者的回答主要建立在主观评价之上，因此可能会导致问卷结果出现偏差的问题。Fowler（1988）[①] 认为，主要存在四个基本原因可能导致问卷应答者对题目不能作出准确回答。这四个原因分别是：（1）测试者对所提问问题答案的信息不明白；（2）测试者不能回忆所提问问题答案的信息；（3）虽然知道某些问题答案的信息，但是测试者不想回答；（4）测试者不能理解所提问的问题。

本书在问卷设计过程中采取如下措施以减少偏差：（1）本问卷的发放对象商业银行个人理财客户；（2）问卷题项主要针对商业银行个人理财客户理财行为；（3）告知测试者不会泄露个人隐私，仅用于学术研究目的；（4）经过与相关学术团队、理财专家和商业银行个人理财客户多次沟通，使得问卷题项尽量简明易懂，减少由于理解不了题项造成的偏差。

此外，按照 Lee（2001）[②] 等学者有关避免一致性动机问题的建议，在问卷设计中，未明确说明题目所要度量的变量，这样的安排方式可在一定程度上防止答卷者在填写问卷时形成自己的逻辑，导致降低问卷结果的可靠性。

（三）调查问卷的设计

1. 调查问卷的组成

本调查问卷共包括三个部分：第一部分是被调查的商业银行个人理财客户的人口统计特征，共 10 个问题；第二部分是对商

---

① Fowler F. J., Survey Research Methods [M]. Newbury: Park, CA, Sage, 1988.

② Lee C., Lee K., et al. Internal Capabilities, External Networks and Performance: A Study on Technology Based Ventures [J]. Strategic Management Journal, 2001, 22: 615 - 640.

业银行个人理财客户非理性理财行为定性部分进行测量，共 44 个问题；第三部分是对商业银行个人理财客户非理性理财行为定量部分进行测量，共 46 个问题。其中量表全部采用 Likert 5 量表的形式。详见附录 1。

2. 调查对象和数据收集

初始问卷在笔者所在的商业银行中发放了 15 份作为预试，与填写者就问卷中难以理解或模糊不清的地方进行了沟通，修改后形成最终问卷。由于本书拟采用结构方程建模（Structural Equation Modeling，SEM）的方法研究商业银行个人理财客户非理性理财行为，而 Boomsma（2000）[①] 发现，对于结构建模分析（SEM）而言，不论是模型有恰当解的百分率、参数估计的精确性，还是统计量的分布，研究结果都显示样本容量越大越好。他建议样本容量最少大于 100，但大于 200 更好。因此本研究拟定发放 600 份。问卷于 2010 年 11 月至 2012 年 6 月进行正式发放，为考虑问卷填写的真实性，本次发放的主要对象是已经购买个人理财产品的商业银行个人理财客户，其来源于笔者所在的商业银行和其他商业银行。最后问卷回收 531 份，有效问卷为 459 份，问卷回收有效率为 86.44%。

四　人口统计特征描述性统计及认知偏差非理性理财行为心理分析

（一）人口统计特征的描述性数据分析

本书根据研究目的与研究假设的需要，对于回收的有效问卷，采用基本频数分析的方法对问卷中的人口统计特征和社会地

① Boomsma A. Report Analyses of Covariance Structures. Structural Equation Modeling, 2000, 7 (3): 461 - 483.

位特征进行描述，如表 3－4 所示。

表 3－4 人口统计特征描述性统计

项 目	类 别	样本数	百分比数（%）
性别	男	247	53.8
	女	212	46.2
年龄	22 岁以下	30	6.5
	22～30 岁（含 30 岁）	178	38.8
	30～45 岁（含 45 岁）	228	49.7
	45～55 岁（含 55 岁）	14	3.1
	55 岁以上	9	2.0
学历	高中及以下	25	5.4
	专科或本科	260	56.6
	本科以上	174	37.9
工作单位	政府机关、事业单位	152	33.1
	国营企业	89	19.4
	外资企业	69	15.0
	民营企业	16	3.5
	个体企业	23	5.0
	无工作	110	24.0
投资或理财经验	是	199	43.4
	否	260	56.6
财经金融知识	是	277	60.3
	否	182	39.7
金融从业经验	是	296	64.5
	否	163	35.5
家庭状况	单身，暂无结婚计划	108	23.5
	单身，有结婚计划	56	12.2
	已婚无孩子、老人需要赡养	12	2.6
	已婚有孩子，老人暂不需要赡养	148	32.2
	已婚有孩子、老人需要赡养	135	29.4

续表

项　目	类　别	样本数	百分比数（%）
目前家庭可支配收入	低于当地平均水平	50	10.9
	相当于当地平均水平	312	68.0
	高于当地平均水平	97	21.1
未来家庭可支配收入	低于当地平均水平	21	4.6
	相当于当地平均水平	213	46.4

（二）商业银行个人理财客户认知偏差非理性行为心理分析

非理性理财行为问卷主要考察商业银行个人理财客户是否会产生如前面所总结的几种认知偏差非理性理财行为。每种认知偏差分别选取了具有代表性的问题。具体测验问题请参见本书附录1。

1. 购买前阶段的问卷数据分析

本阶段问卷的描述性统计分析如表3－5所示。

表3－5　理财产品购买前阶段描述性统计分析

非理性理财行为类型	问卷编号	选择项（百分比）
代表启发式非理性理财行为	第11题	A. 88.5　B. 11.5
易得性启发式非理性理财行为	第12题	A. 78.4　B. 11.6
稀释效应非理性理财行为	第13题	A. 41.6　B. 58.4
晕轮效应	第14题	A. 65.8　B. 34.2
锚定和调整启发式	第15题	A. 80.8　B. 19.2
框架效应非理性理财行为	第16题	A. 40.5　B. 59.5
	第17题	A. 53.2　B. 46.8
联合评估和单独评估非理性理财行为	第18题	A. 89.8　B. 10.2
过度自信非理性理财行为	第19题	A. 59.0　B. 41.0
损失规避非理性理财行为	第20题	A. 18.5　B. 30.3　C. 51.2

续表

非理性理财行为类型	问卷编号	选择项（百分比）
归因偏差非理性理财行为	第 21 题	A. 44. 9　B. 55. 1
证实偏好非理性理财行为	第 22 题	A. 50. 3　B. 49. 7
认知失调非理性理财行为	第 23 题	A. 60. 8　B. 39. 2
后悔厌恶非理性理财行为	第 24 题	A. 58. 4　B. 41. 6

对表 3 －5 统计结果分析如下。

（1）代表启发式偏差

商业银行个人理财客户通常认为别人通过理财获益，自己如果去做也会获益，是否理财受周围人影响较大，但是这种回答忽略了其他相关信息，未能考虑到自身经济状况等不是完全相同的。在预测自己是否适合理财之前，首先应针对现状全面分析各种信息，这样作出的判断，才是有依据、可信的、理性的。简单地用类比方法去寻找判断那些已成功的案例，这就是代表启发式非理性理财行为。

（2）易得性启发式

商业银行个人理财客户会根据各种理财渠道在自己意识里的难易程度、熟悉程度来估计该渠道成功概率，进而决定是否理财。由于这些渠道平时接触较多，或者身边通过此类渠道获益的人较多，所以大多数人觉得自己如果选择这个理财渠道，成功的概率也就会更大一些，因此就不再去收集更多的信息而是直接作出决策，这就是易得性启发式非理性理财行为。

（3）稀释效应

在选择理财渠道的过程中，影响商业银行个人理财客户选择何种理财渠道的信息是多种多样的，但是大多数商业银行个人理财客户都明确知道现在和未来的经济状况是能够影响理财渠道选择的最重要因素。所以稀释效应在此阶段对商业银行个人理财客户的影响不显著，只有少部分人会因为稀释效应偏差作出非理性理财行为。

（4）晕轮效应

大部分商业银行个人理财客户都会觉得自己更关注理财专家、名人或理财成功人士推荐的理财渠道，因为其往往片面地认为这些人的知识、经验决定了他们推荐的都是好的、会获益的理财渠道。但是如果是理性的商业银行个人理财客户，经过他人推荐以后，还应该继续做大量的调查来判断他们给出的信息是否真实有效，然后再作出最终决策。所以在投资渠道理财信息收集阶段大多数商业银行个人理财客户都会受晕轮效应的影响作出非理性理财行为。

（5）锚定和调整启发式

理财信息收集阶段，大多数商业银行个人理财客户会根据自己现阶段的经济状况，将现在的收入作为“锚”对理财渠道信息进行收集估计，围绕这个“锚”进行理财渠道决策判断。而当理财渠道金额超过现阶段的经济状况后，受到“锚”的影响，认为自己不适合进行理财行为，这就是显著的锚定和调整启发式非理性理财行为。

（6）框架效应

第 16 题和第 17 题其实是完全一样的，唯一不同的是对收集到的资料描述方式不同，第 16 题从收益的角度来表述，第 17 题从损失的角度来表述，但是，不同表述方式导致商业银行个人理财客户选择的答案变化很大。其做第 16 题时，觉得选择了 A 有很大的可能会一分钱都不能收回，但是选择 B 至少能收回一部分钱，所以更倾向于 B 选项。因为第 17 题测试者觉得选择 B，肯定会损失至少 2/3，但是选 A 有 1/3 的可能一分钱都不会损失，所以大部分人又选择了 A。不同描述方式导致了截然相反的结果，说明商业银行个人理财客户的心理偏向于收益高的阐述，但实际上，作为商业银行个人理财客户在预测风险的时候，应该持理性的态度，因为描述的侧重点不同导致选择结果不同，说明框架效应导致非理性理财行为。

（7）联合评估和单独评估

大多数商业银行个人理财客户都是按联合评估和单独评估来选择理财渠道的，多种渠道对比时，才会选择高收益的投资渠道，才意识到安全性和流动性的重要性，在此情况下对比出的投资渠道的收益性、流动性、安全性都很好，但是多种投资渠道的对比又是很难实现的，往往造成非理性理财行为，这就是联合评估和单独评估偏差导致的非理性理财行为。

（8）过度自信

大部分商业银行个人理财客户都觉得自己有能力在不依赖他人情况下，完全凭借自己的能力可以独立地在众多投资渠道中筛选出最好的品种，但结果不一定与他预测的一样。人们可能觉得自己以前接触过类似理财渠道或者对某些领域知识比较熟悉，所以觉得这样的理财渠道会更好，但是如果是理性的商业银行个人理财客户，应该在从众多信息中获得有效信息的同时正确评估自己的能力，再筛选出合适的理财渠道。所以选择 A 的人很多是因为过度自信导致的非理性理财行为。

（9）损失规避

大多数商业银行个人理财客户选择了 C，因为在面临获利时，其在希望获最大的利益的同时，还希望尽可能地规避风险。通过理财渠道获得收益，是商业银行个人理财客户最主要的目的，所以理性的商业银行个人理财客户应根据“低风险高收益”原则来选择收益性与安全性相适宜的理财渠道，但是因为损失规避偏差，导致大多数人选择了无风险的理财渠道，这就是损失规避导致的非理性理财行为。

（10）归因偏差

大多数商业银行个人理财客户觉得无法承受银行理财渠道的

收益性、流动性、安全性是放弃该渠道的最主要原因。如果不是因为这些原因放弃银行理财，就说明归因偏差导致他们作出了非理性理财行为，有55.1%的商业银行个人理财客户选择了“否”，说明归因偏差在此阶段的影响不显著，但是仍有44.9%的商业银行个人理财客户会受到归因偏差的影响而作出非理性理财行为。

（11）证实偏好

大多数商业银行个人理财客户都会选择寻找一切可能的证据来证明自己的抉择是正确的。他们不仅会以此来告诉自己他们选择的理财产品是正确的，还会消极地考虑他人的意见。因此在寻找他们认为有效的证据时，把一些错误的信息解释为有效，甚至出现伪证。作为理性的商业银行个人理财客户，在自己作出选择时，应积极听取他人建议，考虑这些建议是否合理，再决定有无必要改变自己所作的决定，而不是一味地强调自己是正确的，这就是证实偏好导致的非理性理财行为。

（12）认知失调

很多商业银行个人理财客户都认为在自己选定理财渠道后会故意忽略有关该渠道风险性、流动性、安全性方面的负面消息，因为他们觉得自己作出的决策是最好的，别人给出的修改意见或者否定消息都是谬论，是不值得相信和采纳的，会主动忽略相关的负面消息。如果是一个理性的商业银行个人理财客户，应该对相关的负面消息认真思考，对于其他方面的正面消息也应慎重考虑，判断是否真的对自己的选择有意义，再决定是否接受，而不是盲目地否定一切不利信息，接受一切有利信息，所以认知失调导致了这种非理性理财行为。

（13）后悔厌恶

大多数商业银行个人理财客户在决定选择银行理财渠道后，仍会过多地关注其他渠道的正面消息。他们认为一旦选择银行理财，如果听到其他理财渠道有更高收益，会动摇自己的信心，带来不必要的痛苦，所以为防止自己后悔，宁愿现在放弃银行理财选择其他高收益渠道。但是，作为一个理性的商业银行个人理财客户，在作出决策后，即使要改变决策，也应该充分考虑新渠道的收益性、流动性和安全性，认真评估，以确保选择了最优的理财渠道，而不是片面地看到高收益就改变选择。所以后悔厌恶导致非理性理财行为。

2. 购买中阶段的问卷数据分析

本阶段问卷的描述性统计分析如表 3－6 所示。

表 3－6　决策中描述性统计分析

非理性理财行为类型	问卷编号	选择项（百分比）
代表启发式非理性理财行为	第 25 题	A. 74.3　B. 25.7
易得性启发式非理性理财行为	第 26 题	A. 81.9　B. 18.1
锚定和调整启发式非理性理财行为	第 27 题	A. 56.9　B. 43.1
稀释效应非理性理财行为	第 28 题	A. 74.3　B. 25.7
近因、首因和对比效应非理性理财行为	第 29 题	A. 27.5　B. 34.0　C. 38.6
晕轮效应非理性理财行为	第 30 题	A. 72.1　B. 27.9
框架效应非理性理财行为 A	第 31 题	A. 72.3　B. 27.7
框架效应非理性理财行为 B	第 32 题	A. 30.9　B. 69.1
联合评估和单独评估非理性理财行为	第 33 题	A. 76.5　B. 23.5
过度自信非理性理财行为	第 34 题	A. 42.3　B. 57.7
损失规避非理性理财行为	第 35 题	A. 69.3　B. 30.7
归因偏差非理性理财行为	第 36 题	A. 59.5　B. 40.5
证实偏差非理性理财行为	第 37 题	A. 73.9　B. 26.1
认知失调非理性理财行为	第 38 题	A. 84.1　B. 15.9
后知之明非理性理财行为	第 39 题	A. 28.1　B. 71.9

对表 3－6 统计结果分析如下。

（1）代表启发式

由于个体经验、价值观的差异，同样的事物会使不同的人产生不同的知觉。理财者面对不同种类的理财产品会选择收益性最高的理财产品，这是典型的代表启发性非理性理财行为。

（2）易得性启发式

理财者理财产品主要来源于客户经理，说明理财者倾向于根据自己或他人经验而非经过科学计算方法作出决策。此间易忽略环境可能发生的变化，不能理性看待所收集的信息。并且理财者总是依赖快速得到的或是最先想到的，而不致力于挖掘更多的信息。因此，在进行判断时，最容易提取的材料越容易被高估，这就是易得性启发式非理性理财行为。

（3）锚定和调整启发式

这表明不少理财者受以前理财产品规模大小影响，主观判断此次理财产品的风险性、流动性与收益性。另外，理财者对理财产品作定量估测时，受最初锚定的某理财产品价格制约。若最初锚定的数值有误，产生非理性理财行为的概率大大增加，这就是锚定和调整启发式非理性理财行为。

（4）稀释效应

这表明理财者掌握的大量的中性和非相关理财产品的信息易削弱对问题实质的判断，产生稀释相关信息的作用，导致相关信息的有效性减弱。这是稀释效应产生的非理性理财行为。

（5）近因效应和首因效应、对比效应

首先，理财者对理财产品的了解程度，第一个与最后一个接触的比起中间接触的会产生更深的印象；其次，由于理财者注意力的转移，列表靠后的理财产品受到较少关注，对理财者判断影响的效果较小；最后，理财者在对不同的理财产品的对比过程中，不同的比较关系会影响理财者的观点与判断。这是近因效应、首因效应和对比效应产生的非理性理财行为。

（6）晕轮效应

理财者对特定理财产品进行评估时，其某个鲜明特质会掩盖此产品的其他特征，使理财者仅凭一个特质就进行判断。理财专家与客户经理的推荐会使理财产品的某一鲜明特征掩盖其他产品特性，这是晕轮效应产生的非理性理财行为。

(7) 框架效应

理财者面对不同的理财产品，即使内容一致的备选方案，理财者也会因为其描述方式的变化而改变购买决策，这是框架效应产生的非理性理财行为。

(8) 联合评估和单独评估偏差

联合评估是各个理财产品被并排放在一起并同时被一个人评估，而独立评估是指各产品被分开放置并且被不同的人评估。理财者在作出决策时，偏向于市场上占有率最大的。易忽略其他多种因素（比如此款理财产品的风险性自己是否可以承受，流动性是否符合自己的要求），导致资金比例的分配和总量的安排不当。不同的评估形式，使理财者作出不同的决策，其间有可能出现的非理性行为是联合评估和单独评估偏差产生影响的结果。

(9) 过度自信

理财者在决策理财产品的过程中过度相信自己的判断力，不听取银行意见进行改进，导致资金分配和总量安排不当，从而产生过度自信非理性理财行为。

(10) 损失规避

理财者在决策理财产品过程中认为亏损产品不值得购买，如理财产品风险较大，往往不会选择该理财产品，从而导致资金比例的分配不当和总量的安排不当。这是损失规避非理性理财行为。

(11) 归因偏差

理财者在对自身行为归因的偏差易降低理财者的自我效能感和监控能力，同时也会对自身购买理财产品的积极性和归因倾向产生消极影响，从而产生归因偏差非理性理财行为。

（12）证实偏好

理财者购买理财产品后，往往积极寻找理财产品的正面信息来支持自己决策的正确性，而忽略负面信息，从而促成自己选定心目中的方案，以证明本次理财购买过程是成功的，这样很容易导致理财者无法正确地分析所购买的理财产品，从而作出不改变理财购买行为。这是证实偏好产生的影响。

（13）认知失调

理财者本能地担心购买决策的不利结果，而倾向于选择权衡有利的参照对象，这种衡量会进一步影响理财者下一次的购买决策。这是认知失调产生的非理性理财行为。

（14）后知之明

理财者将已经发生的理财产品购买行为视为相对不可避免和显而易见的事情，却忽略了此时此刻自己的判断实际上已经受到已知结果的潜在影响。这是后知之明产生的非理性理财行为。

3. 购买后阶段的问卷数据分析

本阶段问卷的描述性统计分析如表 3－7 所示。

表 3－7　理财产品购买后阶段的描述性统计分析

非理性理财行为类型	问卷编号	选择项（百分比）
代表启发式非理性理财行为	第 40 题	A. 31　B. 69
易得性启发式非理性理财行为	第 41 题	A. 43.6　B. 56.4
近因、首因、对比效应非理性理财行为	第 42 题	A. 40.2 B. 35.6 C. 24.2
晕轮效应非理性理财行为	第 43 题	A. 61.8　B. 38.2
稀释效应非理性理财行为	第 44 题	A. 43.8　B. 56.2
锚定和调整启发式非理性理财行为	第 45 题	A. 64.4　B. 35.6
框架效应非理性理财行为	第 46 题	A. 75.2　B. 24.8
联合评估与单独评估非理性理财行为	第 47 题	A. 27.2　B. 72.8
过度自信非理性理财行为	第 48 题	A. 37.2　B. 62.8
损失规避非理性理财行为	第 49 题	A. 44.4　B. 55.6

续表

非理性理财行为类型	问卷编号	选择项（百分比）
归因偏差非理性理财行为	第 50 题	A. 37. 6　B. 62. 4
认知失调非理性理财行为	第 51 题	A. 21. 4　B. 78. 6
证实偏好非理性理财行为	第 52 题	A. 32. 2　B. 67. 8
沉没成本非理性理财行为	第 53 题	A. 29. 4　B. 79. 6
后知之明非理性理财行为	第 54 题	A. 36. 2　B. 63. 8

（1）代表启发式偏差

有经验的商业银行个人理财客户在产品理财信息收集阶段明白自己需要什么样的信息，他们不会盲目地比较理财产品信息，这就是代表启发式偏差非理性理财行为。

（2）易得性启发式

有经验的商业银行个人理财客户知道自己所购买的理财产品具有什么样的特点，因此他们会选择和自己所购买的产品类型一样的产品的信息，这就是易得性启发式非理性理财行为。

（3）近因效应、首因效应和对比效应

受近因效应、首因效应和对比效应三种效应影响而作出的非理性理财行为的客户都有很大的比例，但是更多的客户已受到近因效应的影响，这就是近因效应、首因效应和对比效应非理性理财行为。

（4）晕轮效应

有 61. 8% 的商业银行个人理财客户会受理财专家、成功人士的推荐而改变自己心中的对比标准。不可否认的是，名人能更清楚地了解产品，但更应考虑的是，名人的推荐和你的产品类型是否一样，这就是晕轮效应导致的非理性理财行为。

（5）稀释效应

有经验的商业银行个人理财客户明白自己最重要的参照标准，不会受信息量过于庞大的影响。而仍有 43. 8% 的客户会受到稀释效应的影响而作出非理性理财行为。

（6）锚定和调整启发式

大部分商业银行个人理财客户受到过投资收益率的影响，从而作出非理性理财行为。还有 35.6% 的客户会保持清醒，不会受到锚定和调整启发式偏差的影响，从而作出非理性理财行为。

（7）框架效应

有 75.2% 的商业银行个人理财客户未能正确理解协议上的收益率，他们受框架效应而作出非理性理财行为。只有 24.8% 的客户明白协议上收益率的真实含义。

（8）联合评估与单独评估

有经验的商业银行个人理财客户都会充分考虑协议上的各个指标，全面分析产品信息。但是仍有 27.2% 的客户会受联合评估与单独评估的影响，从而作出非理性理财行为。

（9）过度自信

大多数商业银行个人理财客户能理性地理解银行的理财协议，不会一味责怪银行。但是仍有 37.2% 的客户会受过度自信效应的影响，从而作出错误的非理性理财行为。

（10）规避损失

大多数客户容易因为害怕损失而放弃理财产品。55.5% 的客户都会受规避损失效应的影响，从而作出从此不再购买理财产品的非理性理财行为。

（11）归因偏差

大部分客户都能保持理性态度对待理财产品。但是仍有 21.4% 的客户受到归因偏差效应的影响，将错误归结于银行，从而作出非理性理财行为。

（12）认知失调

大部分客户对于银行理财产品会保持一个理性的态度，不会对银行的解释置若罔闻。但是仍有 38.4% 的客户会受认知失调效应的影响，作出非理性理财行为。

（13）证实偏好

大多数客户会受到证实偏好效应的影响，而作出非理性理财行为，作出放弃银行理财产品的非理性理财行为。只有32.2%的客户排除非理性影响，继续关注银行理财产品。

（14）沉没成本

大多数客户都是能理性认知自己的实际情况，作出合理的投资决策。只有29.4%的客户会受翻本机会的诱惑，作出非理性理财行为。

（15）后知之明

大多数客户会理性看待理财产品的收益情况。但是仍有36.2%的客户会受后知之明的影响，认为自己早已预料到，从而作出非理性理财行为。

五　商业银行个人理财客户非理性理财行为信度和效度分析

问卷信度越高，则相同人群在不同时空下接受同样的测量时结果的差异越小。测量的效度越高，表示测量结果越能显现其测量对象的真正特征。检验效度必须针对其特定功能及适用范围。

（一）问卷信度分析

测验的信度是指使用相同的研究技术重复测量同一个对象时，得到相同研究结果的可能性[①]。信度代表的是内部一致性概念，也就是一个变量（概念）下题目数的平均值，通常以SPSS中的指标Cronbach α 值来表示。Churchill指出，Cronbach α 系数

① 艾尔·巴比：《社会研究方法》，华夏出版社，2002。

绝对是第一个用来检验衡量工具质量的方法①，在整理好回收的问卷后，本研究问卷运用 Cronbach α 来检验衡量工具的信度，使用修正后项总相关系数（Corrected Item – Total Correction）来净化测量项目。纠正项目的信度检验筛选项目的标准有两个，必须一起成立才可以删除此项目：一是修正后项总相关系数小于 0.3；二是删除此项目可以增加 α 系数值。当 Cronbach α 大于 0.7 时表示非常好，介于 0.35 ~0.7 之间表示可接受，小于 0.35 要删除。

1. 理财产品购买前（Buying beFore，BF）阶段认知偏差非理性项目信度分析

从表 3 – 8 可以得出，理财产品购买前阶段的认知偏差非理性测量项目不符合删除标准，因此全部保留下来。

表 3 – 8 理财产品购买前阶段认知偏差非理性项目信度分析

	Corrected Item – Total Correction	Cronbach's Alpha if Item Deleted	α 系数
BF11 代表启发式	0.288	0.824	0.825
BF12 易得性启发式	0.243	0.829	
BF13 稀释效应	0.574	0.804	
BF14 晕轮效应	0.353	0.820	
BF15 锚定和调整启发式	0.526	0.808	
BF21 框架效应	0.474	0.812	
BF22 联合评估和单独评估	0.507	0.810	
BF23 过度自信	0.502	0.810	
BF24 损失规避	0.509	0.809	
BF31 归因偏差	0.288	0.825	
BF32 证实偏好	0.722	0.792	
BF33 认知失调	0.627	0.801	
BF34 后悔厌恶	0.428	0.816	

① Churchill G. A. Jr.，& Peter J. Paul. Research Design Effects on the Reliability of Rating Scales：Meta – Analysis ［J］. Journal of Marketing Research，1984，22：103 – 118.

2. 理财产品购买中（In Buying，IB）阶段认知偏差非理性项目信度分析

从表3－9可以得出，理财产品购买中阶段的认知偏差非理性测量项目都不符合删除标准，因此全部保留下来。

表3－9 理财产品购买中阶段认知偏差非理性项目信度分析

	Corrected Item – Total Correction	Cronbach's Alpha if Item Deleted	α系数
IB11 易得性启发式	0.230	0.771	0.772
IB12 代表启发式	0.499	0.750	
IB13 锚定和调整启发式	0.322	0.764	
IB14 稀释效应	0.225	0.773	
IB15 近因效应	0.303	0.765	
IB16 首因效应	0.389	0.760	
IB17 对比效应	0.472	0.753	
IB18 晕轮效应	0.346	0.762	
IB21 框架效应	－0.064	0.787	
IB22 联合评估和单独评估	0.406	0.757	
IB23 过度自信	0.388	0.759	
IB24 损失规避	0.518	0.748	
IB31 归因偏差	0.515	0.748	
IB32 证实偏好	0.341	0.762	
IB33 认知失调	0.561	0.742	
IB34 后知之明	0.384	0.759	

3. 理财产品购买后（After Buying）阶段认知偏差非理性项目信度分析

从表3－10可以看出，理财产品购买后阶段的认知偏差非理性项目都不符合删除标准，因此全部保留。

表 3-10 理财产品购买后阶段认知偏差非理性项目信度分析

	Corrected Item - Total Correction	Cronbach's Alpha if Item Deleted	α系数
AB11 代表启发式	0.213	0.728	0.731
AB12 易得性启发式	0.249	0.724	
AB13 近因效应	0.334	0.717	
AB14 首因效应	0.434	0.709	
AB15 对比效应	0.35	0.715	
AB16 晕轮效应	0.226	0.726	
AB17 稀释效应	0.294	0.721	
AB18 锚定和调整启发式	0.415	0.71	
AB21 框架效应	0.262	0.723	
AB22 联合评估与单独评估	0.329	0.717	
AB23 过度自信	0.344	0.716	
AB24 损失规避	0.356	0.714	
AB31 归因偏差	0.535	0.695	
AB32 认知失调	0.3	0.72	
AB33 证实偏好	0.294	0.72	
AB34 沉没成本	0.433	0.735	
AB35 后知之明	0.312	0.719	

4. 问卷信度分析小结

从表 3-11 可以看出，问卷的构面信度均在 0.7 以上，表明问卷信度良好。

表 3-11 问卷信度分析

构 面	题项数目	α初始值
BF 理财产品购买前阶段	13	0.825
IB 理财产品购买中阶段	16	0.772
AB 理财产品购买后阶段	17	0.731
总 体	46	0.890

（二）问卷效度分析

量表效度主要有：内容效度分析、效标关联效度分析和建构效度分析。内容效度是指量表涵盖研究主题的程度，可以通过采用文献中其他研究者已经验证过的量表来提高内容效度。效标关联效度是指量表与外在效标之间关联的程度，依照发生时间顺序又可分为预测效度和同时效度。预测效度是指量表能够预测未来的能力；同时效度是指量表具有描述目前现象的有效性。建构效度是指量表能够测量到理论概念或特质的程度。通常检验量表的建构效度包括收敛效度和区别效度。一般来说，验证建构效度可以应用 AMOS、LISREL、PLS 等工具通过验证性因子分析来实现，由于本节是对数据作探索性因子分析（Exploratory Factor Analysis，EFA），因此本研究将在下一章关于结构方程建模部分重点讨论建构效度。

根据吴明隆（2003）[①] 的观点，进行探索性因子分析的题项数目不宜太多，如果题项数目太多，可能导致抽取的因子数目过多，影响研究者对数据结构的判断。在进行探索性因子分析时，如果已经利用了以往的理论研究成果，量表的构面结构已经大致确定，则可以采用分构面因子分析方法。考虑调查问卷的题项数目较多，而且是利用以往研究成果，因此本研究采用因子分析法的主成分分析法，其目的是利用降维的方法用少量因子代替多个原始变量。检验可以分为以下几个步骤：（1）取同一个概念下的问卷题；（2）检查其 KMO 值是否超过 0.5，低于 0.5 表示此题目需要删除，这意味着此题目无法收敛在一个概念上；（3）进行 Bartlett 检定，$p < 0.05$；（4）累计解释变量超过 50%；（5）因素

① 吴明隆：《SPSS 统计应用实务——问卷分析与应用统计》，科学出版社，2003。

负荷量（factor loading）在各因子上的取值至少大于0.3，尽量大于0.5。

1. 理财产品购买前阶段

首先进行KMO测试和球形Bartlett检验，其目的在于检测是否适合进行因子分析，其中，KMO = 0.645，Bartlett球形检验p = 0，表明此问卷适合采用因子分析法，因子分析结果见表3 - 12。

表3 - 12 理财产品购买前阶段效度分析

	因子		
	1	2	3
BF11 代表启发式	-0.583	0.324	0.371
BF12 易得性启发式	0.598	0.294	0.457
BF13 稀释效应	0.663	0.402	-0.291
BF14 晕轮效应	0.708	0.427	-0.107
BF15 锚定和调整启发式	0.630	0.159	0.254
BF21 框架效应	0.256	0.555	0.528
BF22 联合评估和单独评估	-0.591	0.628	0.014
BF23 过度自信	-0.295	0.627	0.017
BF24 损失规避	-0.354	0.605	0.310
BF31 归因偏差	0.363	-0.165	0.571
BF32 证实偏好	0.171	-0.102	0.810
BF33 认知失调	-0.505	0.061	0.732
BF34 后悔厌恶	-0.543	-0.359	0.583
特征值	3.178	2.597	2.211
解释方差百分比（%）	24.446	19.974	17.006
累计解释方差百分比（%）	24.446	44.420	61.427

注：KMO = 0.645，Bartlett球形检验卡方值 = 78，显著性水平P = 0。

表3 - 12中的三个因子刚好对应本阶段的三个子阶段，“理

财信息收集阶段”“理财信息编辑阶段”“理财信息评估阶段”。然后对三个阶段进行信度分析，如表3-13所示。

表3-13　理财产品购买前各子阶段的信度分析

项目	项目代码	α系数
理财信息收集阶段BF1	BF11 代表启发式 BF12 易得性启发式 BF13 稀释效应 BF14 晕轮效应 BF15 锚定和调整启发式	0.668
理财信息编辑阶段BF2	BF21 框架效应 BF22 联合评估和单独评估 BF23 过度自信 BF24 损失规避	0.676
理财信息评估阶段BF3	BF31 归因偏差 BF32 证实偏好 BF33 认知失调 BF34 后悔厌恶	0.663

2. 理财产品购买阶段

首先进行KMO测试和球形Bartlett检验，目的在于检测是否适合进行因子分析，其中，KMO=0.602，Bartlett球形检验p=0，表明此问卷适合采用因子分析法，因子分析结果见表3-14。

表3-14　理财产品购买中阶段的信度分析

	因子		
	1	2	3
IB11 易得性启发式	-0.510	0.362	0.214
IB12 代表启发式	0.621	0.228	-0.156
IB13 锚定和调整启发式	0.403	0.276	0.039
IB14 稀释效应	-0.358	0.160	0.277

续表

	因子		
	1	2	3
IB15 近因效应	-0.560	0.275	0.389
IB16 首因效应	0.493	-0.246	0.246
IB17 对比效应	0.630	-0.489	-0.054
IB18 晕轮效应	-0.578	0.478	-0.027
IB21 框架效应	0.478	-0.578	-0.027
IB22 联合评估和单独评估偏差	0.529	0.605	-0.132
IB23 过度自信	0.480	0.552	-0.113
IB24 损失规避	-0.206	0.657	-0.115
IB31 归因偏差	-0.402	-0.168	0.657
IB32 证实偏好	0.435	0.259	0.483
IB33 认知失调	0.623	0.020	0.634
IB34 后知之明	0.490	0.084	0.541
特征值	3.008	2.762	1.887
解释方差百分比（%）	18.800	17.264	11.795
累计解释方差百分比（%）	18.800	36.064	47.859

注：KMO =0.602，Bartlett 球形检验卡方值 =120 显著水平 =0.000

表中的三个因子刚好对应本阶段的三个子阶段，“理财信息收集阶段”“理财信息编辑阶段”“理财信息评估阶段”。然后对三个阶段进行信度分析，如表 3－15 所示。

表 3－15　理财产品购买中阶段子阶段信度分析

项目	项目代码	α 系数
信息收集阶段 IB1	IB11 易得性启发式 IB12 代表启发式 IB13 锚定和调整启发式 IB14 稀释效应 IB15 近因效应 IB16 首因效应	0.648

续表

项目	项目代码	α 系数
信息收集阶段 IB1	IB17 对比效应 IB18 晕轮效应	0.648
信息编辑阶段 IB2	IB21 框架效应 IB22 联合评估和单独评估偏差 IB23 过度自信 IB24 损失规避	0.523
信息评估阶段 IB3	IB31 归因偏差 IB32 证实偏好 IB33 认知失调 IB34 后知之明	0.704

3. 理财产品购买后阶段

首先进行 KMO 测试和球形 Bartlett 检验，其目的在于检测是否适合因子分析，其中 KMO = 0.489、Bartlett 球形检验卡方值 = 4629，p = 0，表明本问卷适合采用因子分析法，因子分析结果见表 3 - 16。

表 3 - 16 理财产品购买后阶段信度分析

	因子 1	因子 2	因子 3
AB11 代表启发式	0.374	0.346	0.617
AB12 易得性启发式	0.415	0.428	0.616
AB13 近因效应	-0.36	0.312	0.458
AB14 首因效应	0.546	0.009	0.559
AB15 对比效应	0.44	0.41	0.59
AB16 晕轮效应	0.339	0.227	0.726
AB17 稀释效应	0.362	0.197	0.707
AB18 锚定和调整启发式	0.102	0.238	0.547

续表

	因子 1	因子 2	因子 3
AB21 框架效应	0.383	-0.372	-0.35
AB22 联合评估与单独评估	0.459	-0.301	-0.342
AB23 过度自信	0.464	-0.304	-0.07
AB24 损失规避	0.548	0.512	-0.014
AB31 归因偏差	-0.612	0.656	0.134
AB32 认知失调	0.412	0.657	0.139
AB33 证实偏好	-0.209	0.401	0.074
AB34 沉没成本	0.161	0.719	-0.057
AB35 后知之明	-0.14	0.413	0.26
特征值	3.350	3.070	2.495
解释方差百分比（%）	19.708	18.058	14.677
累计解释方差百分比（%）	19.708	37.765	52.442

注：KMO = 0.489、Bartlett 球形检验卡方值 = 4629，显著性水平 p = 0。

表中的三个因子刚好对应本阶段的三个子阶段，“理财信息收集阶段”“理财信息编辑阶段”“理财信息评估阶段”。然后对三个阶段进行信度分析，如表 3 - 17 所示。

表 3 - 17 理财产品购买后阶段子阶段信度分析

子阶段	阶段代码	α 系数
信息收集 AB1	AB11 代表启发式 AB12 易得性启发式 AB13 近因效应 AB14 首因效应 AB15 对比效应 AB16 晕轮效应 AB17 稀释效应 AB18 锚定和调整启发式	0.753

续表

子阶段	阶段代码	α 系数
信息编辑 AB2	AB21 框架效应 AB22 联合评估与单独评估 AB23 过度自信 AB24 损失规避	0.705
信息评估 AB3	AB31 归因偏差 AB32 认知失调 AB33 证实偏好 AB34 沉没成本 AB35 后知之明	0.679

六　商业银行个人理财客户人口统计特征与其认知偏差非理性理财行为关系实证分析

本节采用 SPSS 16.0 的多元线性回归分析方法对商业银行个人理财客户与人口统计特征关系进行实证分析，模型如式（3－1）所示，其中 Y 表示三大阶段的子阶段非理性理财行为量化值，其取效度分析后子阶段涵盖的各个题目测量值的算术平均值，各个变量如表 3－18 所示以及 Y 各个变量如表 3－19 所示。

$$Y = \sum_{i=1}^{n} Y_i/n = C + \sum_{j=1}^{8} \beta_j X_j \qquad (3-1)$$

表 3－18　回归模型变量 X 的含义

$X1$	$X2$	$X3$	$X4$	$X5$	$X6$	$X7$	$X8$	$X9$	$X10$
性别	年龄	学历	工作单位	投资理财经验	财经金融知识	金融从业经验	家庭状况	目前家庭可支配收入	未来家庭可支配收入

表 3-19 回归模型的变量 Y 的含义表

项　目	Y	Yi	项目代码
理财产品购买前阶段	信息收集 BF1	BF11	BF11 代表启发式
		BF12	BF12 易得性启发式
		BF13	BF13 稀释效应
		BF14	BF14 晕轮效应
		BF15	BF15 锚定和调整启发式
	信息编辑 BF2	BF21	BF21 框架效应
		BF22	BF22 联合评估和单独评估
		BF23	BF23 过度自信
		BF24	BF24 损失规避
	信息评估 BF3	BF31	BF31 归因偏差
		BF32	BF32 证实偏好
		BF33	BF33 认知失调
		BF34	BF34 后悔厌恶
理财产品购买中阶段	信息收集 IB1	IB11	IB11 易得性启发式
		IB12	IB12 代表启发式
		IB13	IB13 锚定和调整启发式
		IB14	IB14 稀释效应
		IB15	IB15 近因效应
	信息编辑 IB2	IB16	IB16 首因效应
		IB17	IB17 对比效应
		IB18	IB18 晕轮效应
		IB21	IB21 框架效应
		IB22	IB22 联合评估和单独评估偏差
	信息评估 IB3	IB23	IB23 过度自信
		IB24	IB24 损失规避
		IB31	IB31 归因偏差
		IB32	IB32 证实偏好
		IB33	IB33 认知失调
		IB34	IB34 后知之明

续表

项　目	Y	Yi	项目代码
理财产品购买后阶段	信息收集 AB1	AB11	AB11 代表启发式
		AB12	AB12 易得性启发式
		AB13	AB13 近因效应
		AB14	AB14 首因效应
		AB15	AB15 对比效应
	信息编辑 AB2	AB16	AB16 晕轮效应
		AB17	AB17 稀释效应
		AB18	AB18 锚定和调整启发式
		AB21	AB21 框架效应
		AB22	AB22 联合评估与单独评估
	信息评估 AB3	AB23	AB23 过度自信
		AB24	AB24 损失规避
		AB31	AB31 归因偏差
		AB32	AB32 认知失调
		AB33	AB33 证实偏好
		AB34	AB34 沉没成本
		AB35	AB35 后知之明

（一）购买前阶段实证分析

1. 理财信息收集阶段 BF1

多元线性回归结果如表 3 – 20 和表 3 – 21 所示。表 3 – 20 显

表 3 – 20　Model Summary[b]

Model	R	R Square	Adjusted R Square	Std. Error of the Estimate	Durbin – Waston
1	0.625[a]	0.391	0.377	0.48075	1.636

注：a. Predictors：（Constant），性别、年龄、学历、工作单位、投资理财经验、财经金融知识、金融从业经验、家庭状况、目前家庭可支配收入和未来家庭可支配收入；b. Dependent Variable：理财信息收集阶段 BF1。

示回归模型的复相关系数值（R）和确定系数值（R^2）分别为0.625和0.391，说明其拟合优度一般，其中Durbin－Waston统计值为1.636，接近2，说明模型不存在自相关，模型通过方程显著性检验。

表3－21 理财信息收集阶段BF1多元线性回归结果

Model	Unstandardized Coefficients		Standardized Coefficients	Sig.
	B	Std. Error	Beta	
(Constant)	3.728	0.222		0.000
性别	0.034	0.063	0.027	0.592
年龄	－0.092	0.044	－0.113	0.035
学历	0.117	0.054	0.110	0.032
工作单位	－0.210	0.020	－0.681	0.000
投资理财经验	－0.012	0.064	－0.010	0.850
财经金融知识	0.439	0.057	0.353	0.000
金融从业经验	－0.612	0.067	－0.481	0.000
家庭状况	－0.252	0.027	－0.649	0.000
目前家庭可支配收入	0.253	0.058	0.231	0.000
未来家庭可支配收入	0.071	0.056	0.068	0.203

注：a. Dependent Variable：BF1。

从表3－21可得到如下结论：

（1）性别、理财经验、未来家庭可支配收入与理财信息收集阶段的非理性理财行为不存在相关性。不论是男是女，有无理财经验，未来家庭可支配收入多少在理财信息收集阶段都有可能在理财时受周围人影响，而不考虑自身经济状况，由自己财经知识的掌握程度，而非自身经济状况决定是否理财，认为现在和未来的经济状况不是理财的最重要因素，受理财专家、名人或理财成功人士的推荐影响，现阶段的经济状况影响，导致作出非理性理财行为，产生代表启发式、易得性启发式、稀释效应、晕轮效应、锚定和调整启发式决策偏差。

（2）年龄、学历、工作经验、金融知识、金融从业经验、家庭状况、目前家庭可支配收入、未来家庭可支配收入与理财信息收集阶段的非理性理财行为存在相关性。其中，学历、金融知识、现在家庭可支配收入、未来家庭可支配收入与理财信息收集阶段的非理性理财行为存在正相关性，学历高、金融知识丰富、收入高的人更容易受周围人的影响，金融知识掌握程度以及理财专家的推荐影响容易产生代表启发式、易得性启发式、稀释效应、晕轮效应、锚定和调整启发式决策偏差。

2. 理财信息编辑阶段 BF2

多元线性回归结果如表 3－22 和表 3－23 所示。表 3－22 显示回归模型的复相关系数值（R）和确定系数值（R^2）分别为 0.765 和 0.819，说明其拟合优度较好，其中 Durbin－Waston 统计值为 1.962，仍接近 2，说明模型不存在自相关，模型通过方程显著性检验。

表 3－22　Model Summary[b]

Model	R	R Square	Adjusted R Square	Std. Error of the Estimate	Durbin－Waston
1	0.765[a]	0.819	0.304	0.58850	1.962

注：a. Predictors：（Constant），性别、年龄、学历、工作单位、投资理财经验、财经金融知识、金融从业经验、家庭状况、目前家庭可支配收入和未来家庭可支配收入；b. Dependent Variable：理财信息编辑阶段 BF2。

表 3－23　理财信息编辑阶段 BF2 多元线性回归结果

Model	Unstandardized Coefficients		Standardized Coefficients	Sig.
	B	Std. Error	Beta	
(Constant)	3.246	0.272		0.000
性别	－0.319	0.077	－0.226	0.000

续表

Model	Unstandardized Coefficients		Standardized Coefficients	Sig.
	B	Std. Error	Beta	
年龄	0. 481	0. 053	0. 509	0. 000
学历	0. 101	0. 067	0. 082	0. 129
工作单位	0. 027	0. 024	0. 075	0. 263
投资理财经验	0. 144	0. 079	0. 101	0. 069
财经金融知识	-0. 013	0. 070	-0. 009	0. 851
金融从业经验	-0. 196	0. 082	-0. 133	0. 017
家庭状况	-0. 195	0. 033	-0. 434	0. 000
目前家庭可支配收入	-0. 088	0. 071	-0. 070	0. 210
未来家庭可支配收入	-0. 138	0. 069	-0. 114	0. 045

注：a. Dependent Variable：BF2。

从表 3-23 可以得到如下结论：

（1）学历、工作单位、金融知识、现在家庭可支配收入与理财信息编辑阶段的非理性理财行为不存在相关性。无论学历高低，在哪个工作单位，金融知识掌握多少，现在家庭可支配收入高低都有可能在理财信息编辑阶段受信息的描述侧重点不同的影响，在单独评估时忽略渠道的安全性和流动性，认为即使对理财产品不了解，根据自己以往的投资经验，无需他人帮助就能对各种理财产品作出评估，因害怕损失或期望更高的收益而选择无风险理财渠道，导致非理性理财行为，产生框架效应、联合评估和单独评估、过度自信、损失规避决策偏差。

（2）性别、年龄、金融从业经验、家庭状况、未来家庭可支配收入与理财信息收集阶段的非理性理财行为存在相关性。其中，年龄与理财信息收集阶段的非理性理财行为存在正相关性，年龄越高的人对自己的判断越有自信，认为无需他人的帮助就能作出决策，更容易出现过度自信偏差。

3. 理财信息评估阶段 BF3

多元线性回归结果如表 3 - 24 和表 3 - 25 所示。表 3 - 24 显示回归模型的复相关系数值（R）和确定系数值（R^2）分别为 0.474 和 0.225，说明拟合优度一般，其中 Durbin - Waston 统计值为 1.566，仍接近 2，说明模型不存在自相关，模型通过方程显著性检验。

表 3 - 24　Model Summary[b]

Model	R	R Square	AdjustedR Square	Std. Error of the Estimate	Durbin - Waston
1	0.474[a]	0.225	0.207	0.59630	1.566

注：a. Predictors：（Constant），性别、年龄、学历、工作单位、投资理财经验、财经金融知识、金融从业经验、家庭状况、目前家庭可支配收入和未来家庭可支配收入；b. Dependent Variable：理财信息评估阶段 BF3。

表 3 - 25　理财信息评估阶段 BF3 多元线性回归系数

Model	Unstandardized Coefficients		Standardized Coefficients	Sig.
	B	Std. Error	Beta	
(Constant)	2.788	0.276		0.000
性别	-0.386	0.078	-0.287	0.000
年龄	0.252	0.054	0.282	0.000
学历	0.046	0.068	0.039	0.500
工作单位	-0.037	0.024	-0.109	0.127
投资理财经验	0.052	0.080	0.038	0.516
财经金融知识	-0.007	0.071	-0.005	0.923
金融从业经验	0.177	0.083	0.127	0.033
家庭状况	-0.197	0.034	-0.461	0.000
目前家庭可支配收入	0.310	0.071	0.258	0.000
未来家庭可支配收入	-0.062	0.070	-0.054	0.370

注：a. Dependent Variable：BF3。

从表 3－25 可得到如下结论：

（1）学历、工作单位、理财经验、金融知识、金融从业经验、未来家庭可支配收入与理财信息评估阶段的非理性理财行为不存在相关性。无论学历高低、在哪里工作、有无理财经验、金融知识掌握多少、有无金融从业经验、未来家庭可支配收入高低，都有可能在理财信息评估阶段不是因为自己无法承受其收益性、流动性和安全性而放弃选择银行理财渠道，在选择非银行理财渠道后，就消极地考虑他人的意见，并积极地寻找收益性、流动性和安全性之外的证据来支持自己的决策，会更多地关注该渠道的收益性、流动性和安全性之外的正面消息而有意无意地忽略收益性、流动性和安全性的负面信息，会担心自己错过高收益的机会，而放弃银行理财渠道，选择更高收益的非银行理财渠道，而未能考虑到该渠道的流动性和安全性是否能承受，导致非理性理财行为，产生归因偏差、证实偏好、认知失调、后悔厌恶决策偏差。

（2）性别、年龄、金融从业经验、家庭状况、现在家庭可支配收入与理财信息收集阶段的非理性理财行为存在相关性。其中，年龄、金融从业经验、现在家庭可支配收入与理财信息评估阶段的非理性理财行为存在正相关性，年龄越高的人越不能容忍自己的错误判断，因而越害怕失败，一旦作出选择为避免自己后悔更有可能忽略该渠道的负面消息；金融从业经验越丰富，现在家庭可支配收入越高的人对自己的判断力越自信，会不断寻找收益性、流动性和安全性之外的证据来支持自己的决策，以证明其正确性。

（二）购买中阶段实证分析

1. 理财信息收集阶段 IB1

多元线性回归结果如表 3－26 和表 3－27 所示。表 3－26 显示回归模型的复相关系数值（R）和确定系数值（R^2）分别为0.445和0.198，说明其拟合优度一般，其中Durbin－Waston统计值为1.916，仍接近2，说明模型不存在自相关，模型通过方程显著性检验。

表3－26　Model Summary[b]

Model	R	R Square	AdjustedR Square	Std. Error of the Estimate	Durbin－Waston
1	0.445[a]	0.198	0.018	0.41689	1.916

注：a. Predictors：（Constant），性别、年龄、学历、工作单位、投资理财经验、财经金融知识、金融从业经验、家庭状况、目前家庭可支配收入和未来家庭可支配收入；b. Dependent Variable：理财信息收集阶段IB1。

表3－27　理财信息收集阶段IB1多元线性回归系数

Model	Unstandardized Coefficients		Standardized Coefficients	Sig.
	B	Std. Error	Beta	
（Constant）	3.581	0.193		0.000
性别	－0.109	0.054	－0.118	0.045
年龄	0.039	0.038	0.064	0.298
学历	－0.104	0.047	－0.130	0.028
工作单位	－0.070	0.017	－0.302	0.000
投资理财经验	0.028	0.056	0.030	0.616
财经金融知识	0.022	0.050	0.024	0.654
金融从业经验	－0.221	0.058	－0.230	0.000
家庭状况	－0.028	0.023	－0.097	0.228
目前家庭可支配收入	0.310	0.050	0.375	0.000
未来家庭可支配收入	－0.086	0.049	－0.109	0.077

注：a. Dependent Variable：IB1。

从表3－27可以得出如下结论。

（1）年龄、投资或理财经验、金融知识、家庭状况与理财信息收集阶段的非理性理财行为不存在相关性。不管是老是少，有无投资或理财经验和金融知识，无论家庭状况怎样在理财信息收集阶段都有可能在理财时受自身的性别、学历和金融从业经验影响，而不考虑自身家庭经济状况，由自己掌握的金融理财经验程度，而非自身经济状况决定是否理财，导致作出非理性理财行为，产生代表启发式、易得性启发式、锚定和调整启发式、稀释效应、晕轮效应与近因效应、首因效应和对比效应等决策偏差。

（2）性别、学历、工作单位、金融从业经验、现在家庭可支配收入、未来家庭可支配收入与理财信息收集阶段的非理性理财行为存在相关性。其中，性别、学历、工作单位、金融从业经验、未来家庭可支配收入与理财信息收集阶段的非理性理财行为存在正相关性。性别不同、工作单位好、学历高、金融从业经验丰富、收入高的人更容易受自身的性别、学历和金融从业经验影响，而不考虑自身家庭经济状况，由自己掌握金融理财的经验程度，而非自身经济状况决定是否理财，导致作出非理性理财行为，产生代表启发式、易得性启发式、锚定和调整启发式、稀释效应、晕轮效应与近因效应、首因效应和对比效应等决策偏差。

2. 理财信息编辑阶段 IB2

多元线性回归结果如表 3－28 和表 3－29 所示。表 3－28 显示回归模型的复相关系数值（R）和确定系数值（R^2）分别为 0.597

表 3－28 Model Summary[b]

Model	R	R Square	AdjustedR Square	Std. Error of the Estimate	Durbin－Waston
1	0.597[a]	0.357	0.342	0.47508	1.938

注：a. Predictors：（Constant），性别、年龄、学历、工作单位、投资理财经验、财经金融知识、金融从业经验、家庭状况、目前家庭可支配收入和未来家庭可支配收入；b. Dependent Variable：理财信息编辑阶段 IB2。

和0.357，说明拟合优度一般，其中 Durbin – Waston 统计值为1.938，仍接近2，说明模型不存在自相关，模型通过方程显著性检验。

表 3 – 29　理财信息编辑阶段 IB2 多元线性回归系数

Model	Unstandardized Coefficients		Standardized Coefficients	Sig.
	B	Std. Error	Beta	
(Constant)	4.765	0.220		0.000
性别	0.010	0.062	0.008	0.873
年龄	–0.135	0.043	–0.172	0.002
学历	–0.217	0.054	–0.213	0.000
工作单位	–0.159	0.019	–0.538	0.000
投资理财经验	–0.055	0.064	–0.047	0.387
财经金融知识	–0.445	0.056	–0.372	0.000
金融从业经验	0.295	0.066	0.241	0.000
家庭状况	–0.080	0.027	–0.215	0.003
目前家庭可支配收入	0.578	0.057	0.550	0.000
未来家庭可支配收入	–0.324	0.055	–0.322	0.000

注：a. Dependent Variable：IB2。

从表 3 – 29 可得出如下结论：

（1）性别、投资或理财经验与理财信息编辑阶段的非理性理财行为不存在相关性。无论性别是男是女，是否有投资理财经验都有可能在理财信息编辑阶段受其他因素影响，在单独评估时未能正确分析所收集的理财信息和未根据自身知识情况、经济状况，认为即使对理财产品不了解，根据以往的投资经验，无需他人帮助就能对各种理财产品作出评估，因害怕损失或期望更高收益而选择无风险的理财渠道，导致非理性理财行为，产生框架效应、联合评估和单独评估、过度自信、损失规避决策偏差。

（2）年龄、学历、工作单位、金融知识、金融从业经验、家庭状况、目前与未来家庭可支配收入与理财信息收集阶段的非理性理财行为存在相关性。其中，金融从业经验、目前家庭可支配收入与理财信息收集阶段的非理性理财行为存在正相关性，金融从业经验越丰富的人对自己的判断越有自信，认为无需他人的帮助就能作出决策，更容易出现过度自信偏差。

3. 理财信息评估阶段 IB3

多元线性回归结果如表 3－30 和表 3－31 所示。表 3－30 显示回归模型的复相关系数值（R）和确定系数值（R^2）分别为 0. 771 和 0. 662，说明其拟合优度较好，其中 Durbin － Waston 统计值为 1. 880，接近 2，说明模型不存在自相关，模型通过方程显著性检验。

表 3－30 Model Summary[b]

Model	R	R Square	AdjustedR Square	Std. Error of the Estimate	Durbin － Waston
1	0. 771[a]	0. 622	0. 205	0. 64838	1. 880

注：a. Predictors：（Constant），性别、年龄、学历、工作单位、投资理财经验、财经金融知识、金融从业经验、家庭状况、目前家庭可支配收入和未来家庭可支配收入；b. Dependent Variable：理财信息评估阶段 IB3。

表 3－31 理财信息评估阶段 IB3 多元线性回归系数

Model	Unstandardized Coefficients		Standardized Coefficients	Sig.
	B	Std. Error	Beta	
(Constant)	5. 698	0. 300		0. 000
性别	－0. 020	0. 084	－0. 014	0. 815
年龄	－0. 163	0. 059	－0. 168	0. 006
学历	－0. 294	0. 073	－0. 232	0. 000
工作单位	－0. 095	0. 026	－0. 259	0. 000
投资理财经验	－0. 063	0. 087	－0. 043	0. 473

续表

Model	Unstandardized Coefficients		Standardized Coefficients	Sig.
	B	Std. Error	Beta	
财经金融知识	-0.269	0.077	-0.181	0.001
金融从业经验	0.035	0.090	0.023	0.693
家庭状况	-0.130	0.037	-0.281	0.000
目前家庭可支配收入	0.507	0.078	0.388	0.000
未来家庭可支配收入	-0.505	0.076	-0.404	0.000

注：a. Dependent Variable：IB3。

从表3-31可以看出。

（1）性别、投资或理财经验、金融从业经验与理财信息评估阶段的非理性理财行为不存在相关性。不管是男是女，有无理财经验在理财信息收集阶段都有可能在理财时受周围人影响，而不考虑自身经济状况，由自己财经知识的掌握程度，而非自身经济状况决定是否理财，认为现在和未来的经济状况不是理财的最重要因素，受理财专家、名人或理财成功人士的推荐影响、现阶段的经济状况影响，导致作出非理性理财行为，产生归因偏差、证实偏好、认知失调、后知之明偏差。

（2）年龄、学历、工作单位、金融知识、家庭状况、现在及未来家庭可支配收入与理财信息收集阶段的非理性理财行为存在相关性。其中，现在家庭可支配收入与理财信息评估阶段的非理性理财行为存在正相关性，现在家庭可支配收入越高的人对自己的判断力越自信，会不断寻找收益性、流动性和安全性之外的证据来支持自己的决策。

（三）购买后阶段实证分析

1. 理财信息收集阶段

多元线性回归结果如表3-32和表3-33所示。表3-32显示回归模型的复相关系数值（R）和确定系数值（R^2）分别为0.695和0.545，说明其拟合优度一般，其中Durbin－Waston统计值为1.999，接近于2，说明模型不存在自相关，模型通过方程显著性检验。

表3－32　Model Summary[b]

Model	R	R Square	AdjustedR Square	Std. Error of the Estimate	Durbin－Waston
1	0.695[a]	0.545	0.228	0.46094	1.991

注：a. Predictors：（Constant），性别、年龄、学历、工作单位、投资理财经验、财经金融知识、金融从业经验、家庭状况、目前家庭可支配收入和未来家庭可支配收入；b. Dependent Variable：理财信息收集阶段AB1。

表3－33　理财信息收集阶段AB1多元线性回归系数

Model	Unstandardized Coefficients		Standardized Coefficients	Sig.
	B	Std. Error	Beta	
(Constant)	3.527	0.213		0.000
性别	－0.052	0.060	－0.049	0.390
年龄	0.149	0.042	0.213	0.000
学历	－0.401	0.052	－0.438	0.000
工作单位	0.007	0.019	0.026	0.709
投资理财经验	0.276	0.062	0.261	0.000
金融知识	－0.030	0.055	－0.028	0.585
金融从业经验	－0.319	0.064	－0.292	0.000
家庭状况	0.015	0.026	0.045	0.566
目前家庭可支配收入	0.124	0.055	0.131	0.026
未来家庭可支配收入	0.024	0.054	0.027	0.656

注：a. Dependent Variable：AB1。

从表3－33可得出如下结论：

（1）性别、工作单位、金融知识、家庭情况、未来家庭可支配收入与产品理财信息收集阶段的非理性行为无关。不论男女、工作类别、金融知识丰富程度、家庭情况如何、未来收入情况如何，商业银行个人理财客户在产品理财信息收集阶段都会在收集银行理财产品信息时作出非理性理财行为。例如，不论商业银行个人理财客户的工作类别如何，都容易受身边人所购买理财产品的影响，可能无法正确地收集有可比性的产品信息。

（2）年龄与产品理财信息收集阶段的非理性行为存在明显的正相关。年龄越小的商业银行个人理财客户更容易在产品信息收集过程中作出非理性理财行为。例如，在收集产品信息时，年龄大的客户更能明白自己的理想目标，从而较少地作出非理性理财行为，而年龄较小的客户则更容易作出非理性理财行为。

（3）投资理财经验与产品理财信息收集阶段的非理性行为存在明显的正相关。拥有投资理财经验的商业银行个人理财客户更容易在产品信息收集过程中作出非理性理财行为。例如，投资理财经验较多的人与投资经验较少的人相比，经验更丰富的人在面对繁杂的信息收集时，往往与过往经验的标准进行比较，从而得到不正确的评判标准，导致无法收集到有用的产品信息。

（4）目前家庭可支配收入与产品理财信息收集阶段的非理性行为存在明显的正相关。家庭目前可支配收入越少的商业银行个人理财客户更容易在理财产品购买后作出非理性理财行为。例如，产品理财信息收集阶段，家庭可支配收入较少的客户往往过于关注收益性，而忽视其他的指标，从而造成非理性购买行为。

（5）学历与产品理财信息收集阶段的非理性行为存在明显的负相关。学历越低的商业银行个人理财客户更容易在产品理财信息收集阶段作出非理性理财行为。例如，学历相对较低的商业银行个人理财客户（专科及以下）在对理财产品信息标准过于追求收益性，而造成确定产品信息标准时的非理性理财行为。

（6）金融从业经验与产品理财信息收集阶段的非理性行为存在明显负相关。金融从业经验越少的商业银行个人理财客户更容易在产品理财信息收集阶段作出非理性理财行为。金融从业经验较少的客户对理财产品的理解越不透彻，在收集阶段越容易作出非理性理财行为。

2. 理财信息编辑阶段

多元线性回归结果如表 3－34 和表 3－35 所示。表 3－34 显示回归模型的复相关系数值（R）和确定系数值（R^2）分别为 0.681 和 0.464，说明其拟合优度一般，其中 Durbin－Waston 统计值为 1.542，说明模型不存在自相关，模型通过方程显著性检验。

表 3－34 Model Summary[b]

Model	R	R Square	AdjustedR Square	Std. Error of the Estimate	Durbin－Waston
1	0.681[a]	0.464	0.452	0.50932	1.542

注：a. Predictors：(Constant)，性别、年龄、学历、工作单位、投资理财经验、财经金融知识、金融从业经验、家庭状况、目前家庭可支配收入和未来家庭可支配收入；b. Dependent Variable：理财信息收集阶段 AB2。

表 3－35 理财信息编辑阶段 AB2 多元线性回归系数

Model	Unstandardized Coefficients		Standardized Coefficients	Sig.
	B	Std. Error	Beta	
(Constant)	1.718	0.235		0.000
性别	0.337	0.066	0.244	0.000
年龄	0.150	0.046	0.162	0.001
学历	0.160	0.058	－0.133	0.006
工作单位	－0.007	0.021	－0.020	0.739
投资理财经验	0.097	0.068	0.070	0.157
金融知识	－0.260	0.061	－0.185	0.000

续表

Model	Unstandardized Coefficients		Standardized Coefficients	Sig.
	B	Std. Error	Beta	
金融从业经验	-0.238	0.071	-0.166	0.001
家庭状况	-0.016	0.029	-0.038	0.566
目前家庭可支配收入	0.729	0.061	0.591	0.000
未来家庭可支配收入	-0.303	0.060	0.256	0.000

注：a. Dependent Variable：理财信息编辑阶段 AB2。

从表 3-35 中可得到以下结论：

（1）工作单位、投资理财经验、家庭状况和产品理财信息编辑阶段的非理性行为无关。无论从事什么工作，或者有无投资理财经验，或者家庭状况如何，商业银行个人理财客户都会在理财产品理财信息编辑阶段作出非理性理财行为。例如，不管投资理财是否丰富，客户在编辑信息时，都会受主观的影响，从而无法正确地理解使用协议上的标准，从而作出非理性理财行为。

（2）性别、年龄和产品理财信息编辑阶段的非理性行为存在着明显的正相关。女性较男性，年长的较年幼的更容易作出非理性理财行为。例如，在产品信息编辑时，年老的客户往往受主观、经验的束缚，无法公正客观地理解协议上的信息标准，从而造成非理性行为的产生。

（3）学历、金融知识、金融从业经验和产品理财信息编辑阶段的非理性行为存在明显的负相关。学历越低（专科及以下）、金融知识越少、金融从业经验越少的商业银行个人理财客户更容易在产品理财信息收集阶段作出非理性理财行为。例如，学历相对较低的商业银行个人理财客户（专科及以下）对理财产品信息标准过于追求收益性，并不能完全理解协议上标准的含义，反之，学历越高，越能清晰地明白协议标准含义，从而较少作出非理性理财行为。

（4）目前家庭可支配收入、未来家庭可支配收入和产品理财信息编辑阶段的非理性行为存在正相关。可支配收入（包括目前与未来的）较多的家庭相较于可支配收入较少的家庭容易作出非理性理财行为。例如，家庭可支配收入较多的家庭，往往拥有一定的投资经验，也容易受到过往经验的影响，而作出非理性理财行为。

3. 理财信息评估阶段

多元线性回归结果如表 3－36 和表 3－37 所示。表 3－36 显示回归模型的复相关系数值（R）和确定系数值（R^2）分别为 0.526 和 0.527，说明其拟合优度较好，其中 Durbin－Waston 统计值为 1.575，说明模型不存在自相关，模型通过方程显著性检验。

表 3－36 Model Summary[b]

Model	R	R Square	AdjustedR Square	Std. Error of the Estimate	Durbin－Waston
1	0.526[a]	0.527	0.261	0.51386	1.575

注：a. Predictors：（Constant），性别、年龄、学历、工作单位、投资理财经验、财经金融知识、金融从业经验、家庭状况、目前家庭可支配收入和未来家庭可支配收入；b. Dependent Variable：理财信息评估阶段 AB3。

表 3－37 理财信息评估阶段 AB3 多元线性回归系数

Model	Unstandardized Coefficients		Standardized Coefficients	Sig.
	B	Std. Error	Beta	
(Constant)	2.589	0.238		0.000
性别	0.459	0.067	0.383	0.000
年龄	－0.195	0.047	－0.243	0.000
学历	0.175	0.058	0.168	0.003
工作单位	－0.099	0.021	0.327	0.000
投资理财经验	－0.125	0.069	－0.104	0.070

续表

Model	Unstandardized Coefficients		Standardized Coefficients	Sig.
	B	Std. Error	Beta	
金融知识	0.059	0.061	0.048	0.337
金融从业经验	0.011	0.071	0.009	0.881
家庭状况	-0.191	0.029	0.502	0.000
目前家庭可支配收入	0.495	0.062	0.462	0.000
未来家庭可支配收入	-0.057	0.060	-0.055	0.346

注：a. Dependent Variable：AB3。

从表3-37可得到如下结论：

（1）投资理财经验、金融知识、金融从业经验、未来家庭可支配收入和产品理财信息评估阶段的非理性行为无关。不管是否有投资理财经验，或者是否拥有金融知识、金融从业经验，或者未来家庭可支配收入如何，商业银行个人理财客户都会在理财产品理财信息评估阶段作出非理性理财行为。例如，金融知识是否丰富，客户在评估信息时，都会受其主观的影响，从而无法正确看待银行理财产品的性质，作出非理性理财行为。

（2）性别和产品理财信息评估阶段的非理性行为存在明显的正相关。女性客户往往比男性客户更容易作出非理性理财行为。例如，女性银行客户与男性客户相比更加感性，女性客户也就更难以客观地看待银行理财产品信息，从而作出非理性理财行为。

（3）年龄和产品理财信息评估阶段的非理性行为存在明显的负相关。年老的客户相对于年轻的客户更容易作出非理性理财行为。例如，年老的客户拥有较多的经验，从而更加谨慎，但同时也更畏惧失败，所以在面对理财产品信息时，往往受经验教训的影响，作出非理性理财行为。

（4）学历、工作单位和产品理财信息评估阶段的非理性行为存在明显的正相关。学历较高的相对于学历较低的更容易作出非理性理财行为。这是因为，随着学历的提高，客户对产品信息的疑虑也在增加。正是因为这种过多的考虑，使得学历越高的客户越不能正确看待银行理财信息，从而作出非理性理财行为。

（5）家庭情况、目前家庭可支配收入和产品理财信息评估阶段的非理性行为存在明显的正相关。家庭情况越好、家庭可支配收入越多的商业银行个人理财客户越容易作出非理性理财行为。例如，家庭可支配收入越多的家庭理财渠道越多，从而他们不会认真关注理财产品信息，导致非理性理财行为。

七　商业银行理财产品纠纷案例

案例一：深圳崔女士：买理财产品 76 万元亏损过半

2007 年，崔女士碰巧收看了电视访谈节目介绍的渣打等外资银行的理财产品，其中某款收益 8% 的保本产品给她留下很深的印象。7 月，崔女士来到渣打银行深圳支行位于帝王大厦的营业部咨询相关事宜。她关注的那款理财产品已经销售完了，客户经理王某某向她推荐了一款 QDII0704 产品，不但保本，没有任何投资风险，期限也不出三个月，而且年化收益率达 48% 以上。王某某还保证，渣打推行的是一对一的高品质服务，客户可以随时通过电话联系对应的客户经理，产品的最新进展也将会每两周向客户通报一次。听信其宣传，崔女士提出要购买 20 万元人民币产品的要求。随后，王某某进一步推销，如果客户能存入相当于 10 万美元的资金，就可以得到渣打银行优先理财客户的待遇，并且陈述了优先理财客户的诸多好处。考虑到子女有去香港留学的打算，崔女士决定采纳这一建议。次日下班后，在同一地点，崔女士将 76 万元人民币打入渣打账户，在该行工作人员提供的合同最后一张纸上签了字。在办理手续的最后，崔女士告诉王某某，8 月自己将迁居北京，要求不要往其深圳的住址邮寄东西，有事电话联系。王某某表示，留地址只是个形式条款，有事会直接通知。

但随之而来的金融危机令一切都改变了。由于担心理财资产贬值，崔女士每隔一段时间会同王某某电话联系一下。起初，王某某还安慰其不用担心，不久之后出现了不愿接听电话的表现。2008 年 7 月，崔女士为查询所购产品的投资现值，拨打了渣打中国区总行客服电话。她没有想到，自己所买的理财产品期限是两年半，但更令人吃惊的是，渣打方面称，当初崔女士购买的理财产品总额不是 20 万元，而是 76 万多元。

对于崔女士的异议，当初作出种种承诺的王某某辩解称，崔本人应该知道具体投资金融，并表示银行也邮寄过产品确认书。两人争执不下，王某某将问题提交渣打银行深圳支行。为证明崔女士对于投资金额是知晓的，渣打调出了崔女士查询总行客服中心的录音记录，认为其在得知理财金额后并未表现出惊讶、愤怒的口气。但崔女士认为，凭此完全不能作为有效证据。此后的三方沟通仍对事件没法形成统一意见，深圳支行相关人士最后给出的结论是，该支行已无法解决。

纠纷遂被送至渣打华南区分行。经过协调，在渣打银行北京机构的电脑上，崔女士终于看到了她当初与该行签订的合同的完整版。仔细查看合同，她向在场的渣打工作人员指出，合同内容中对于风险提示的勾画并非本人，风险提示语也不像是本人所写，有明显的描摹痕迹。但渣打给出的解释是，可能是电脑显示的问题。

在此期间，为了不使产品资金面临巨大亏损，崔女士“被迫”将产品展期两年。截至产品到期，这款股票挂钩结构性理财产品令崔女士损失了 41 万余元。

随后，崔女士购买了“年化收益率达48%以上、没有任何投资风险”的理财产品，作为理性投资者应该明白收益越大，风险越大，这样的理财产品可能会出现问题。

案例二：北京赵女士：银行理财产品设计有问题，骗老百姓钱？

2007年，赵女士在渣打银行先后买了两款理财产品，一款是保本的，一款是不保本的。“当时是通过熟人介绍，再加上觉得渣打银行是外资银行，理财能力肯定没有问题，才选择在该行购买理财产品。”赵女士表示。

“在理财顾问推荐产品时，把预期收益率夸的是天花乱坠，而且还胸有成竹地表示，除非全球金融大崩盘的时候理财产品才会亏损，否则肯定赚。”赵女士回忆，在这几年，理财顾问已经更换了好几个，当初介绍产品的那个理财顾问已不知道因为什么原因被渣打银行开除了。

然而，当初买的保本的那款理财产品，一年半以后到期，赵女士一分钱都没有赚，只拿回了本金。不保本的那款产品是当初赵女士花了1万美金买的，是一款名为“3年QDII0704C聚通天下”的理财产品。赵女士到今年才得以无奈赎回，亏了4万多元人民币。

渣打银行对此表示，赵女士提到的理财顾问被银行开除并不属实。经查证，该员工为自动离职，属于银行正常的人员流动。

理财顾问夸大了预期收益率让赵女士很气愤，更让赵女士气愤的是，手里没有合同，风险提示也是“代笔”，产品运行的信息单总是晚给一个月。由于是熟人介绍，当时没让看合同，因此买理财产品的时候也就没有现场签合同。赵女士也问过渣打银行的人员，为什么买理财产品只有一份合同，而客户手中没有合同？渣打给的回应是就只有一份合同，国外就是这样操作的。赵女士表示由于自己理财概念的单薄，当初在签风险提示时也是渣打银行“代笔”的。在风险提示单上当时自己只签了个名字，至于抄录风险提示语句都是渣打银行的人员事后给填写的。

此外，上述的那款“3 年 QDII0704C 聚通天下”的理财产品，本该 2010 年到期，但是由于当时亏损较大，亏了 66%，渣打银行希望赵女士延期赎回，赵女士当时还是很相信渣打银行的，于是又续了两年。不过赵女士一再强调，只要涨上来就立刻通知她。然而，根本就没有人通知赵女士，其收到的产品运作情况信息单也是“迟到”的。“4 月份收到的单子，上面产品运作的信息还是 2 月底的呢。”赵女士表示，她也问过渣打，渣打告诉她是因为邮局的问题。可是赵女士发现根本不是邮局的问题，因为通过邮戳很明显就能看出投递的日期。

案例三：宋文洲事件：三年时间亏损 5300 多万元

2008 年，宋文洲斥资 6400 万元人民币购买渣打银行的两款结构性理财产品，想提前赎回却被该行断然拒绝。随后一年多，由于金融危机的恶化，宋文洲巨亏 5000 多万元。2009 年 6 月，宋文洲将渣打中国北京中关村支行告上法庭。经过艰难的一审、二审，2011 年底，法院终于判定渣打银行承担违约责任，赔偿宋文洲 5300 余万元。

2012 年 3 月，宋文洲发现其渣打账户中理财产品剩下的 450 万元余值无法取出。从 4 月 19 日开始，宋文洲向该行高层接连发出公开信，在第六封公开信见诸媒体后，渣打终于有了反馈。5 月中旬，渣打中国的一位高层主动打电话向宋文洲表示歉意，并希望通过谈判解决问题。随后，宋文洲与渣打高管进行了三次面对面协商。至此，这起耗费宋文洲 1200 万元人民币和近三年宝贵时间的理财产品官司才算画上圆满句号。

案例四：存款“被”理财

中国银行安徽肥西桃花支行客户范敬旺的活期账户少了60万元，向银行查询后，发现账户在2009年11月至2010年4月间，共有270万元现金分5次被取出存入。肥西桃花支行行长王康解释，范敬旺的资金被取出是办理了银行的理财项目。范敬旺对此很不满意，因为他从未与银行签订任何理财协定，银行从账户中取钱也从未向他征求意见。支行领导曾允诺对范敬旺进行一些赔偿，但后来银行以并未给储户带来损失、不符合赔偿标准为由拒绝。

案例五：飞单，理财款进员工账户

2011年8月，中国工商银行金华商城支行客户经理钮华推荐10多位村民用拆迁款购买800万元工行的“理财产品”，年化收益率为10%。2012年在产品到期日之后，投资者又追加了400万元资金，一并用于购买“理财产品”，其中包括钮华另向其中一位村民私下借的100万元，一起做进“理财产品”。协议签订10天后，800万理财款回到村民账户并被冻结。钮华与他们签订购买协议，几天后离职并被公安局刑事拘留。最新情况显示，800万元已经解冻退回村民账户，理财款中另外300万元在钮华的账户上。工行金华商城支行回应称，银行从未发售过涉案的“理财产品”，一切都是前工作人员背着工行私自进行的。

案例六：华夏银行私售理财产品事件　引爆行业大整顿

据中国经济网报道，11月30日，数十名投资者聚集在华夏银行上海嘉定支行门前，要求兑付一款名为“中鼎财富投资中心（有限合伙）入伙计划”的理财产品。这款理财产品从2011年11

月 25 日至 2012 年 3 月 2 日期间分四期销售，产品均以 50 万元起步，每期产品均承诺 11% ~13% 的预期收益率。

据投资者称，华夏银行支行行长蒋黎也购买了这一理财产品，那行长算是知情人士？而且银行前员工濮某在银行支行营业场所内销售非银行体系内产品，已经算是违规。据投资者称他们接受了银行员工的“一条龙”服务，不可能无人知晓，而银行却没有及时制止这种违规行为。

华夏银行上海分行相关负责人表示，该产品并非华夏银行发行、代销的产品，而销售行为是内部员工违规私自销售投资产品。他指出，这已经违反了该行“员工不得私自为中介或其他机构募集资金”的规定，目前该员工已经被银行开除。

案例七：中信银行前员工私售假产品　产品公章全是假货

据《上海证券报》2012 年 12 月 20 日报道，中信银行温州柳市支行一“高”姓员工，以一款“中信投资宝”的投资产品为名，诱使黄乐琴夫妇先后分 12 次通过网银汇款 2400 万元至其私人账户。

据了解，案发后该员工已经被银行开除，目前已经自首，公安机关正在侦查。黄乐琴夫妇已经起诉中信银行温州柳市支行，要求归还 2400 万元资金。该产品目前仅该夫妇涉及其中。

2011 年，该员工向黄乐琴推荐一款名为“中信投资宝”的理财产品，称预期收益率在 7% 左右，比存定期收益高。从 2011 年的 11 月 14 日至 2012 年的 8 月 29 日，黄乐琴分 12 次，投入了 2400 万元，每次投入金额 100 万 ~300 万元不等。黄乐琴的丈夫李金育回忆说，每次都是通过网银转账，随后与理财室签订合同。

据悉，该份“中信投资宝”报告书对该产品的解释是，

“为贵宾客户提供各类人民币、外币理财产品，满足贵宾客户资产增值的需求，由股票、基金、国债、信托、保险、委托贷款等产品组成”。投资门槛为50万元人民币。该报告书中明确写明“预计综合理财收益率7%”。李金育说，“中信投资宝”12份报告书，有的预期收益率为7%，有的为6.5%。值得注意的是，投资取向为“委托贷款”。报告结尾，有客户“黄乐琴”与客户经理的签名，并盖有“中信银行温州柳市支行零售业务部”的印章。

9月5日深夜，黄乐琴接到中信银行方面的电话，要求见面详谈。在谈话中他们得知，其购买的“中信投资宝”这个理财产品是假的，合同文本是假的，公章也是假的。

案例八：保底产品巨亏

2012年12月，7名投资者在中国建设银行吉林省白城市海明路支行客户经理张娜推荐下，购买了东北证券3号券商集合理财产品，后东北证券3号出现严重亏损。投资者以“销售误导”之过，向银监会递交投诉书。投资者表示，张娜在推销东北证券3号时，告知该款产品为固定收益产品“可以保底”，未给他们风险告知书。

案例九：邮储银行被诉理财销售误导8万血汗钱1年亏2000元

据《羊城晚报》2012年12月26日消息，靠收废品辛辛苦苦攒下8万元，存入银行想做个定期赚点稳当钱，不料却被银行员工擅自办成了理财业务，一年后8万元亏了2000多元。虽然亏损金额不算太大，但也让在广州靠打工为生的程姨“很受伤”。

今年56岁的程姨是湖北天门人，过去的几年都是在广州以收废品为生。此前，自己一直在邮蓄银行翠馨华庭支行存活期。

2011 年 9 月，原本要结婚的儿子推迟了婚期，她便把手里辛苦积攒的钱凑齐 8 万元，想存一个 1 年定期。

程姨回忆说，在办完业务后，邮储工作人员却给了她一张理财的单据。程姨当场要求把理财业务取消，直接办理定期存款，但柜员解释说理财比定期存款利息高，且没任何风险。

“我当时坚决要求不办理财，甚至在邮局（实际为邮储网点）闹了一场，表示要重新办理定期存款，但对方称所办理的业务已无法更改。那个黄姓柜员说给我办理的业务是绝对没有风险的，还说你是一个老人家，是不会骗你的。”程姨说，自己的一再要求被拒绝后，在对方坚称收益高过储蓄并没风险的劝说下，她也只能接受了事实。

不过，到 2012 年 9 月 5 日程姨去取款时发现，事实根本不像一年前邮储员工所说的那样“没有任何风险”。当初的 8 万元被办成了 3 笔业务，一笔 2 万元用于购买南方中证 500 基金，一笔 5.1 万元购买了天弘添利 A 理财，剩下的 9000 元成了定期存款。此时，能够取出的就只有 9000 元的存款和亏损的基金，价值 5.1 万元的理财产品因为没有到期还不能取出。

案例十：建行卖理财品致客户亏 30 万元　律师投诉至监管机构

据《法制日报》报道，12 月 24 日，北京律师张远忠将投诉信分别发往中国证监会及中国银监会，要求两监管机构对建行海明路支行进行查处。

张远忠是建行客户齐锐明的代理人。投诉信称，齐锐明的妻子宁某于 2011 年 3 月 16 日到建行代其夫齐锐鸣办理大额存款业务，结果却被银行误导购买了东北证券 3 号理财产品。一年后 80 万元亏损了 30 万元。

宁某描述了当时的情景：她到银行办理定期存款，称可以是半年的或者一年的，是为儿子买房准备急用的。银行工作人员要她存另一种，说这种收益比那些定期的高，那些收益都赶不上通货膨胀。人家让她在哪签字她就在哪签字。后来发生纠纷时宁某找到银行，银行工作人员说她当时买的是理财产品，是券商推出的。

就这样，宁某用她丈夫齐锐鸣的建行白金卡花80万元购买了理财产品东北证券3号。截至2012年12月14日，齐锐鸣已亏损30万余元，亏损幅度达35%。

据了解，与宁某有类似经历的还有另外3人。齐某等4人曾经于2011年12月6日向白城银监分局书面投诉。白城银监分局于2012年1月17日给宁某等人书面回函称："因时间久远，当时的销售情况影像资料无法看到；你们4人与建行签订的理财计划销售协议等书面材料中，未发现违反监管规定的情况。"

案例十一：工行女支行长设理财局　致1.2亿元巨款失踪　平时穿用奢华

"女强人"俞茹生在蚌埠金融圈里可以说无人不知。在2012年底走进蚌埠市公安局自首之前，她还是工商银行蚌埠中荣街支行（以下简称中荣街支行）行长。

虽然她在整个工商银行里的职位并不高，名头却不小。她拥有众多身份：安徽省劳动模范、蚌埠市蚌山区人大常委、感动安徽工行员工。在本地媒体眼里，这位来自安徽芜湖的女行长，曾经创下了蚌埠市金融史上网点发展速度之最，她的支行荣获"全国三八红旗集体"光荣称号。

就是这样的声誉，也带给她轻松地在蚌埠吸引来1.2亿元资金理财的便利。《经济观察报》从工商银行蚌埠市分行一位人士处了解到，俞茹生联手该支行其他员工利用虚假信托合同及银行内部理财产品涉嫌诈骗1.2亿元巨款，已经辞去行长职务，并到公安局自首。

俞的事件再次暴露出银行业从业人员道德风险带来的社会危害，对其供职的工商银行声誉也带来很大伤害。

涉案的一位受害客户告诉《经济观察报》记者，这段时间，这些受害客户已经数次找工商银行交涉。一位受害客户说，蚌埠市工行领导告诉他们，俞茹生的所作所为是个人行为。目前公安局方面还在继续调查，离结论出来的时间还有多久没人知道，但这些受害客户都已经渐渐失去耐心。

八　本章小结

本章做了如下几项工作：（1）提出研究假设和认知偏差依据和分类，识别了商业银行个人理财客户非理性理财行为，分析了理财产品购买前阶段、理财产品购买中阶段和理财产品购买后阶段的非理性理财行为表现形式；（2）在调研问卷设计与发放方面，本次研究从商业银行视角设计了此次问卷，问卷发放时尽可能考虑样本的年龄、学历等因素，保证了问卷的合理性；（3）对问卷定性部分进行了分析和经济学解释；（4）对问卷定量部分进行了信度和效度分析，分析结果表明本问卷定量部分的信度和效度达到预期目的；（5）对人口统计特征诸多因素与各阶段非理性理财行为相关性进行了定量分析。

第四章 商业银行个人理财客户认知偏差非理性理财行为与客户忠诚度作用机理分析

为进一步揭示认知偏差引致的非理性理财行为与客户忠诚度之间的作用机理，本章拟采用结构方程建模方法分析其作用机理。

一　结构方程建模分析方法

结构方程建模（SEM）方法是基于变量的协方差来分析变量之间关系的一种统计方法。在社会科学研究中，许多变量如动机、能力的功能都难以准确直接测度，只能找到一些可观察变量作为间接性、替代性标识，然而这些潜在变量的观察标识总会包含大量的测量误差，而传统的多元回归分析由于要求因变量和自变量均为可测，且不能存在测量误差，才能估计出回归系数。因此难以处理社会科学中存在的测量误差问题。与多元回归分析相比，结构方程建模方法没有严格的假定限制条件，允许自变量和因变量存在测量误差，并且可以分析潜在变量之间的结构关系，特别是结构方程建模方法可以允许自变量之间存在相关关系，避免了在多元回归分析中难以处理的多重线性问题，因此，社会科学研究中，特别是在采用问卷调查法收集数据情况下，结构方程建模方法已经得到广泛的应用。①

（一）结构方程建模的结构

在结构方程建模理论中，把那些不能准确、直接测量的变量称为潜变量（Latent Variable），把能够直接测量的外显指标（Observed Variables）称为显变量或指标。结构方程建模包含测量方程（Measurement Equation）和结构方程（Structural Equation）两部分。测量方程描述潜变量与显变量之间的关系，结构方程描述潜变量之间的关系。

1. 测量方程

显变量与潜变量之间的测量方程：

$$X = \Lambda_x \xi + \delta \quad (4-1)$$

$$Y = \Lambda_y \eta + \varepsilon \quad (4-2)$$

式中：

X——外源指标组成的向量；

Y——内生指标组成的向量；

Λ_x——外源显变量在外源变量上的因子载荷矩阵；

Λ_y——内生显变量在内生变量上的因子载荷矩阵；

ξ——外源潜变量组成的向量；

η——内生潜变量组成的向量；

δ——外源变量 x 的误差项；

ε——内生变量 y 的误差项。

2. 结构方程

结构方程是利用一定统计手段，对复杂的理论模式加以处

① 李怀祖：《管理研究方法论》，西安交通大学出版社，2004，第2版。

理，并根据模式与数据关系的一致性程度，对理论模型进行适当评价，从而对研究者事先的理论假设进行证实或证伪的方法。结构方程主要是用来描述潜变量之间的关系，其基本假设有：在总体中，模型所有的潜变量平均数都为零；方程的外源变量与误差之间的相关为零；模型中潜变量之间不存在多余方程。

$$\eta = B\eta + \Gamma\xi + \zeta \tag{4-3}$$

式中：

B——内生潜变量之间的关系；

Γ——外源潜变量对内生潜变量的影响；

ζ——结构方程的残差项组成的向量。

（二）结构方程建模的分析步骤

根据 Berson① 的观点，结构方程建模方法分两步构建模型，先是验证测量方程模型，如果各个测量指标对各个潜变量的测量是可靠的，即测量方程模型合乎要求，然后再构建结构方程模型。

运用结构方程建模理论分析具体问题时，一般按照下列步骤：

第一步，模型设定。研究人员从具体问题出发，根据理论或以往研究的成果，形成初始的理论模型。

第二步，模型识别。研究人员要确定变量间的关系及测量指标与因子的从属关系，以保证模型能求出参数估计的唯一解。

第三步，模型估计。对模型中的参数求解，求解方法有多种，常用的有极大似然估计法、普通最小二乘法和偏最小二乘法等。

---

① Alex Berson. Building Data Mining Application for CRM [M]. London: McGraw - Hill. 1999.

第四步，模型评价。在取得参数估计值后，需要对模型与数据之间是否拟合进行评价，并与替代模型的拟合指标进行比较，Marsh 和他的合作者认为，应该将参数是否能区分正确模型和各种不同程度的假设模型作为评价指数好坏的一个标准①。关于模型的总体拟合程度有许多衡量标准，拟合指数分为绝对拟合指数和相对拟合指数。绝对拟合指数主要是比较观察到的与期望的方差和协方差，测量绝对的模型拟合，常用的绝对拟合指数有拟合优度卡方检验（χ^2）、拟合优度指数（Goodness of Fit Index，GFI）、调整拟合优度指数（Adjusted Goodness of Fit Index，AGFI）和近似误差均方根（Root Mean Square Error of Approximation，RMSEA）。相对拟合指数是比较一个模型与另一个模型的相对拟合，常用的指数有相对拟合指数（Comparative Fit Index，CFI）、标准拟合指数（Normed Fit Index，NFI）等。具体各拟合指数的参考标准与验证性因子分析模型拟合指数的参考标准一样。

第五步，模型修正。如果所研究的模型不能很好地拟合数据，就需要对模型进行修正。研究人员在估算结果基础上，通过改变指标的从属关系、增加或减少变量间的路径等方式对原模型进行再设定，使模型与数据的拟合程度达到要求。

二　概念模型和研究假设

以往有文献分析了各种认知偏差非理性理财行为，但是往往未能分析这些认知偏差非理性理财行为的负面影响，即对客户忠诚度的影响，并且目前尚无文献研究这些认知偏差非理性理财行为到客户忠诚度间的作用路径关系。鉴于此，本节将全面分析这

① Marsh H. W., Wen Z., & Hau K. T. Structural Equation Models of Latent Interactions: Evaluation of Alternative Estimation Strategies and Indicator Construction [J]. Psychological Methods, 2004, 9 (3): 275 - 300.

些认知偏差非理性理财行为到客户忠诚度间的作用路径关系。

（一）商业银行个人理财客户非理性行为归因偏差分析

首先，参照斯蒂芬·P. 罗宾斯（1997）在“组织行为学”一书中的归因理论说法[①]，当我们观察某一个体行为并试图判断其形成原因时，发现其由以下三种因素共同决定，即区别性、一致性和一贯性。当影响因素与决策结果具有高度的一致性且并无明显的区别性时，该因素即为外在的影响因素，反之则为内在的影响因素。

其次，在西蒙有限理性概念基础上，Kahneman 和 Tversky 等[②]针对决策者在不确定情况下如何决策的问题进行了深入研究。根据各种心理实验的研究结果提出了前景理论，该理论解释了在外部不确定条件下，感知觉和思维加工能力的缺陷导致决策者不可能对问题作出正确的概率推算，往往会根据自己的先前经验或直觉决策，其结果极有可能偏离经济学上的“理性人”假设，从而出现决策过程中的认知偏差和心理偏差，可反映其非理性程度。

商业银行个人理财客户认知偏差非理性理财行为可分为三种：（1）外部环境偏差非理性，即对环境的认知分析，即所谓知彼，包括环境对决策者提出的挑战，环境的不确定性与复杂多变性等，这是决策具有的特定情境相关性特征所决定的。（2）认知偏差非理性，即商业银行个人理财客户对自我的认知分析，也即知己，包括了解自身的行为特点、决策偏好、认知风格、思维模式等。（3）心理偏差非理性，即商业银行个人理财客户在对信息

---

① 斯蒂芬·P. 罗宾斯：《组织行为学》（第七版），中国人民大学出版社，1997。

② Kahneman D.，Diener E.，Schwarz N. Well – belling：The Foundations of Hedonic psychology. [M]. New York Russell Sage Foundation Press，1982.

进行收集编辑等判断之后，从自身的思维模式出发，直接进行决策。其中后两者又可共同成为内部决策非理性。

（二）外部环境偏差非理性与内部决策非理性分析

1. 外部环境偏差非理性

本书定义外部环境偏差非理性为第三章定义的理财信息收集阶段，即商业银行个人理财客户在面对决策之前所遇到的外部环境的影响，本书认为外部环境偏差包括情境因素的变动性偏差和启发式偏差非理性。任何决策问题均和一定的决策外部环境有关，如在决策研究中忽视决策外部环境，对所处约束条件认识不清，则必然会导致决策的盲目性。目前已有的决策理论经常忽略外部环境问题或者对外部环境界定模糊，导致不能全面说明决策非理性的真实作用机理，理论结果与实际出入较大。从决策分析要素视角看，决策者的不同外部环境对各种要素都会产生各种不同程度的影响。根据上述分析可知，情景因素变动偏差非理性会影响认知偏差非理性。

（1）情景因素变动偏差非理性

情境因素的变动性偏差主要指商业银行个人理财客户由于受所处的经济发展和文化背景影响，能收集的信息是有限的，且经常处于动态性的变化中，具有高度的不确定性，有时甚至少有先例或经验可予以指导决策，这种狭隘的信息和环境易导致商业银行个人理财客户的损失规避或风险厌恶。情境因素的变动性包括近因效应、首因效应、对比效应、晕轮效应和稀释效应。即商业银行个人理财客户进行决策时所依赖的情境不同，某种刺激带来的效应也不同。科斯[①]指出，一种刺激所产生的作用在很大程度

① 科斯：《财产权利与制度变迁》，上海三联书店，1991。

上取决于其所处的情境。也就是说，决策者并不是孤立地去感知和记忆某个事件，而是根据他们过去的经验和事件发生时的情境去理解和解释新信息。情境因素的改变会对商业银行个人理财客户产生不同的影响，如引发证实偏好等，任何定量分析模型，均建立在某些客观外部环境下，当决策的外部环境发生重大变化时，该模型就必须进行调整、修正，以保证模型应用的有效性①。

（2）启发式偏差非理性

启发式偏差性包括锚定和调整启发式、易得性偏差和代表性偏差，指由于信息获得的顺序差异或亲疏性差异导致的决策非理性。例如，所获得的信息越具有生动性，越易被商业银行个人理财客户感知，对决策的影响越大，这种启发式偏差将导致商业银行个人理财客户对理财产品的认知产生差异，从而判断失误。首先，相关事件给人的印象生动程度越高和次数越多易促进易得性偏差；其次，搜索事件信息的有效性和便利性会促进代表性偏差。决策者在记忆中搜索信息作出决策时，经常取决于信息反映到记忆中的有效性和便利性，如果某些信息不能有效和便利地反映出来，决策者就会形成所谓的信息印象代表性偏向②。

2. 内部决策非理性的概念

内部决策非理性又分为认知偏差非理性③和心理偏差非理性。

（1）本书认为认知偏差非理性为信息的编辑阶段，即商业银行个人理财客户对现有信息编辑加工阶段的非理性。心理偏差非理性包括框架效应、单独评估和联合评估、过度自信和损失

① 赫伯特·西蒙：《现代决策理论的基础》，北京经济学院出版社，1989。

② 莫利安尼等：《效用分析与消费函数——对横断面资料的一个解释》，《凯恩斯学派经济学》，商务印书馆，1964。

③ 此处的认知偏差非理性与本书整体的认知偏差不属于同一概念，由信息编辑阶段认知偏差导致的非理性决策，其专指内部决策非理性中的一种。

规避。

（2）本书认为心理偏差非理性为信息的评估阶段，即商业银行个人理财客户信息评估时，自发地选择自身的知识体系和情感倾向，依赖商业银行个人理财客户的个性因素和有限理性对理财产品进行最终评估并直接作出购买决策。心理偏差非理性包括后知之明、证实偏好、归因偏差、后悔厌恶、沉没成本和认知失调。

根据上述分析，外部环境偏差非理性与内部决策非理性对应的偏差如表4－1所示。

表4－1　商业银行个人理财客户非理性理财行为偏差归因分析

非理性理财行为类型		对应的偏差类型
外部环境偏差非理性（理财信息收集阶段）	情景因素变动偏差非理性	近因效应、首因效应、对比效应、晕轮效应和稀释效应
	启发式偏差非理性	锚定和调整启发式、代表启发式和易得性启发式
内部决策非理性	认知偏差非理性（理财信息编辑阶段）	框架效应、单独评估和联合评估、过度自信和损失规避
	心理偏差非理性（理财信息评估阶段）	后知之明、证实偏好、归因偏差、后悔厌恶、沉没成本和认知失调

（三）外部环境偏差非理性与认知偏差非理性、心理偏差非理性分析

1. 外部环境偏差非理性对认知偏差非理性有促进作用，即信息收集偏差会导致商业银行个人理财客户对理财产品的认知不同

首先，外部信息获得的锚定与调整启发式偏差效应对联合评估与单独评估以及损失规避都有直接影响。在判断过程中，人们最初得到的信息会产生锚定效应，从而制约对事件的估计。人们通常以一个初始值为开端进行估计和调整，以获得问题的解决方

案，但调整程度往往又是不充分的，这就导致该信息容易偏离其初始价值，使得商业银行个人理财客户们不能够全面客观地认知该理财产品的全部信息。例如，进行联合评估与进行单独评估的结果往往不一致，在多种环境共同影响下入选的理财产品不一定就是最优选。同时人们在进行决策时本身具有的对不确定性的厌恶感会导致决策者倾向于依赖已知的事件概率分布，避免使用未知的事件概率分布进行判断。

其次，外部信息获得的不确定性与情境因素的变动性会加剧认知偏差的程度。由于近因效应、首因效应、对比效应、晕轮效应和稀释效应的存在，商业银行个人理财客户最初进行信息收集时已经偏离了信息要素的客观性、准确性，从而在某种程度上造成信息指向偏差，如收集信息的代表性和以往的成功经验会促使商业银行个人理财客户产生过度自信。一方面过去的成功经验令其认定此次依旧会成功，另一方面，收集信息的不全面，尤其是负面信息的被摒弃都会使得商业银行个人理财客户表现出对理财购买过程的过度自信。

2. 外部环境偏差非理性对心理偏差非理性有促进作用

首先，启发式偏差对心理偏差非理性的促进作用极大。在投资决策中，决策者常常会碰到各种复杂的不确定性决策问题，针对这类问题，专家们提出了先验概率、满意准则、博弈论、灵敏性分析、后验概率等理论，为决策者作出正确决策提供有效工具，但是由于可变因素和假设太多以及其适用的范围极其有限，而且未能关注由此而产生的某些心理特点对理性决策的影响。正是由于投资决策的模糊性、不确定性、复杂性，经验在决策中经常起到最关键的作用，决策者利用经验来分析处理，然后作出决策和判断。启发是认知能力的表现之一，好的启发为决策者提供作出准确判断的快速途径，但是由于决策者难以准确地处理和收集为决策所获取的各种信息，因此使用启发进行相关决策就会出现偏差。

其次，信息收集过程中的情境因素干扰变动会直接导致商业银行个人理财客户的认知失调，进而对理财产品作出错误评估和最终决策。当商业银行个人理财客户同时发生在心理上的不一致认知时，其所产生的紧张状态会导致倾向于努力保持所谓认知一致性。这种心理上的倾向会使得商业银行个人理财客户一旦作出“理性”决策，即使最初的选择、信念、决策并非最优，商业银行个人理财客户仍旧能通过后悔厌恶、证实偏好等心理来证明并保持该决策，不会轻易放弃。认知不协调直接加剧了决策的“非理性”程度。

3. 认知偏差非理性和心理偏差非理性之间的关系

首先，认知偏差非理性对心理偏差非理性存在积极的促进作用。即信息的初步编辑过程会影响商业银行个人理财客户的信息评估和判断决策，经认知偏差强化后的信息在被评估时，已经偏离其最初价值，更能体现商业银行个人理财客户以往的认知体系。由于认知的弱点，人们会自觉不自觉地漠视与自己想法相悖的事实，而倾向在过去经历的事实中找到支持自己想法的论据，这种过度的自信和认知偏差可导致商业银行个人理财客户强化自身的情感倾向，如过分看重支持自己的信息策略而忽略其他反对意见。

其次，由于人们认知世界、编辑信息时使用的知识体系的标准不同，会增大其最终决策的困难，使得商业银行个人理财客户的认知失调倾向增大，从而一旦作出决策，即使决策与现实表现之间存在缺口，商业银行个人理财客户也会一鼓作气，不会轻言放弃。

最后，商业银行个人理财客户的选择性认知可能会诱使其在作评估判断和决策时，参考原本不需要的因素，如沉没成本、后悔因素等，即这种选择性认知直接导致商业银行个人理财客户的选择性知识调用，以至于无法进行全面分析，从而产生归因偏差或者认知失调。总而言之，认知偏差可进一步加剧商业银行个人理财客户的个体动机和情绪情感等因素，造成商业银行个人理财客户的决策非理性。它是信息编辑偏差和信息评估偏差的共同影响结果。

（四）认知偏差非理性、心理偏差非理性与客户忠诚度分析

1. 认知偏差非理性对客户忠诚度有降低作用，即信息编辑偏差会导致商业银行个人理财客户对客户忠诚度的降低

商业银行个人理财客户在理财信息编辑阶段过度自信、损失规避、联合评估和单独评估、框架效应的非理性行为，导致在理财信息编辑阶段的错误选择，一旦此错误选择对最终决策起到决定作用，那么商业银行个人理财客户就会产生错误的决策，致使商业银行个人理财客户对其选择产品的满意度降低，所以，心理偏差非理性会降低商业银行个人理财客户的客户忠诚度。例如，商业银行个人理财客户基于过去成功的经历以及相关知识的了解造成对自己决策的过度自信，或者在评估阶段的联合评估时才意识到问题，仅仅进行单独评估造成决策失误，这些都会影响商业银行个人理财客户对最终产品的满意度。

2. 心理偏差非理性与客户忠诚度之间的关系

心理偏差非理性对满意度有抑制作用，在信息评估过程中，后知之明、证实偏好、归因偏差、后悔厌恶、沉没成本和认知失调会降低满意度。第一，归因偏差非理性理财行为降低客户忠诚度，顾客对某种理财渠道给出负面评价或放弃理财，是基

于片面的原因，从而降低了客户对理财产品的满意度。第二，证实偏好非理性理财行为会降低客户忠诚度，因为顾客可能选择了某种非理财渠道，就会收集各方面信息证据来支持自己的决策，从而造成对理财产品的满意度降低。第三，认知失调非理性理财行为会降低客户忠诚度，指顾客有意无意地选择了非理财产品渠道，会更多地关注该种渠道的正面消息而有意无意地忽略该种渠道的负面消息，从而造成对理财产品的满意度降低。第四，后悔厌恶非理性理财行为会降低客户忠诚度，指顾客为防止自己错过高收益机会，寻找收益高于理财产品的非理财渠道而造成对理财客户忠诚度的降低。第五，后知之明非理性理财行为会降低客户忠诚度，客户可能会将已经发生的事情视为相对不可避免和显而易见的事情，却忽略了此时此刻自己的判断实际上已经受到已知结果的潜在影响，这样会降低客户对理财产品的满意度。第六，沉没成本非理性理财行为会降低客户忠诚度，客户购买的超出自己能力承受范围的结构性理财产品出现亏损时，可能会相信继续购买该理财产品之后会取得预期效果，从而错误决定继续购买，最后造成损失，导致客户对商业银行的满意度降低。

（五）外部环境偏差非理性与客户忠诚度分析

1. 情景因素变动偏差非理性对客户忠诚度有降低的作用，即信息收集过程中情境因素的干扰变动会直接导致商业银行个人理财客户的客户忠诚度降低。外部信息获得的不确定性与情境因素的变动性会加剧商业银行个人理财客户的决策失误，进而降低其客户忠诚度。由于近因效应、首因效应、对比效应、晕轮效应和稀释效应的存在，商业银行个人理财客户在信息收集时偏离了信息的准确性与真实性，造成信息指向偏差，如信息收集时的专家建议和以往的成功经验都会使商业银行个人理财客户不考虑现实情况是否适用，就作出最终决策，一旦结果与预期不符，就会直接归因于产品的不好，造成客户忠诚度降低。

2. 启发式偏差非理性对客户忠诚度具有降低作用，即信息收集偏差会导致商业银行个人理财客户对客户忠诚度降低。理财信息收集阶段的锚定和调整启发式、代表启发式和易得性启发式偏差，易造成信息获得的顺序差异和亲疏差异，导致决策的非理性，商业银行个人理财客户则会认为是产品的问题而非自己决策的失误，最终使其降低客户的忠诚度。

基于上述逻辑，本书提出商业银行个人理财客户认知偏差非理性理财行为与客户忠诚度间作用机理的概念模型，如图 4－1 所示。

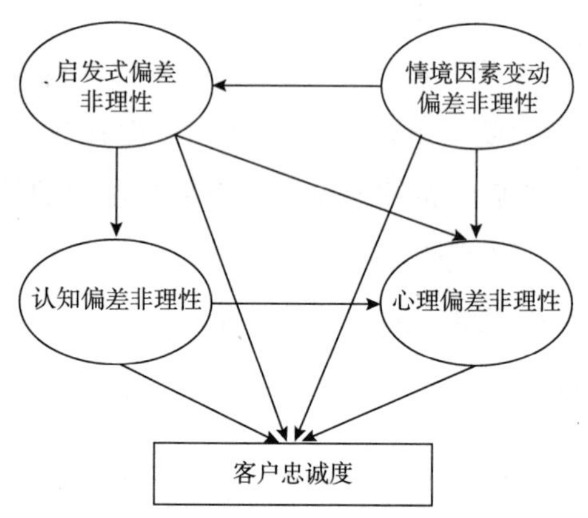

图 4－1 认知偏差非理性理财行为与客户忠诚度作用机理概念模型

根据上述概念模型，本章提出如下假设：

H1：情境因素变动偏差非理性会直接影响商业银行个人理财客户的启发式偏差非理性。

H2：启发式偏差非理性会影响其信息编辑过程中的认知偏差非理性。

H3：认知偏差非理性会影响其信息评估判断过程中的心理偏差非理性。

H4：情境因素变动偏差非理性会直接影响商业银行个人理财客户对信息评估判断过程中的心理偏差非理性。

H5：启发式偏差非理性会影响商业银行个人理财客户在信息评估过程中的心理偏差非理性。

H6：认知偏差非理性会直接影响商业银行个人理财客户对客户忠诚度。

H7：心理偏差非理性会直接影响商业银行个人理财客户对客户忠诚度。

H8：情景因素变动偏差非理性会直接影响商业银行个人理财客户对客户忠诚度。

H9：启发式偏差非理性会直接影响商业银行个人理财客户对客户忠诚度。

三　我国商业银行个人理财客户认知偏差非理性理财行为对客户忠诚度作用路径分析

（一）量表的收敛效度和区别效度分析

上一章已对问卷设计的各个测量项进行了信度分析。因此，本章只进行效度分析。

为了验证所设计的变量是否适合进入结构方程模型，下面通过收敛效度和区别效度的检验，进一步分析显变量（MV，Manifest Variable）对潜变量（LV，Latent Variable）[①] 的测度效果，以及显变量之间、潜变量之间的区别性。在本书中的潜变量指情景因素变动偏差非理性、心理偏差非理性、认知偏差非理性和启发

① 显变量指可直接进行观测和测量的具体指标，从而间接测量出潜变量，如以服务质量等作为顾客满意度（潜变量）的显变量；潜变量指在社会科学研究中所涉及的不能准确、直接地测量的研究对象或变量，如顾客满意度。

式偏差非理性，其余均为显变量。

1. 收敛效度分析

通过构建各个测度项（即潜变量）的验证性因子分析（Confirmatory Factor Analysis，CFA）模型，对CFA模型的拟合效果及回归参数进行分析，可以检验各个测度项（即潜变量）收敛效度。模型的拟合指数指标主要包括χ^2值、χ^2/df值、拟合优度指数（*GFI*）、调整拟合优度指数（*AGFI*）、正态拟合优度指数（*NFI*）、比较拟合优度指数（*CFI*）、增值拟合优度指数（*IFI*）、非正态拟合优度指数（*TLI*）、残差平方根（*RMR*）和近似误差平方根（*RMSEA*），根据AMOS7.0用户指导手册，各检验值的参考标准如表4－2所示。

表4－2 CFA模型拟合参考值

p	χ^2/df	*GFI*	*AGFI*	*CFI*	*TLI*	*NFI*	*IFI*	*RMR*	*RMSEA*
>0.05	<3	>0.9	>0.8	>0.9	>0.95	>0.9	>0.9	<0.5	<0.06

表4－3给出了各个测度项CFA模型拟合效果的统计值。其中，各个测度项及总体CFA模型的χ^2值在测度项的显著性概率都大于0.05；χ^2/df值都小于3；*GFI*、*NFI*、*CFI*和*IFI*都大于推荐的标准值0.9；*AGFI*大于推荐的标准值0.8；*TLI*大于推荐的标准值0.95；*RMR*小于0.05；*RMSEA*小于0.06。各个测度项的指标比较接近理想值，说明测量方程模型的拟合效果符合要求。

表4－3 各个测度项CFA模型的拟合效果

测度项	*df*	*p*	χ^2/df	*GFI*	*AGFI*	*CFI*	*TLI*	*NFI*	*IFI*	*RMR*	*RMSEA*
情景因素变动偏差非理性	5	0.113	1.870	0.993	0.976	0.995	0.987	0.989	0.947	0.010	0.044

续表

测度项	df	p	χ^2/df	GFI	$AGFI$	CFI	TLI	NFI	IFI	RMR	$RMSEA$
心理偏差非理性	6	0.067	2.603	0.985	0.947	0.988	0.970	0.983	0.988	0.021	0.055
认知偏差非理性	4	0.071	1.512	0.986	0.931	0.978	0.954	0.974	0.978	0.011	0.051
启发式偏差非理性	3	0.023	2.103	0.985	0.943	0.974	0.958	0.978	0.988	0.015	0.054

表4－4列明了模型各潜变量及其对应的显变量。表4－5显示，测量方程模型中绝大部分指标（显变量）的因子载荷绝对值都在0.7以上，最低因子载荷绝对值也在0.6以上，而且都达到了0.001的显著性水平，标准差基本上在0.1左右，说明所有的指标（即显变量）与其潜变量都有着显著而明确的联系。因此本书认为测量方程模型中的潜变量具有良好的收敛效度。

表4－4　模型各潜变量和其对应的显变量

潜变量	显变量
情境因素变动偏差非理性	近因效应
	首因效应
	对比效应
	晕轮效应
	稀释效应
启发式偏差非理性	代表启发式
	锚定和调整启发式
	易得性启发式
认知偏差非理性	损失规避
	联合和单独评估
	过度自信
	框架效应

续表

潜变量	显变量
心理偏差非理性	沉没成本 后知之明 证实偏好 归因偏差 后悔厌恶 认知失调

表 4-5 各个测度项 CFA 模型的回归参数估计

显变量 < - - - 潜变量	估计值	标准化估计值 S. E.	临界比 C. R.	显著性概率
认知失调 < - - - 心理偏差非理性	1	—	—	—
后悔厌恶 < - - - 心理偏差非理性	1.078	0.059	18.215	0.000
归因偏差 < - - - 心理偏差非理性	0.791	0.037	15.864	0.000
证实偏好 < - - - 心理偏差非理性	0.706	0.036	16.785	0.000
后知之明 < - - - 心理偏差非理性	0.741	0.05	12.752	0.000
沉没成本 < - - - 心理偏差非理性	0.703	0.065	9.291	0.000
近因效应 < - - - 情景因素变动偏差非理性	1	—	—	—
首因效应 < - - - 情景因素变动偏差非理性	1.28	0.126	10.16	0.000
对比效应 < - - - 情景因素变动偏差非理性	1.591	0.164	9.726	0.000
晕轮效应 < - - - 情景因素变动偏差非理性	1.267	0.137	9.269	0.000

续表

显变量 < - - - 潜变量	估计值	标准化估计值 S. E.	临界比 C. R.	显著性概率
稀释效应 < - - - 情景因素变动偏差非理性	0. 841	0. 131	6. 424	0. 000
框架效应 < - - - 认知偏差非理性	1	—	—	—
损失规避 < - - - 认知偏差非理性	6. 772	2. 219	3. 051	0. 002
过度自信 < - - - 认知偏差非理性	6. 077	1. 981	3. 067	0. 002
联合和单独评估 < - - - 认知偏差非理性	6. 305	2. 012	3. 134	0. 002
代表启发式 < - - - 启发式偏差非理性	1	—	—	—
锚定和调整启发式 < - - - 启发式偏差非理性	0. 767	0. 093	5. 021	0. 000
易得启发式 < - - - 启发式偏差非理性	0. 674	0. 124	5. 422	0. 000

2. 区别效度分析

根据 Gerbing 和 Aderson（1988）① 的建议，对各个测度项中的显变量及总体量表中潜变量的区别效度进行检验。首先将变量的相关系数设定为 1，然后对有此约束的 CFA 模型的 χ^2 值和无此约束的原 CFA 模型的 χ^2 值进行比较，若前者比后者大且在既有自由度条件下达到显著水平，则认为这两个变量间具有区别效度。分析结果如表 4 - 6 和表 4 - 7 所示。从表 4 - 6 和表 4 - 7 可以看出，在相比较的两个变量之间加上约束以后，各个测度项

① Gerbing D. W. , Anderson J. C. An Updated Paradigm for Scale Development Incorporating Unidimensionality and Its Assessment [J]. Journal of Marketing Research, 1988, (25): 186 - 192.

CFA 模型以及整体量表 CFA 模型的 χ^2 值都比原有 CFA 模型的 χ^2 值大，且 χ^2 值都在 0.05 水平上显著。因此，判定整体量表具有区别效度。通过测量方程模型的检验，验证各个显变量都较显著地收敛于其所属潜变量，各个潜变量之间没有可替代性，因此可以采用这些潜变量对本书提出的模型进行检验。

表 4－6　测量方程模型中潜变量的区别效度

相比较的潜变量		原模型的 χ^2	约束模型的 χ^2	概率显著性水平
情境因素变动偏差非理性	启发式偏差非理性	140.632	169.368	0.000
	认知偏差非理性		207.71	0.000
	心理偏差非理性		1269.603	0.000
启发式偏差非理性	认知偏差非理性	140.632	540.631	0.000
	心理偏差非理性		833.467	0.000
认知偏差非理性	心理偏差非理性	140.632	802.303	0.000

表 4－7　测度项中显变量区别效度

测度项	相比较的显变量		原模型	约束模型	概率显著性水平
启发式偏差非理性	调整和锚定启发式	易得性启发式	17.572	22.368	0.000
		代表启发式		67.591	0.000
	易得启发式	代表启发式		139.919	0.000
情境因素变动偏差非理性	近因效应	首因效应	21.368	131.231	0.000
		对比效应		81.838	0.000
		晕轮效应		31.322	0.000
		稀释效应		23.515	0.000
	首因效应	对比效应		223.788	0.000
		晕轮效应		130.446	0.000
		稀释效应		35.521	0.000
	对比效应	晕轮效应		239.92	0.000
		稀释效应		48.983	0.000
	晕轮效应	稀释效应		27.974	0.000

续表

测度项	相比较的显变量		原模型	约束模型	概率显著性水平
认知偏差非理性	规避损失	联合和单独评估	6.254	267.137	0.000
		过度自信		154.902	0.000
		框架效应		30.455	0.005
	联合和单独评估	过度自信		196.808	0.000
		框架效应		14.251	0.000
				8.531	0.004
心理偏差非理性	沉没成本	后知之明	4.232	162.546	0.000
		证实偏好		221.844	0.000
		归因偏差		6.432	0.011
		后悔厌恶		38.613	0.000
		认知失调		94.525	0.000
	后知之明	证实偏好		94.309	0.000
		归因偏差		64.852	0.000
		后悔厌恶		34.31	0.000
		认知失调		159.789	0.000
	证实偏好	归因偏差		71.398	0.000
		后悔厌恶		106.402	0.000
		认知失调		283.933	0.000
	归因偏差	后悔厌恶		61.621	0.000
		认知失调		218.913	0.000
	后悔厌恶	认知失调		281.369	0.000

（二）初始结构方程模型的检验与修正

本书设定针对 AMOS 7.0 软件的初始结构方程模型（SEM），该模型的路径如图 4－2 所示，初始结构方程的拟合检验结果如表4－8 所示。

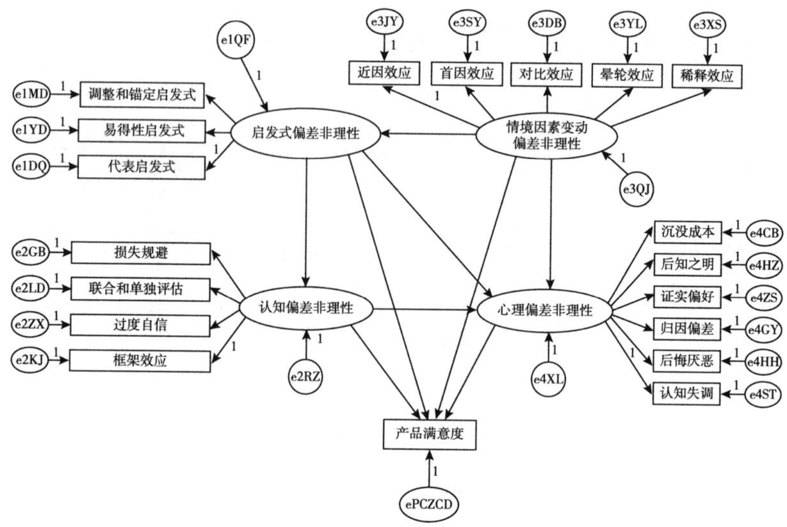

图 4－2 初始 SEM 的路径

表 4－8 初始结构方程模型的拟合结果

模型拟合统计指标	模型指标值	参考值
χ^2	364.4893	>0
df	148	>0
χ^2/df	21.384	<3
p	0	<0.05
GFI	0.65	>0.90
AGFI	0.551	>0.80
NFI	0.476	>0.90
PNFI	0.395	>0.50
CFI	0.486	>0.90
TLI	0.406	>0.95
IFI	0.488	>0.90
RMR	0.079	<0.05
RMSEA	0.211	<0.06

从表4－8检验结果来看，在自由度为148时，χ^2 值在0.05水平上显著；χ^2/df 为21.384，不符合小于3的标准；*GFI*、

NFI、*CFI*、*IFI* 等的值都小于推荐的标准值 0.9；*AGFI* 小于推荐的标准值 0.8；*TLI* 小于推荐的标准值 0.95；*RMR* 大于 0.05；*RMSEA* 大于 0.06。显然，绝大多数检验指标都达不到标准值（或者建议值），表明初始模型与数据拟合结果不合格，需要对初始结构方程模型作进一步改进，以使之更符合数据所反映的模型。通常很少有模型只经过一次运算就能够成功，其原因一方面包括建立的初始模型本身可能存在问题，更重要的另一方面可能是问卷所收集数据造成的偏差。因此随后需要进行的工作就是通过微调初始模型，以使之达到各项指标都符合标准的模型。

由 AMOS 软件所提供的模型修正指数（Modificaiton Index，MI）可知，根据修正指数对模型增加估计参数而导致的参数改变都远远小于 0.3，而只有预计的参数改变值达到 0.3 才意味着原来假设的模型没有考虑到这几个变量的强相关关系，使得路径分析的条件无法达到，需要对模型作出修改，以承认这些变量之间的关系，主要是增加残差间的协方差关系。AMOS 软件中的模型调整并不是一次或两次就能够完全实现的，经过每次 AMOS 计算之后的模型，在其计算结果中都会给出相应的调整参考，根据 AMOS 的这种功能，通过建立变量之间的相关关系来消除路径偏差，最终得到能够跟数据拟合的模型。表 4－9 列出了修改模型中增加的残差间的主要协方差关系和变量间的路径关系。

（三）修正后结构方程模型的评估与假设检验

1. 评估

SEM 的拟合效果评估标准很多，较完整的评估一般需要包括三方面评估内容：模型总体拟合情况、基本拟合标准、模型内在

表 4－9 修改模型中增加的残差间主要协方差关系和变量间的路径关系

	第一次调整			第二次调整			第三次调整		
增加的协方差项	e1YD	<-->	e4XL	e3YL	<-->	e2GB	e4ZS	<-->	e2KJ
	e1MD	<-->	e4XL	e3JY	<-->	e4XL	e4ZS	<-->	e4CB
	e2KJ	<-->	e1YD	e3JY	<-->	e1MD	e4GY	<-->	e3QJ
	e2KJ	<-->	e1MD	e3JY	<-->	e2ZX	e4GY	<-->	e1YD
	e2ZX	<-->	e4XL	e3JY	<-->	e2GB	e4GY	<-->	e3XS
	e2ZX	<-->	e1YD	e3JY	<-->	e3XS	e4GY	<-->	e3DB
	e2ZX	<-->	e1MD	e3JY	<-->	e1DQ	e4HH	<-->	e3QJ
	e2GB	<-->	e2KJ	e4CB	<-->	e1QF	e4HH	<-->	e2KJ
	e3XS	<-->	e4XL	e4CB	<-->	e1MD	e4HH	<-->	e3XS
	e3XS	<-->	e2ZX	e4CB	<-->	e2KJ	e4HH	<-->	e1DQ
	e1DQ	<-->	e1YD	e4CB	<-->	e2ZX	e4HH	<-->	e4GY
	e1DQ	<-->	e2ZX	e4CB	<-->	e2GB	e4ST	<-->	e4ZS
	e3YL	<-->	e1YD	e4HZ	<-->	e2ZX	e3DB	<-->	e2KJ
	e3JY	<-->	e3SY	e4CB	<-->	e3QJ	e4ST	<-->	e3DB
	e4HZ	<-->	e3QJ	e4CB	<-->	e3SY	e4HH	<-->	e4HZ
	e4HZ	<-->	e2GB	e4HZ	<-->	e4CB	e4HH	<-->	e2ZX
	e4HZ	<-->	e3YL	e4ZS	<-->	e3JY			

结构拟合情况。

如表 4－10 所示，修正 SEM 的 χ^2 值为 265.325，自由度为 98，χ^2 值在 0.05 水平上不显著；χ^2/df 为 2.074，小于 3；*GFI* 和 *AGFI* 指标都超过推荐标准，表明修正 SEM 的绝对拟合效果符合标准。*NFI*、*PNFI*、*CFI* 、*IFI* 的指标也超过推荐标准，表明修正 SEM 的增量拟合优度良好。模型参数越多，简约拟合优度指标与理想值相差越大，所以 *TLI* 不太理想，但其指标尚可接受，表明修正 SEM 的简约拟合优度指标尚在可接受范围。此外，*RMR* 小于 0.05 和 *RMSEA* 小于 0.06，也表明修正模型拟合情况良好。

表 4－10　修正后 SEM 拟合结果

模型拟合统计指标	模型指标值	参考值
χ^2	265.325	>0
df	98	>0
χ^2/df	2.074	<3
p	0	>0.05
GFI	0.974	>0.90
AGFI	0.855	>0.80
NFI	0.985	>0.90
PNFI	0.8	>0.50
CFI	0.901	>0.90
TLI	0.973	>0.95
IFI	0.91	>0.90
RMR	0.049	<0.05
RMSEA	0.045	<0.06

表 4－11　修正后 SEM 中测量方程模型的参数估计

显变量<－－－潜变量	估计值	标准化估计值 S.E	临界比（C.R.）	显著性概率
认知失调<－－－心理偏差非理性	1	—	—	—
后悔厌恶<－－－心理偏差非理性	1.463	0.81	17.967	0.000
归因偏差<－－－心理偏差非理性	0.928	0.69	23.779	0.000
证实偏好<－－－心理偏差非理性	0.961	0.73	17.27	0.000
后知之明<－－－心理偏差非理性	0.642	0.53	12.198	0.000
沉没成本<－－－心理偏差非理性	0.621	0.51	8.693	0.000
近因效应<－－－情境因素变动偏差非理性	1	—	—	—
首因效应<－－－情境因素变动偏差非理性	1.358	0.54	10.934	0.000
对比效应<－－－情境因素变动偏差非理性	1.866	0.69	11.054	0.000

续表

显变量 < - - - 潜变量	估计值	标准化估计值 S. E	临界比（C. R.）	显著性概率
认知失调 < - - - 心理偏差非理性	1	—	—	—
后悔厌恶 < - - - 心理偏差非理性	1. 463	0. 81	17. 967	0. 000
归因偏差 < - - - 心理偏差非理性	0. 928	0. 69	23. 779	0. 000
证实偏好 < - - - 心理偏差非理性	0. 961	0. 73	17. 27	0. 000
后知之明 < - - - 心理偏差非理性	0. 642	0. 53	12. 198	0. 000
沉没成本 < - - - 心理偏差非理性	0. 621	0. 51	8. 693	0. 000
近因效应 < - - - 情境因素变动偏差非理性	1	—	—	—
首因效应 < - - - 情境因素变动偏差非理性	1. 358	0. 54	10. 934	0. 000
对比效应 < - - - 情境因素变动偏差非理性	1. 866	0. 69	11. 054	0. 000
晕轮效应 < - - - 情境因素变动偏差非理性	1. 39	0. 56	10. 248	0. 000
稀释效应 < - - - 情境因素变动偏差非理性	1. 41	0. 63	8. 222	0. 000
代表启发式 < - - - 情境因素变动偏差非理性	1	—	—	—
损失规避 < - - - 认知偏差非理性	5. 558	0. 95	5. 03	0. 000
过度自信 < - - - 认知偏差非理性	3. 941	0. 82	4. 809	0. 000
联合和单独评估 < - - - 认知偏差非理性	3. 852	0. 768	5. 018	0. 000
框架效应 < - - - 认知偏差非理性	1	—	—	—
锚定和调整启发式 < - - - 情景偏差非理性	0. 964	0. 95	9. 725	0. 000
易得性启发式 < - - - 情景偏差非理性	0. 681	0. 76	8. 984	0. 000

基本拟合标准包括的内容主要有测量误差不能有负值，以及因子载荷适中（标准化因子载荷一般要在0.5～0.95之间）且达到0.05置信度的显著水平。从表4－11修正后SEM中测量方程模型的参数估计可以看出，所有参数的标准化估计值都在0.5～0.95之间，且C.R. 检验值的绝对值都大于1.96，参数估计值的标准差都大于零，表明模型满足基本拟合标准。

模型内在结构拟合检验主要考察模型中显变量是否合适地反映对应的潜变量以及理论模型的因果关系是否成立。通过信度和效度检验，已经证明模型的内在结构拟合优度良好。

2. 假设检验

表4－12给出了修正后结构方程模型中各潜变量之间的路径关系系数的标准化估计值、临界比以及路径关系系数的显著性检验结果。

表4－12　修正后SEM中结构方程模型的参数估计

路　径	标准化估计值	临界比	显著性概率
启发式偏差非理性 < - - - 情境因素变动偏差非理性	0.123	8.646	0.000
认知偏差非理性 < - - - 启发式偏差非理性	0.33	4.077	0.000
心理偏差非理性 < - - - 认知偏差非理性	0.803	4.998	0.000
心理偏差非理性 < - - - 情境因素变动偏差非理性	0.278	0.236	0.813
心理偏差非理性 < - - - 启发式偏差非理性	0.214	1.032	0.302
客户忠诚度 < - - - 情境因素变动偏差非理性	0.48	0.19	0.849
客户忠诚度 < - - - 启发式偏差非理性	0.371	0.05	0.96
客户忠诚度 < - - - 认知偏差非理性	－1.051	2.119	0.034
客户忠诚度 < - - - 心理偏差非理性	－0.108	2.166	0.03

由表4－12可以判断研究假设的真伪。

H1：情境因素变动偏差非理性与商业银行个人理财客户对信息处理的启发式偏差非理性之间路径系数标准化估计为 0.123，临界比大于 1.96，路径系数在 0.000 水平上显著。说明情境因素变动偏差非理性与启发式偏差非理性之间存在路径关系，即两者呈显著的正比关系。

H2：商业银行个人理财客户的启发式偏差非理性与认知偏差非理性之间路径系数标准化估计为 0.33，临界比大于 1.96，路径系数在 0.000 水平上显著。说明启发式偏差非理性与认知偏差非理性之间存在路径关系，即两者呈显著的正比关系。

H3：商业银行个人理财客户的认知偏差非理性与心理偏差非理性之间路径系数标准化估计为 0.803，临界比大于 1.96，路径系数在 0.000 水平上显著。说明认知偏差非理性与心理偏差非理性之间存在路径关系，即两者呈显著的正比关系。

H4：情境因素变动偏差非理性与商业银行个人理财客户心理偏差非理性之间的路径系数标准化估计为 0.278，临界比小于 1.96，路径系数在 0.0000 水平上不显著。说明情境因素变动偏差非理性与心理偏差非理性之间不存在路径关系。

H5：商业银行个人理财客户的启发式偏差非理性与心理偏差非理性之间路径系数标准化估计为 0.214，临界比小于 1.96，路径系数在 0.0000 水平上不显著。说明启发式偏差非理性与心理偏差非理性之间不存在路径关系。

H6：情境因素变动偏差非理性与商业银行个人理财客户对客户忠诚度之间的路径系数标准化估计为 0.48，临界比小于 1.96，路径系数在 0.0000 水平上不显著。说明情境因素变动偏差非理性与客户忠诚度之间不存在路径关系。

H7：商业银行个人理财客户的启发式偏差非理性与客户忠诚度之间路径系数标准化估计为 0.371，临界比小于 1.96，路径系数在 0.0000 水平上不显著。说明启发式偏差非理性与客户忠诚度之间不存在路径关系。

H8：商业银行个人理财客户的认知偏差非理性与客户忠诚度之间路径系数标准化估计为 -1.051，临界比大于 1.96，路径系数在 0.0000 水平上显著。说明认知偏差非理性与客户忠诚度之间存在路径关系，即两者呈显著的反比关系。

H9：商业银行个人理财客户的心理偏差非理性与客户忠诚度之间路径系数标准化估计为 -0.108，临界比大于 1.96，路径系数在 0.0000 水平上显著。说明心理偏差非理性与客户忠诚度之间存在路径关系，即两者呈显著的反比关系。

根据上述分析结果，由商业银行个人理财客户认知偏差非理性理财行为与客户忠诚度间的作用路径，可以得到商业银行个人理财客户认知偏差非理性理财行为与客户忠诚度间作用机理的概念模型，如图 4-3 所示。

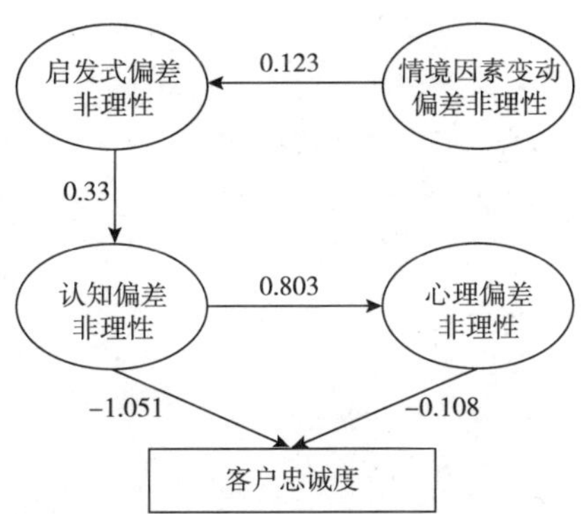

图 4-3　修正后的认知偏差非理性理财行为与客户忠诚度作用机理的概念模型

四　本章小结

本章探讨了商业银行个人理财客户在理财过程中面临的认知偏差非理性行为，进一步解释了各类认知偏差非理性理财行为与客户忠诚度间的作用机理，由此提出认知偏差非理性理财行为与客户忠诚度间关系的概念模型以及从各种认知偏差非理性理财行为到客户忠诚度的作用路径研究假设；然后运用结构方程建模方法实证检验了上述研究假设。该模型弥补了以往研究认知偏差导致的非理性行为相互之间以及与忠诚度之间相互关系分析的不足，指明各个阶段之间非理性作用的量化特征，为减少其非理性理财行为提供了理论依据。

第五章
商业银行个人理财客户认知偏差非理性理财行为预测指标体系构建

本章构建商业银行个人理财客户理财非理性行为倾向测度预测指标体系。由于目前商业银行对理财客户非理性理财行为的识别都是从人口统计特征以及作用机理层面分析的，均是事后测度，而本章的研究结果，期望通过设计一套指标体系来测度商业银行个人理财客户理财非理性行为的倾向程度而进行事前预测，从而达到防范非理性理财目的。

一　理论基础和原则

（一）指标体系建立的理论基础

目前已有的关于指标体系理论问题的研究基本上侧重在指标体系筛选、指标优化、指标权重确立等方面①。建立指标体系的常规方法是根据研究问题的实质，自行设计一套指标体系，再由专家进行综合判断。在指标体系建立研究的早期，研究人员往往

① 沈珍瑶、杨志峰：《灰关联分析方法用于指标体系的筛选》，《数学的实践与认识》2002 年第 5 期。

片面追求指标体系的全面性，企图使指标体系包含所有的因素，结果造成指标过多，指标相互间出现重叠，不但引起专家判断上的错觉和混乱，而且导致指标的权重减小，使指标结果失真。随着系统科学应用与研究的不断深入，人们逐渐把系统科学的理论与方法引入建立指标体系的过程中，通过系统分析研究问题的实质，找出最能反映研究对象本质属性的指标，从而减少了指标的总量，分离了指标的重叠源，尽量消除了指标间的相关性，为权重的真实性提供了保障，并从系统工程角度，提出了指标体系构建的原则。因此，系统科学从理论上为建立指标体系提供了基础①。

（二）预测指标体系构建的原则

对商业银行个人理财客户非理性理财行为测度的首要问题是选择一个合适的指标体系。要选择合适的指标体系，应该注意两点：一是注重单个指标的意义；二是注重指标体系的内部结构。其中，单个指标的代表性和指标体系的全面性构成了指标体系构建的一对中心问题。指标的代表性考虑的是所选指标最好能代表被评对象某方面的特性，指标之间没有相互影响；指标体系的全面性则是指选取的指标体系应该反映研究对象在所研究问题上的全部信息。然而代表性和全面性是指标选择中一对难以兼顾的中心问题。若满足全面性，势必增加指标个数；而增加指标个数后，指标间存在相关的可能性增大，这就影响了指标的代表性。至今还没有一种方法能将代表性和全面性完美综合起来，以准确地衡量指标体系的有效程度。

目前常用的解决方法是：选择一些后备指标，利用统计方法，如相关系数法、条件广义最小方差法、聚类分析方法等，从

---

① 胡永宏：《综合评价中指标相关性的处理方法》，《统计研究》2002 年第 3 期。

中筛选若干个有代表性的指标，以达到指标体系既具有全面性又有代表性的目的。

另外，指标体系应具有良好的层次性和逻辑性。在多指标、多层次指标体系中，切忌同一层次指标信息重叠，逻辑混乱，使评估结果失真。同时指标体系层次数和指标数要适中，便于计算和实际操作。为了保证数据的可获得性和有效性，在评价过程中尽量选取一些既能真实反映其非理性理财行为，又易于获得可靠评估信息的量化指标。综上所述，本书将指标体系的全面性和层次性、指标的代表性和可靠性作为构建指标体系的主要原则。

二 预测指标体系的指标选择

根据第三章分析的三个大阶段作为备选指标，分别反映理财产品购买前阶段、理财产品购买中阶段与理财产品购买后阶段对商业银行个人理财客户非理性理财行为的影响，这些指标不存在信息重叠问题。因此，可以直接将影响因子用于构建指标体系，既有全面性，又有代表性。

由于考虑指标体系的层次和指标数要适中，且尽可能采用可量化的真实数据作为指标。因此，本节在原有九个子阶段组成的因素集的基础上建立了三级指标体系，其中第三级指标尽量选择可量化数据，以真实准确地反映指标。

（一）理财产品购买前阶段

首先，将理财产品购买前阶段所包含的三个阶段，即“理财信息收集阶段 BF1”“理财信息编辑阶段 BF2”和“理财信息评估阶段 BF3”作为二级指标。其次，为方便设计指标，根据第三章的分析结果将二级指标细分为 13 个三级指标，由此得到衡量商业银行个人理财客户在理财产品购买前阶段的理财非理性程度的指标体系，如表 5－1 所示。

表 5－1 理财产品购买前阶段非理性理财行为指标体系

一级指标	二级指标	三级指标
理财产品购买前阶段 BF	理财信息收集阶段 BF1	BF11 代表启发式 BF12 易得性启发式 BF13 稀释效应 BF14 晕轮效应 BF15 锚定和调整启发式
	理财信息编辑阶段 BF2	BF21 框架效应 BF22 联合评估和单独评估 BF23 过度自信 BF24 损失规避
	理财信息评估阶段 BF3	BF31 归因偏差 BF32 证实偏好 BF33 认知失调 BF34 后悔厌恶

（二）理财产品购买中阶段指标

首先，将理财产品购买中阶段所包含的三个阶段，即“理财信息收集阶段 IB1”“理财信息编辑阶段 IB2”和“理财信息评估阶段 IB3”作为二级指标。其次，为方便设计指标，将二级指标细分为 16 个三级指标，由此得到衡量商业银行个人理财客户在理财产品购买中阶段的理财非理性程度的指标体系，如表 5－2 所示。

（三）理财产品购买后阶段指标

首先，将理财产品购买后阶段所包含的三个阶段，即“理财信息收集阶段 AB1”“理财信息编辑阶段 AB2”和“理财信息评估阶段 AB3”作为二级指标。其次，为方便设计指标，将二级指标细分为 17 个三级指标，由此得到衡量商业银行个人理财客户在理财产

表 5-2　理财产品购买中阶段非理性理财行为指标体系

一级指标	二级指标	三级指标
理财产品购买中阶段 IB	理财信息收集阶段 IB1	IB11 易得性启发式 IB12 代表启发式 IB13 锚定和调整启发式 IB14 稀释效应 IB15 近因效应 IB16 首因效应 IB17 对比效应 IB18 晕轮效应
	理财信息编辑阶段 IB2	IB21 框架效应 IB22 联合评估和单独评估 IB23 过度自信 IB24 损失规避
	理财信息评估阶段 IB3	IB31 归因偏差 IB32 证实偏好 IB33 认知失调 IB34 后知之明

品购买后阶段的理财非理性程度的指标体系，如表 5-3 所示。

三　预测指标权重的确定

在建立商业银行个人理财客户非理性理财行为指标体系后，最关键的就是确定各级指标权重，本节应用评价模型来测度科技商业银行个人理财客户非理性理财行为。

（一）确定方法

目前，对于指标体系权重的确定方法有数十种，根据原始数据的来源不同可分为两大类①。一类是主观赋权法，其原始数据

① Mousseau V., Figueira J., Naux J. Using Assignment Examples to Infer Weights For ELECTRE TRI Method: Some Experimental Results [J]. European Journal of Operational Research, 2001, 130.

表 5-3 理财产品购买后阶段非理性理财行为的指标体系

一级指标	二级指标	三级指标
理财产品购买后阶段 AB	理财信息收集阶段 AB1	AB11 代表启发式 AB12 易得性启发式 AB13 近因效应 AB14 首因效应 AB15 对比效应 AB16 晕轮效应 AB17 稀释效应 AB18 锚定和调整启发式
	理财信息编辑阶段 AB2	AB21 框架效应 AB22 联合评估与单独评估 AB23 过度自信 AB24 损失规避
	理财信息评估阶段 AB3	AB31 归因偏差 AB32 认知失调 AB33 证实偏好 AB34 沉没成本 AB35 后知之明

主要根据评价者主观上对各个指标的重视程度来决定，如古林法、层次分析法、德尔斐法等。主观赋权法的研究比较成熟，该类方法的特点是专家可以根据实际问题，较为合理地确定各个指标之间的排序，解释性好，其缺点是主观随意性大。另一类是客观赋权法，其原始数据来源于客观环境，它根据各个指标的联系程度或指标所提供的信息量来决定指标的权重，如均方差法、主成分分析法、离差最大化法、组合赋权法等。客观赋权法确定的值在大多数情况下精度较高，但有时会与实际情况相悖，且解释性较差。

本节根据商业银行个人理财客户非理性理财行为预测指标的特点对三级指标权重确定采用客观赋权法，应用粗糙集确定三级指标的权重；而二级指标和一级指标权重确定则采用主观赋权法，应用层次分析法确定二级指标和一级指标的权重。

1. 粗糙集理论及定权原理

粗糙集理论 RS（Rough Sets）作为智能信息处理技术的一个新成果，是由波兰科学家 Z. Pawlak 教授（1991）① 提出来的，是对不完整数据进行分析、推理、学习、发现的新方法。模糊粗糙集的主要思想是根据已有的对给定问题的知识，将问题的论域进行划分，在保持分类能力不变前提下，通过知识约简，导出概念的分类规则。在实际应用中，一个知识表达系统通常是一张二维表的信息表格，表中的列由属性来标识，行由所讨论的个体来标识，每一行代表相应的个体所具有的属性值。

粗糙集作为一种处理不精确、不确定与不完整数据的新的数学理论，其特点是无需提供除问题所需处理的数据集合之外的任何先验信息，可以只根据观测数据，比较不完整知识的程度——粗糙度，删除冗余信息，分析属性间的依赖性与重要性，生成分类规则等，因而对问题的不确定性描述或处理是比较客观的。在原始数据主要由专家判断得出的情况下，使用基于粗糙集理论的定权方法确定基于原始数据的指标权重时，在保持解释性较强的优点的同时，还可增加评估的客观性。

（1）知识表达系统

根据粗糙集原理，可以将要进行处理的系统对象表示为一个知识表达系统，知识表达系统主要通过对指定对象的属性及其属性值的描述来实现。

一个知识表达系统可以用 $S=(U, A, V, f)$ 来表示，其中 $U=\{X_1, X_2, \cdots, X_n\}$ 表示对象集合，$A=C\cup D$ 表示属性集合，子集 C 和 D 分别表示条件属性集和决策属性集，并且有 $C\cup$

① Pawlak Z. , Rough Sets. Theoretical Aspects of Reasoning About Data [M]. London: Kluwer Acasemic Publishers, 1991. (2): 263 - 275.

$D=A$，$C\cap D=\varphi$。$V=(U_{a\in A},V_r)$是属性值的集合，V_a表示属性 a（$a\in A$）的属性值范围，f：$U\times A\rightarrow V$是一个信息函数，它赋予每个对象的每个属性一个信息值，即$\forall a\in A$，$x\in U$，有$f(x,a)\in V_a$。如果知识表达系统用二维表的形式来表示，则二维表称为决策表，每一行是论域中的一个元素，每一列则是属性及其属性值。如果给定任意x，$y\in U$，$\forall P$，$P\subseteq C\cup D$，且有以下关系：$ind(P)=\{(x,y)\in U\times U\mid \forall a\in P, f_a(x)=f_a(y)\}$，则称 x，y 为$P$上的一个二元不可分辨关系，记为$ind(P)$，称为$U$上的等价关系。关系$ind(P)$，$P\subseteq C\cup D$构成了$U$的一个划分，用$U/ind(P)$表示，其中的任一元素称为等价类，信息系统（$U$，$A$，$V$，$f$）也称为知识$A$。

（2）知识的信息量

设$S=(U,A,V,f)$表示一个信息系统，$P\subseteq A$，$U/ind(P)=\{X_1,X_2,\cdots,X_n\}$，则知识$P$的信息量定义为

$$I(P)=\sum_{i=1}^{n}\frac{|X_i|}{|U|}\left(1-\frac{X_i}{|U|}\right)=1-\frac{\sum_{i=1}^{n}|X_i|^2}{|U|^2} \qquad (5-1)$$

式中，$|X|$表示集合X的基数，$|X_i|/|U|$表示等价类X_i在U中的概率。

（3）基于粗糙集的权重确定方法

由粗糙集理论的信息量定义可推出，当从不同属性角度考虑信息系统分类时，相同的分类确定了不同属性具有相同的信息量。反之，两属性信息相同时，系统的分类必相同。换言之，某些属性的加入会直接影响系统分类，而将某些属性从信息系统中去掉可能不会改变系统的分类能力。因此，当将一评价问题表达成决策表形式时，可以从属性表中去掉一个属性后发生的变化来确定该属性的重要性。若去掉该属性相应分类变化比较人，则说明该属性的重要性高；反之，说明属性的重要性低，其重要性定

义如下：

设 $S=(U, A, V, f)$ 表示一个信息系统，属性 $a\in A$，在 A 中的重要性定义为

$$Sig_{A-\{a\}}(a) = I(A) - I(A-\{a\}) \tag{5-2}$$

特别当 $A=\{a\}$ 时，用

$$Sig(a) = Sig_{\varphi}(a), g(a) = Sig_{\varphi}(a) = I(a) - I(\varphi) = I(\{a\}) \tag{5-3}$$

式中，$U/ind(\varphi) = \{U\}$，$I(\varphi) = 0$。

故属性 $a\in A$ 在 A 中的重要性，由 A 中去掉 a 后引起的信息量变化的大小来度量。对于 $a_i\in A\ \{a_1, a_2, \cdots, a_n\}$，属性 a_i 的权重为

$$w_i = \frac{Sig_{A\{a_i\}}(a_i)}{\sum_{j=1}^{n} Sig_{A-\{a_j\}}(a_j)} = \frac{I(A) - I(A-\{a_i\})}{\sum_{j=1}^{n}[I(A) - I(A-\{a_j\})]} \tag{5-4}$$

2. 层次分析法

层次分析法（Analytical Hierarchy Process，AHP）是由美国匹兹堡大学的 Satty 教授①于 20 世纪 70 年代中期提出的一种定性和定量相结合的决策方法。层次分析法构造有序递阶层次结构以使复杂问题简单化，通过两两比较得到各因素之间的相对重要性。其步骤如下：

（1）通过对系统的深刻认识，确定该系统的总目标，弄清规划决策所涉及的范围、要采取的措施方案和政策、实现目标的准则、策略和各种约束条件等，广泛地收集信息。

---

① Satty T. L. and Forman E. H. The Hierarchon: A Dictionary of Hierarchies [M], Volume 5, Expert Choice Inc., Pittsburgh, 1996.

（2）建立多层次的递阶结构，按目标的不同、实现功能的差异，将系统分为几个等级层次。

（3）确定以上递阶结构中相邻层次元素间相关程度。通过构造两两比较判断矩阵及矩阵运算的数学方法，确定对于上一层次的某个元素而言，本层次中与其相关元素间的重要性排序——相对权值。层次分析法中相对重要性一般采用九分制，如表 5－4 所示。

（4）计算各层元素对系统目标的合成权重，并进行总排序，以确定递阶结构图中最底层各元素总目标中的重要程度。

（5）根据分析计算结果，考虑相应的决策。

表 5－4　层次分析法的九分制标度

标 D 度	含　义
1	表示两个因素相比，具有同样重要性
3	表示两个因素相比，一个因素比另一个因素稍微重要
5	表示两个因素相比，一个因素比另一个因素明显重要
7	表示两个因素相比，一个因素比另一个因素强烈重要
9	表示两个因素相比，一个因素比另一个因素极端重要
2，4，6，8	为上述相邻判断的中值
倒数	若 i 因素与 j 因素比较，得到结果为 $a_{ji}=1/a_{ij}$

（二）确定步骤

1. 三级指标权重的确定

本节以理财产品购买前阶段的理性信息收集阶段 BF1 为例说明确定三级指标的方法。首先令指标体系中的三级指标组成属性集 BF1｛BF11，BF12，…，BF1i｝，其中，BF1i 代表因素测度评估指标体系中的各个指标，通过 459 个样本组成论域 U｛X1，X2，…，X459｝，构建关系表。关系表中的行与三级指标组成属性集 BF1 {BF11，BF12，…，BF1i} 相对应，列与 X 的属性 Xj（j＝1，2，…，176）相对应。表中数值 Zij 表示对应行所指对象 BF1i 的 Xj 属性的取值。详见附录 2。

由以上等价类集合，利用公式（5－1）、（5－3）和公式（5－4），分别求出 BF11、BF12、BF13、BF14 和 BF15 的权重，如表 5－5 所示。

表 5－5　计算结果

评估指标	指标权重	属性重要程度	知　识	知识信息量
			I（BF1）	0.966399
BF11	0.083793	0.003569	I（BF1－BF11）	0.962830
BF12	0.332754	0.014173	I（BF1－BF12）	0.952226
BF13	0.072195	0.003075	I（BF1－BF13）	0.963324
BF14	0.27791	0.011837	I（BF1－BF14）	0.954562
BF15	0.233348	0.009939	I（BF1－BF15）	0.956460

同理，可计算得出其他三级指标的权重，如表 5－6 所示。

表 5－6　三级指标权重

评估指标	指标权重	评估指标	指标权重	评估指标	指标权重
BF11	0.083793	IB11	0.100001	AB11	0.225155
BF12	0.332754	IB12	0.147443	AB12	0.152265
BF13	0.072195	IB13	0.115287	AB13	0.198657
BF14	0.27791	IB14	0.093174	AB14	0.13733
BF15	0.233348	IB15	0.300779	AB15	0.022789
BF21	0.203242	IB16	0.07982	AB16	0.007935
BF22	0.157751	IB17	0.003965	AB17	0.0293
BF23	0.343364	IB18	0.159531	AB18	0.226569
BF24	0.295643	IB21	0.383019	AB21	0.397455
BF31	0.318541	IB22	0.213551	AB22	0.178698
BF32	0.301722	IB23	0.175557	AB23	0.147715
BF33	0.088146	IB24	0.227873	AB24	0.276132

续表

评估指标	指标权重	评估指标	指标权重	评估指标	指标权重
BF34	0. 253698	IB31	0. 200384	AB31	0. 281853
		IB32	0. 271322	AB32	0. 309653
		IB33	0. 266774	AB33	0. 170656
		IB34	0. 26152	AB34	0. 10888
				AB35	0. 128958

2. 一级和二级指标确定

一级指标、二级指标采用层次分析法，为了衡量两两比较的一致性，首先定义一致性指标 CI：CI = （λmax − n）/（n − 1），其中，λmax 是判断矩阵的最大特征值。当完全一致时，λmax = n，CI = 0；CI 值越大，判断矩阵的一致性越差，一般只要 CI ≤ 0. 1，就可以认为判断的一致性可以接受。

评价因素越多、判断矩阵的维数越大，一致性将越差，故必须放宽对高维判断矩阵一致性的要求。计算采用 yaahp 软件进行，其值仍以不超过 0. 1 为佳。如表 5 − 7 所示，以下指标权重的大小程度是基于调查问卷中题目的设置来确定的。

表 5 − 7　平均随机一致性指标参考值

维数	1	2	3	4	5	6	7	8	9
R. I	0	0	0. 58	0. 96	1. 12	1. 24	1. 32	1. 41	1. 45

（1）一级指标权重确定

一级指标权重判断矩阵如表 5 − 8 所示，其中 BF、IB 和 AB 分别代表购买前、购买中和购买后三个阶段。首先，理财购买后阶段的认知偏差对客户忠诚度影响最大，一旦理财客户出现非理性行为，则极有可能今后不购买银行理财产品；其次，购买中的非理性客户对象较为明晰，商业银行便于矫正其非理性理财行为；最后，购买前阶段的非理性理财行为较难针对，因此对客户忠诚度影响较大。

表 5-8　一级指标权重

决策目标	BF	IB	AB	权　重
BF	1	3	1/5	0.1884
IB	1/3	1	1/7	0.081
AB	5	7	1	0.7306

注：λmax = 3.1248　CI = 0.0624 < 0.1。

（2）二级指标权重确定

二级指标的确定方法和一级指标相同，客户在信息收集、信息编辑和信息评估三个子阶段同时存在认知偏差，然而理财信息评估阶段的认知偏差无法矫正，理财客户已经作出购买决策，而信息首阶段的认知偏差在后面两个阶段有可能被矫正，基于上述分析可知：理财信息评估阶段认知偏差导致的非理性理财行为对客户忠诚度影响最大，而对忠诚度影响最小的是理财信息收集阶段的非理性理财行为。各阶段权重判断矩阵如下文详述。

a）理财产品购买前阶段的二级指标

其中 BF1、BF2 和 BF3 分别代表本阶段的理财信息收集、信息编辑和信息评估三个子阶段，其指标如表 5-9 所示。

表 5-9　理财产品购买前阶段的二级指标的判断矩阵

决策目标	BF1	BF2	BF3	权　重
BF1	1	1/3	1/5	0.1095
BF2	3	1	1/2	0.309
BF3	5	2	1	0.5816

注：λmax = 3.0072　CI = 0.0036 < 0.1。

b）理财产品购买中阶段的二级指标

其中，IB1、IB2 和 IB3 分别代表本阶段的理财信息收集、信息编辑和信息评估三个子阶段，其指标如表 5 - 10 所示。

表 5 - 10 理财产品购买中阶段二级指标的判断矩阵

决策目标	IB1	IB2	IB3	权　重
IB1	1	1/2	1/3	0. 1634
IB2	2	1	1/2	0. 297
IB3	3	2	1	0. 5396

注：λmax = 3. 0176　CI = 0. 0088 <0. 1。

c）理财产品购买后阶段的二级指标

其中，AB1、AB2 和 AB3 分别代表本阶段的理财信息收集、信息编辑和信息评估三个子阶段，其指标如表 5 - 11 所示。

表 5 - 11 理财产品购买后阶段二级指标的判断矩阵

决策目标	AB1	AB2	AB3	权　重
AB1	1	1/3	1/6	0. 0953
AB2	3	1	1/3	0. 2499
AB3	6	3	1	0. 6548

注：λmax = 3. 352　CI = 0. 0176 <0. 1。

根据上述分析，一级指标和二级指标的权重如表 5 - 12 所示。

表 5 - 12 一级指标和二级指标的权重

一级指标	权　重	二级指标	权　重
理财产品购买前阶段 BF	0. 1884	信息收集 BF1	0. 1095
		信息编辑 BF2	0. 309
		信息评估 BF3	0. 5816
理财产品购买中阶段 IB	0. 081	信息收集 IB1	0. 1634
		信息编辑 IB2	0. 297
		信息评估 IB3	0. 5396

续表

一级指标	权　重	二级指标	权　重
理财产品购买后阶段 AB	0.7306	信息收集 AB1	0.0953
		信息编辑 AB2	0.2499
		信息评估 AB3	0.6548

四　预测指标的综合评价

在确定指标体系中三级指标权重后，需要设计评价模型对指标体系整体评价，因此需要构建模糊综合评价方法，以实现对指标体系的整体评价。

（一）综合评价法

模糊综合评价是一种十分有效的多因素决策方法，其可以对各个影响因素（指标）作出全面评价。该综合评价法根据模糊数学的隶属度理论把定性评价转化为定量评价，即用模糊数学对受到多种因素制约的事物或对象作出一个总体的评价。它具有结果清晰，系统性强的特点，能较好地解决模糊的、难以量化的问题，适合各种非确定性问题的解决。其基本步骤如下。

1. 建立模糊集

对评估指标设定因素集 $U=\{U_1, U_2, \cdots, U_n\}$，其中，$i=1, 2, \cdots, n$，$n$ 为 1 级指标 U_i 的个数；$U_i=\{u_{i1}, u_{i2}, \cdots, u_{jm}\}$，$j=1, 2, \cdots, m$，$m$ 为二级指标 u_{ij} 的个数。$u_{ij}=\{b_{ij1}, b_{ij2}, \cdots, b_{ijg}\}$，$l=1, 2, \cdots g$，$g$ 为三级指标 b_{ijl} 的个数。

设定评语集 $V=\{V_1, V_2, \cdots, V_d\}$，其中，$V_k$ 为评估结果，$k=1, 2, \cdots, d$，d 为评估等级。

2. **进行单因素（指标）评估，求出评判矩阵 R_{ij}**

通过确定各因素（指标）对各个测度等级的隶属度，求 u_{ij} 的评判矩阵 R_{ij}，即从集合 U 到 V 的一个模糊映射 f：$U \to V$。

评判矩阵 R_{ij} 可表示为：

$$R_{ij} = (r_{ijlk})_{g \times d} = \begin{bmatrix} r_{ij11} & r_{ij12} & \cdots & r_{ij1d} \\ r_{ij21} & r_{ij22} & \cdots & r_{ij2d} \\ \cdots & & \ddots & \cdots \\ r_{ijg1} & r_{ijg2} & \cdots & r_{ijgd} \end{bmatrix} \quad (5-5)$$

公式（5－5）中，r_{ijlk} 表示指标 b_{ijl} 对 k 级评语集 V_k 隶属度，可根据模糊子集表查到，如表 5－13 所示。

表 5－13　模糊子集

指标的测度评语＼等级	1	2	3	4	5	6	7
很高	0	0	0	0	0	0.34	0.57
高	0	0	0	0	0.25	0.50	0.25
较高	0	0	0	0.25	0.50	0.25	0
一般	0	0	0.25	0.50	0.25	0	0
较低	0	0.25	0.50	0.25	0	0	0
低	0.25	0.50	0.25	0	0	0	0
很低	0.67	0.33	0	0	0	0	0

3. **求二级指标隶属度**

在单个指标评估和权重确定基础上，对三级指标 b_{ijl} 的评估矩阵做模糊运算，求出二级评估指标 u_{ij} 对评语集 Vk 的隶属向量。

$$C_{ij} = W_{ij} \times R_{ij} = (c_{ij1}, c_{ij2}, \cdots, c_{ijd}) \quad (5-6)$$

其中，W_{ij}为三级指标权重矩阵，$W_{ij}=[w_{ij1}\ w_{ij2}\cdots w_{ijl}]$，$c_{ijk}$表示二级指标对评语 V_k 的隶属度。

4. 同理，求一级指标的隶属度

$$H_i = W_i \times R_i = (h_{i1}, h_{i2}, \cdots, h_{im}) \tag{5-7}$$

其中，W_j 为二级指标权重矩阵，$W_j=[w_{i1}\ w_{i2}\cdots\ w_{ij}]$，$h_{ij}$表示一级指标对评语 V_k 的隶属度。

5. 求指标集的隶属度向量

按照上述方法，将得到的一级评估指标隶属向量组成新的模糊综合评判矩阵，求总体评价的隶属度向量，然后按照最大隶属度原则判断评价结果。

$$Y = W \times H_i = [W_1\ W_2\ \cdots W_n][H_1\ H_2\ \cdots H_n]^T \tag{5-8}$$

（二）评价实例

本节运用模糊综合评价方法，对某商业银行 A、B、C 三个理财客户的非理性理财行为进行测度，某客户经理对具体指标的主观评价如表 5-14 所示。

表 5-14　商业银行个人理财客户 A、B、C 的指标评价

指标	A	B	C	指标	A	B	C	指标	A	B	C
1	一般	较低	低	8	高	较高	一般	15	高	高	低
2	较低	一般	一般	9	一般	较低	低	16	较低	一般	较低
3	一般	一般	较低	10	较高	一般	一般	17	较低	低	低
4	高	较高	一般	11	较低	低	较低	18	一般	低	较低
5	低	较低	低	12	高	较高	一般	19	高	低	一般
6	低	低	较低	13	一般	低	较低	20	一般	一般	低
7	一般	低	低	14	一般	低	低	21	较低	低	低

续表

指标	A	B	C	指标	A	B	C	指标	A	B	C
22	一般	较低	低	31	一般	一般	较低	40	高	较低	低
23	较高	一般	一般	32				41	一般	较低	低
24	一般	一般	低	33	一般	低	低	42	一般	一般	较低
25	高	低	低	34	较低	一般	一般	43	一般	低	低
26	一般	较低	低	35	较低	低	低	44	高	一般	较低
27	一般	一般	较低	36	一般	低	低	45	一般	较低	低
28	高	较低	低	37	高	低	低	46	较高	低	较低
29	较低	一般	一般	38	较高	一般	较低	47	高	较低	一般
30	低	低	低	39	一般	低	低				

1. A 商业银行个人理财客户非理性测度

在此以理财产品购买前的理财信息评估阶段为例进行计算（其中，BF21、BF22、BF23 和 BF24 分别代表商业银行个人理财客户 A 的指标评价对应模糊子集表中对应的数值，W_{12}代表理财产品购买前信息编辑阶段的三级指标权重）：

$$
\begin{aligned}
BF2 &= W_{12} \times [BF21\ BF22\ BF23\ BF24]^T \\
&= [0.203242\ 0.157751\ 0.343364\ 0.295643] \times \\
&\begin{bmatrix} 0.25 & 0.50 & 0.25 & 0 & 0 & 0 & 0 \\ 0 & 0 & 0.25 & 0.5 & 0.25 & 0 & 0 \\ 0 & 0 & 0 & 0 & 0.25 & 0.5 & 0.25 \\ 0 & 0 & 0.25 & 0.5 & 0.25 & 0 & 0 \end{bmatrix} \\
&= [0.0508\ 0.1016\ 0.1642\ 0.2267\ 0.1992\ 0.1717\ 0.0858]
\end{aligned}
$$

同上，可计算出其他二级指标对应的模糊评价矩阵，如表 5 - 15 所示。

一级指标的指标评价以理财产品购买前阶段为例计算如下（其中，BF1、BF2 和 BF3 分别代表商业银行个人理财客户 A 的二级指标模糊评价矩阵中的数值，W_1代表理财产品购买前阶段的三级

表 5-15 二级指标模糊评价矩阵

二级指标	等级						
	1	2	3	4	5	6	7
理财信息收集阶段 BF1	0.0583	0.1999	0.2637	0.1612	0.1085	0.1390	0.0695
理财信息编辑阶段 BF2	0.0508	0.1016	0.1642	0.2267	0.1992	0.1717	0.0858
理财信息评估阶段 BF3	0	0.0754	0.2143	0.2819	0.2447	0.1237	0.0220
理财信息收集阶段 IB1	0	0.0920	0.2852	0.2944	0.1580	0.1136	0.0568
理财信息编辑阶段 IB2	0	0	0.1396	0.3327	0.3034	0.1673	0.0570
理财信息评估阶段 IB3	0	0.0654	0.2487	0.3012	0.1846	0.1334	0.0667
理财信息收集阶段 AB1	0.0563	0.1526	0.2261	0.2761	0.2103	0.0713	0.0073
理财信息编辑阶段 AB2	0	0	0.2053	0.4107	0.2500	0.0893	0.0447
理财信息评估阶段 AB3	0	0	0.1131	0.2535	0.2772	0.2465	0.1097

指标权重)：

$$H1 = W_1 \times [BF1\ BF2\ BF3]^T = [0.1095\ 0.309\ 0.5816] \times \begin{bmatrix} 0.0583 & 0.1999 & 0.2637 & 0.1612 & 0.1085 & 0.1390 & 0.0695 \\ 0.0508 & 0.1016 & 0.1642 & 0.2267 & 0.1992 & 0.1717 & 0.0858 \\ 0 & 0.0754 & 0.2143 & 0.2819 & 0.2447 & 0.1237 & 0.0220 \end{bmatrix}$$

其他一级指标计算结果如表 5-16 所示。

表 5-16 一级指标模糊评价矩阵

一级指标	等级						
	1	2	3	4	5	6	7
理财产品购买前阶段 BF	0.0221	0.0972	0.2042	0.2517	0.2158	0.1402	0.0469
理财产品购买中阶段 IB	0	0.0503	0.2223	0.3095	0.2155	0.1402	0.0622
理财产品购买后阶段 AB	0.0054	0.0145	0.1469	0.2949	0.2640	0.1905	0.0837

根据以上计算结果，对 A 商业银行个人理财客户进行综合评价：

$$Y = W \times [BF \quad AB \quad IB]^T$$
$$= [0.0081 \quad 0.0330 \quad 0.1638 \quad 0.2879 \quad 0.2510 \quad 0.1770 \quad 0.0750]$$

其中 W = [0.1884　0.081　0.7306]。

根据最大隶属度原则，总体评价为较低。上述结果不甚直观，在此以定量分值来表示。为此，将评判等级进行七级分类量化。“七级分类量化”基于实验心理—物理学，其观控隶属度公式为：$F(I) = \ln(\max\{I\} + 2 - I) / \ln(\max\{I\} + 1)$，其中，I 为排序序号，F（I）为 I 的对应值（即观控隶属度）。当 $\max\{I\} = 7$ 时，如表 5-17 所示①。

根据对一级指标的综合评价值，可计算出 A 商业银行个人理财客户非理性程度的分值：

$$分值 = [0.0081 \quad 0.0330 \quad 0.1638 \quad 0.2879 \quad 0.2510 \quad 0.1770 \quad 0.0750]$$
$$Y'_A = 100 \times 0.0081 + 94 \times 0.0330 + 86 \times 0.1638 + 77 \times 0.2879$$
$$+ 67 \times 0.2510 + 53 \times 0.1770 + 33 \times 0.0750 = 68.8449$$

表 5-17　七级量化

评价等级	很高	高	较高	一般	较低	低	很低
分　数	100	94	86	77	67	53	33

对照表 5-18 可知，A 商业银行个人理财客户的理财非理性程度属于较低。

2. B 商业银行个人理财客户的非理性测度

B 商业银行个人理财客户的二级指标、一级指标模糊评价矩阵、综合评价值和七级量化后的分值分别如表 5-18 和表 5-19 所示。其理财非理性程度为一般。

① http://www.aideas.com/gkmsf.php.

表 5－18 B 商业银行个人理财客户二级指标模糊评价矩阵

二级指标	等级						
	1	2	3	4	5	6	7
理财信息收集阶段 BF1	0	0.0793	0.2598	0.3512	0.2402	0.0695	0
理财信息编辑阶段 BF2	0.0902	0.2544	0.2381	0.1598	0.1717	0.0858	0
理财信息评估阶段 BF3	0.1389	0.2777	0.2185	0.1813	0.1237	0.0220	0
理财信息收集阶段 IB1	0.1833	0.3667	0.2131	0.0596	0.0667	0.0737	0.0369
理财信息编辑阶段 IB2	0.0570	0.2097	0.3458	0.2903	0.0973	0	0
理财信息评估阶段 IB3	0	0.1168	0.3668	0.3832	0.1332	0	0
理财信息收集阶段 AB1	0.1210	0.2419	0.2500	0.2581	0.1290	0	0
理财信息编辑阶段 AB2	0.0994	0.2803	0.3316	0.2197	0.0690	0	0
理财信息评估阶段 AB3	0.0977	0.2703	0.3249	0.2297	0.0774	0	0

表 5－19 B 商业银行个人理财客户一级指标模糊评价矩阵、综合评价值和七级量化分值

一级指标	等级						
	1	2	3	4	5	6	7
理财产品购买前阶段 BF	0.1086	0.2488	0.2291	0.1933	0.1513	0.0469	0
理财产品购买中阶段 IB	0.0469	0.1852	0.3354	0.3027	0.1117	0.0120	0.0060
理财产品购买后阶段 AB	0.1003	0.2701	0.3194	0.2299	0.0802	0	0
综合评价值	0.0976	0.2592	0.3037	0.2289	0.0962	0.0098	0.0005
七级量化分值	84.8465						

3. C 商业银行个人理财客户的非理性测度

C 商业银行个人理财客户的二级指标、一级指标模糊评价矩阵、综合评价值和七级量化后的分值分别如表 5－20 和表 5－21 所示，其理财非理性程度已经接近于较高。

表 5－20　C 商业银行个人理财客户二级指标模糊评价矩阵

二级指标	等　级						
	1	2	3	4	5	6	7
理财信息收集阶段 BF1	0.0793	0.1766	0.2680	0.3234	0.1527	0	0
理财信息编辑阶段 BF2	0.1133	0.2775	0.3008	0.2225	0.0858	0	0
理财信息评估阶段 BF3	0	0.1389	0.3794	0.3422	0.1017	0	0
理财信息收集阶段 IB1	0.1260	0.3561	0.3540	0.1439	0.0200	0	0
理财信息编辑阶段 IB2	0.1966	0.3932	0.2500	0.1068	0.0534	0	0
理财信息评估阶段 IB3	0.1168	0.3014	0.3178	0.1986	0.0654	0	0
理财信息收集阶段 AB1	0.1210	0.3366	0.3447	0.1634	0.0343	0	0
理财信息编辑阶段 AB2	0.1810	0.4310	0.3190	0.0690	0	0	0
理财信息评估阶段 AB3	0.1131	0.3309	0.3546	0.1691	0.0322	0	0

表 5－21　C 商业银行个人理财客户一级指标模糊评价矩阵、综合评价值和七级量化分值

一级指标	等　级						
	1	2	3	4	5	6	7
理财产品购买前阶段 BF	0.0437	0.1858	0.3430	0.3032	0.1024	0	0

续表

一级指标	等级						
	1	2	3	4	5	6	7
理财产品购买中阶段 IB	0. 1420	0. 3376	0. 3036	0. 1624	0. 0544	0	0
理财产品购买后阶段 AB	0. 1308	0. 3564	0. 3448	0. 1436	0. 0244	0	0
综合评价值	0. 1153	0. 3228	0. 3411	0. 1752	0. 0415	0	0
七级量化分值	87. 4762						

五　本章小结

本章在前四章研究基础上，以“理财产品购买前阶段”“理财产品购买中阶段”和“理财产品购买后阶段”构成的子阶段为基础，通过增加第三级可量化指标，构建了商业银行个人理财客户非理性理财行为测度的三级指标体系。然后使用层次分析法和粗糙集综合定权模糊综合评价模型，建立了对商业银行个人理财客户理财非理性程度进行预测的指标体系和评价方法，并运用七级分类量化以定量分值方法测度其理财的非理性倾向。

第六章 研究结论和措施建议

近年来，频现的商业银行理财纠纷导致银行理财产品声誉和客户忠诚度不断下降，对商业银行个人理财业务发展带来严重的负面影响。在理财纠纷中，商业银行及其工作人员出于自身利益误导理财客户只是诱因，而主因在于商业银行个人理财客户对理财产品的认知偏差导致的非理性理财行为。为了商业银行理财市场的健康发展，本书针对商业银行、理财客户和银监会，提出事前防范、事中监管和事后反馈的相关策略，以减少商业银行个人理财客户非理性理财行为。

一　研究结论

本书首先在系统回顾个人理财业务的发展脉络和对个人理财、认知偏差和非理性行为相关理论分析基础上，着重识别和定性分析了商业银行个人理财客户的非理性理财行为，并在此基础上定量分析了其与人口统计特征之间的关系；其次，分析了商业银行个人理财客户的认知偏差与非理性理财行为间的作用机理，揭示其产生的一般性规律；再次，构建了商业银行个人理财客户个人非理性理财行为预测指标体系；最后，在研究结论基础上，从制度和技术两个方面提出防范和处理商业银行个人理财客户非理性理财行为的建议。

（一）识别商业银行个人理财客户认知偏差表现，分析认知偏差非理性理财心理

本书将商业银行个人理财客户购买理财产品的行为分为三个大阶段，理财产品购买前阶段、理财产品购买中阶段和理财产品购买后阶段，三个大阶段的购买过程又各包括三个子阶段“理财信息收集阶段”“理财信息编辑阶段”“理财信息评估阶段”，各阶段引起非理性理财行为的认知偏差如表 6－1 所示。

表 6－1　商业银行个人理财客户非理性理财行为认知偏差框架

	理财信息收集阶段	理财信息编辑阶段	理财信息评估阶段
理财产品购买前阶段非理性理财行为	代表启发式 易得性启发式 锚定和调整启发式 稀释效应、晕轮效应	框架效应 联合评估和单独评估偏差 过度自信 损失规避	归因偏差 证实偏好 认知失调 后悔厌恶
理财产品购买中阶段非理性理财行为	代表启发式 易得性启发式 锚定和调整启发式 稀释效应 近因效应、首因效应 对比效应、晕轮效应	框架效应 联合评估和单独评估偏差 过度自信 损失规避	归因偏差 证实偏好 认知失调 后知之明
理财产品购买后阶段非理性理财行为	代表启发式 易得性启发式 锚定和调整启发式 近因效应、首因效应 对比效应、晕轮效应 稀释效应	框架效应 联合评估与单独评估偏差 过度自信 损失规避	归因偏差 认知失调 证实偏好 沉没成本 后知之明

（二）实证分析了商业银行个人理财客户人口统计特征与非理性理财行为关系

首先通过基本频数分析的方法对问卷的人口统计特征与社会

地位进行描述，然后利用线性回归的方法，分别对这些人口统计特征与商业银行个人理财客户理财九个子阶段的非理性理财行为进行关系实证分析以及经济学解释，实证结果如表6－2所示。

表6－2　个人理财客户人口统计特征与各阶段非理性理财行为相关性分析结果

个人统计特征	商业银行个人理财客户非理性理财行为								
	购买前阶段信息			购买中阶段信息			购买后阶段信息		
	收集	编辑	评估	收集	编辑	评估	收集	编辑	评估
性别		相关	相关					相关	相关
年龄	相关	相关	相关	相关	相关	相关	相关	相关	相关
学历	相关			相关	相关	相关	相关	相关	相关
工作单位	相关			相关	相关	相关			相关
投资理财经验		相关					相关		
财经金融知识	相关		相关		相关	相关		相关	
金融从业经验	相关	相关		相关	相关		相关	相关	
家庭状况	相关	相关	相关		相关	相关			相关
目前家庭可支配收入	相关		相关	相关	相关	相关	相关	相关	相关
未来家庭可支配收入		相关		相关	相关	相关		相关	

（三）分析了商业银行个人理财客户认知偏差非理性理财行为与客户忠诚度的作用机理

本书探讨了商业银行个人理财客户在理财过程中面临的认知偏差非理性行为，进一步解释了各类认知偏差非理性理财行为与客户忠诚度间的作用机理，由此提出认知偏差导致的非理性理财行为与客户忠诚度间关系的概念模型以及从各种认知偏差非理性理财行为到客户忠诚度的作用路径研究假设，运用结构方程建模方法实证检验了上述研究假设。实证结果表明，情境因素变动偏差非理性与启发式偏差非理性之间存在路径关系、启发式偏差非理性与认知偏差非理性之间存在路径关系、认知偏差非理性与心理偏差非理性之间存在路径关系，且均呈显著的正比关系；情境因素变动偏差非理性与心理偏差非理性之间不存在路径关系、启发式偏差非理性与心理偏差非理性之间不存在路径关系；启发式偏差非理性与客户忠诚度之间不存在路径关系、情境因素变动偏差非理性与客户忠诚度之间不存在路径关系；认知偏差非理性与客户忠诚度之间存在路径关系、心理偏差非理性与客户忠诚度之间存在路径关系，均呈显著的反比关系。其中，情境因素变动偏差非理性包括稀释效应、晕轮效应、近因效应、首因效应、对比效应；启发式偏差非理性包括锚定和调整启发式偏差、易得性启发式和代表性启发式偏差；心理偏差非理性包括框架效应、单独评估和联合评估、过度自信和损失规避；心理偏差非理性包括后知之明、证实偏好、归因偏差、后悔厌恶、沉没成本和认知失调。情境因素变动偏差非理性和启发式偏差非理性对应商业银行个人理财客户在理财过程中的理财信息收集阶段、理财信息编辑阶段、理财信息评估阶段。

1. 构建商业银行个人理财客户认知偏差非理性理财行为预测指标体系，提出相应评价体系模型

本书以理财产品“购买前”“购买中”和“购买后”三个阶段构成的子阶段为基础，通过增加第三级可量化指标，构建了商业银行个人理财客户非理性理财行为测度的三级指标体系。然后使用层次分析法和粗糙集综合定权的模糊综合评价模型，建立对商业银行个人理财客户理财非理性程度进行预测的指标体系和评价方法，并运用七级分类量化以定量分值的方法测度其理财非理性倾向。

2. 提出减少商业银行个人理财客户非理性理财行为相关建议

首先，提出了关于减少和防范商业银行非理性理财行为的事前防范、事中处理和事后反馈的制度性和技术性措施。在这些措施中，只有事前防范措施才能把整个商业银行、商业银行个人理财客户的损失降至最低；其次，分别从银监会等监管部门、商业银行和商业银行个人理财客户角度出发，提出了相应的技术和制度措施，对减少我国商业银行个人理财客户非理性理财行为具有参考价值。

二　措施建议

基于前五章的研究结论，提出防范和处理商业银行个人理财客户非理性理财行为的措施，从制度和技术两个方面分析如何防范和处理商业银行个人理财客户非理性理财行为。

（一）监管部门可采取的相关措施

银监会发布了《商业银行理财产品销售管理办法（征求意见稿）》，对银行理财产品的整个销售流程进行规范和控制。其与以前出台的银行理财产品相关法规相比，不仅细化了部分规定，还在宣传销售文本、理财产品风险评级、客户风险承受能力评估等方面进行了全新的规范。但是现阶段还尚无减少商业银行个人理财客户非理性理财行为的具体措施。根据第三章对商业银行个人理财客户非理性理财行为的界定、定性分析以及人口统计特征与其认知偏差非理性理财行为的分析结果，本书认为监管部门减少商业银行个人理财客户非理性理财行为的措施主要集中在理财产品购买前阶段和购买中阶段，通过减少客户在购买过程中的认知偏差从而减少其非理性理财行为。

1. 理财产品购买前阶段的措施

银监会等监管部门可建立非理性理财行为倾向自测指标体

系，并建立相关的评价系统，让商业银行个人理财客户在其网站上可自评自己的非理性程度。在所有的措施中，只有事前防范才是降低非理性理财行为最有效的措施。

2. 理财产品购买中阶段的措施

本阶段理财者的认知偏差表现在两个方面：第一方面，未能根据自身经济情况购买理财产品；第二方面，对理财合同条款的表述存在认知偏差。这些认知偏差均会导致非理性理财行为。

（1）理财信息收集阶段

银监会等监管部门应通过建立相关案例库，通过宣传等手段帮助商业银行个人理财客户正确认识自己的经济状况，从而提醒理财者应将三性作为收集信息时首要考虑因素，减少代表启发式导致的非理性理财行为；同时应针对名人代言的理财产品作出相关规范，从而减少其晕轮效应导致的非理性理财行为。

（2）理财信息编辑阶段

银监会等监管部门应通过大量的案例宣传，提醒商业银行个人理财客户应根据自己经济状况正确配置自己的资金，不能过分追求高收益的理财产品，忘记其存在的高风险性，减少联合评估和单独评估偏差导致的非理性理财行为；同时，应规范理财产品收益率的相关用语，防止商业银行过于强调预期收益率、风险揭示不足等问题出现，减少框架效应导致的非理性理财行为。

（3）理财信息评估阶段

首先，银监会等监管部门应规范理财合同条款的格式、用语等方面，防止因为其条款过于复杂导致的归因偏差非理性理财行为；其次，应通过宣传让客户充分了解理财合同，防止证实偏好、认知失调和后知之明导致的非理性理财行为；再次，应尽量限制商业银行理财合同条款中对客户不利的内容；最后，应让商业银行销售理财产品时，尽到告知义务，即向客户说明对其可能不利的内容。

（二）商业银行可采取的相关措施

商业银行在客户理财产品购买前、购买中和购买后可采取相关措施，降低理财客户非理性理财行为。

1. 理财产品购买前阶段的措施

本阶段商业银行个人理财客户未将商业银行理财渠道作为首要选择是非理性的。因此本书认为商业银行应根据客户具体情况，让客户充分认识到商业银行理财产品是最佳的选择之一。

（1）理财信息收集阶段

本阶段商业银行可以帮助理财产品克服稀释效应、晕轮效应和锚定和调整启发式导致的非理性理财行为。首先，其可以通过宣传让潜在客户充分了解到是否理财取决于自己未来的经济状况；其次，商业银行的理财产品也可以寻找名人代言吸引潜在客户；最后，商业银行应针对客户的职业寻找未来经济收入较高的客户，积极向潜在客户提供理财知识，让潜在客户关注理财知识和产品。

（2）理财信息编辑阶段

本阶段商业银行可以帮助理财产品克服框架效应、联合评估和单独评估导致的非理性理财行为。首先，商业银行可以通过相关数据对比让客户认识理财产品的预期收益率不低于其他投资渠道；其次，通过宣传让客户认识到除了收益性之外，还要考虑风险性和流动性问题，使之认识到理财产品的收益性、风险性和流动性是最为均衡的投资对象。

2. 理财产品购买中阶段的措施

本阶段商业银行在销售给客户理财产品时，应让客户选择理财产品时充分考虑收益性、流动性和风险性问题，选择最适合自己的理财产品。

（1）理财信息收集阶段

本阶段商业银行可以帮助理财产品克服稀释效应和晕轮效应导致的非理性理财行为。首先，商业银行在销售理财产品时，应该让客户牢记收益性、流动性和风险性才是选择理财产品最重要的依据，而非手续费、服务等；其次，在客户选择理财品种时，让商业银行理财专家帮助理财客户购买理财产品，防止出现客户不断变动选择的理财产品现象；最后，建立相应的商业银行个人理财客户非理性理财行为测评体系，针对非理性较高程度及其以上程度的客户在理财产品购买后重点监测，减少其非理性行为，并将监测的结果反馈到评测模型，使模型不断优化，同时将优化后的模型提交银监会以供参考。

（2）理财信息编辑阶段

本阶段商业银行可以帮助理财产品克服框架效应和联合评估、单独评估偏差导致的非理性理财行为。首先，商业银行应尽量避免使用不同术语描述产品收益率，防止框架效应；其次，商业银行应尽量向客户推荐多种配置的理财产品，而非购买一种，以减少客户理财风险。

（3）理财信息评估阶段

本阶段商业银行可以帮助理财产品克服归因偏差和认知失调导致的非理性理财行为。商业银行应尽量使理财条款简单明了，尽量少使用难以理解的术语，并且尽量将条款中可能对客户不利的条款告知客户。反之，条款过于复杂、难懂以及客户未知晓不利于其的条款将使得客户忠诚度下降，不利于商业银行理财市场的长期健康发展。

3. 理财产品购买后阶段的措施

本阶段是对客户忠诚度影响最大的阶段。因此本阶段商业银行应增加相关资源，充分与客户沟通。在排除商业银行理财协议违约前提下，防止商业银行个人理财客户错误评判此次购买的理财产品。

(1) 理财信息收集阶段

本阶段商业银行可以帮助理财产品克服稀释效应导致的非理性理财行为。商业银行在告知客户理财产品收益率的同时，建议客户对比协议收益率。

(2) 理财信息编辑阶段

本阶段商业银行可以帮助理财产品克服框架效应和联合评估与单独评估偏差导致的非理性理财行为。首先，商业银行应向客户解释年化收益率和预期收益率的区别；其次，提醒客户不应只注意理财产品收益率，还要注意其流动性和风险性。

(3) 理财信息评估阶段

本阶段商业银行可以帮助理财产品克服归因偏差、认知失调、证实偏好和沉没成本导致的非理性理财行为。首先，商业银行应在本阶段积极与客户沟通，尤其是经过商业银行非理性理财行为测评体系监测的重点客户，当理财产品客户对所购买的产品有异议时，应正确分析问题所在，并向客户宣传理财产品的正面形象；其次，当客户购买理财产品亏本后，与客户加强沟通，防止客户不顾自身能力承受范围，为了翻本继续投入而导致出现巨额亏损；最后，根据商业银行非理性理财行为测评体系评测结果，动态分配客户服务资源，做到资源效益最大化。

(三) 个人理财客户可采取的相关措施

1. 理财产品购买前阶段的措施

(1) 理财信息收集阶段

本阶段理财客户应采取措施减少代表启发式、易得性启发式、稀释效应、晕轮效应以及锚定和调整启发式导致的非理性理财行为。首先，是否理财应取决于自身现在和未来的经济状况，而非周围人的影响和自己掌握的知识程度；其次，尽量不要接受所谓名人和专家推荐的投资。

（2）理财信息编辑阶段

本阶段理财客户应采取措施减少框架效应、联合评估和单独评估、过度自信和损失规避导致的非理性理财行为。首先，选择理财渠道时，应该注意预期收益率；其次，应综合考虑投资渠道的收益性、流动性和风险性，而非仅仅考虑收益性或者风险性；最后，选择投资渠道时应尽量多听取他人意见。

（3）理财信息评估阶段

本阶段理财客户应采取措施减少归因偏差、证实偏好、认知失调和后悔厌恶导致的非理性理财行为。首先，理财的标准应定位为是否自己能接受其收益性、流动性和风险性，而非其他原因；其次，应正确、全面对待理财产品的正面和负面信息；最后，在未考虑风险性前提下，不应追求过高收益的投资渠道而放弃银行理财产品。

2. 理财产品购买中阶段的措施

（1）理财信息收集阶段

本阶段理财客户应采取措施减少代表启发式、易得性启发式、锚定和调整启发式、稀释效应、近因效应、首因效应、对比效应和晕轮效应导致的非理性理财行为。首先，理财客户应将收益性、流动性和风险性作为收集商业银行理财产品最重要的标准，而非理财专家推荐的理财信息；其次，应多种渠道收集关于商业银行理财产品的信息，而非仅仅听取理财客户经理的推荐；最后，不应只关注第一次、最后一次接触的理财产品以及最差理财产品的前一个或后一个理财产品，而应根据三性原则选取理财产品。

（2）理财信息编辑阶段

本阶段理财客户应采取措施减少框架效应、联合评估和单独评估偏差、过度自信和损失规避导致的非理性理财行为。首先，理财客户应能区分年化收益率、预期收益率等不同收益率数据；其次，理财客户购买理财产品时应分散化投资购买理财产品，降低理财风险；再次，理财客户不应认为自己投资经验丰富就无须听取客户经理等他人建议；最后，理财客户不应为了降低投资风险，选择风险最小的理财产品，应根据自己可承受风险选择最佳的理财产品。

（3）理财信息评估阶段

本阶段理财客户应采取措施减少归因偏差、证实偏好、认知失调和后知之明导致的非理性理财行为。首先，理财客户不能因为条款过于复杂而放弃详细查看理财协议，详细了解理财协议中有利和不利的条款；其次，理财客户不能认为自己早就知道理财协议内容，而不详细查看。

3. 理财产品购买后阶段的措施

（1）理财信息收集阶段

本阶段理财客户应采取措施减少代表启发式、易得性启发式、稀释效应、晕轮效应以及锚定和调整启发式导致的非理性理财行为。理财客户应将理财协议标注的收益率作为唯一参考标准而评价自己购买的理财产品，而非明星产品收益率、以往投资收益率、热门理财产品收益率以及接触的第一个理财产品、最后一个理财产品和最差理财产品前一个或后一个理财产品的收益率。

（2）理财信息编辑阶段

本阶段理财客户应采取措施减少框架效应、联合评估和单独评估、过度自信和损失规避导致的非理性理财行为。首先，理财产品客户应了解自己购买产品的预期收益率与协议标注的年化收益率关系；其次，理财产品客户在与其他理财产品作对比时，应全面考虑三性，而非仅对比收益性；再次，当购买的理财产品出现问题时，应与客户经理详细沟通了解情况；最后，不能因为接触过亏损的理财产品就认为所有的理财产品不如定期存款，从而不再购买理财产品，放弃理财产品收益。

（3）理财信息评估阶段

本阶段理财客户应采取措施减少归因偏差、认知失调、证实偏好、沉没成本和后知之明导致的非理性理财行为。首先，理财产品客户应正确对待理财产品的正面和负面信息，不轻易放弃商业银行理财渠道；其次，当出现投资亏损时，应考虑自己的实际情况，而不是不考虑风险性，盲目地再次投入资金，试图翻本；最后，理财产品客户应意识到无法预知理财产品是否会亏损，应客观看待理财产品亏损的原因。

三　未来研究展望

（一）研究限制

虽然本书得出了一些较有意义的结论，但也存在一些遗憾。首先，本书采用问卷法取得所需的分析资料，问卷的填答受个人主观意识影响。若将来研究能配合纵向研究（longitudinal study）设计，在较长一段时间内，以有规律的间隔周期进行研究，收集一段完整期间的样本数据后再进行分析，可更翔实了解商业银行个人理财客户非理性理财行为。

（二）后续研究方向

本书已经完成了对商业银行个人理财客户非理性理财行为的

分析，但是提出的指标体系属于事前防范，无法做到全面防范商业银行个人理财客户非理性理财行为，今后应进一步研究如下两个问题。

1. 对商业银行个人理财客户非理性理财行为监管中的监控指标进一步研究，使静态指标成为动态指标，并在事前预测、事中监控基础上，提出切实可行的方法对商业银行个人理财客户非理性理财行为进行遏制。

2. 针对商业银行个人理财客户非理性理财行为作用机理，利用数据挖掘等方法进行深入分析，对商业银行个人理财客户理财行为进行动态监测，配合相关指标体系做到动态监测，不断改进评价体系。

附录 1
商业银行个人理财客户非理性理财行为调研问卷

尊敬的各位人士：您好！

这是一份研究调查问卷，主要用于商业银行理财方面的研究，有助于减少商业银行个人理财客户认知偏差导致的非理性理财行为。本问卷采取不记名方式，所有资料仅供学术研究之用，绝不挪作其他用途或对外公开，请放心填写。

问卷没有标准答案，也没有对错、好坏之分，请依照您的实际情况与想法作答即可，并请填答完全。您真实的作答将有助于提升本次研究的质量。

本问卷分为三部分，第一部分是关于您个人统计特征方面的问题，第二部分是关于您对商业银行理财产品的认知偏差非理性理财行为的定性测量问题，第三部分是关于您对商业银行理财产品的认知偏差非理性理财行为的定量测量问题。

感谢您的热心帮助！祝您生活愉快！

西安交通大学经济与金融学院

第一部分 个人统计特征问题

问卷问题	问卷答案
第 1 题：您的性别	A 男 B 女
第 2 题：您的年龄	A 22 岁以下 B 22～30 岁（含 30 岁） C 30～45 岁（含 45 岁） D 45～55 岁（含 55 岁） E 55 岁以上
第 3 题：您的学历	A 高中及以下 B 专科或本科 C 本科以上
第 4 题：您工作单位的性质	A 政府机关、事业单位 B 国营企业 C 外资企业 D 民营企业 E 个体企业 F 无工作
第 5 题：您是否有投资或理财经验	A 是 B 否
第 6 题：您是否具备一定的财经金融知识	A 是 B 否
第 7 题：您自己、家庭或者您周围熟悉的朋友等是否有金融从业经验	A 是 B 否
第 8 题：您的家庭状况	A 单身，暂时无结婚计划 B 打算一年内结婚 C 已婚没有小孩 D 已婚有小孩
第 9 题：您目前的家庭可支配收入	A 低于当地平均水平 B 相当于当地平均水平 C 高于当地平均水平
第 10 题：您未来的家庭可支配收入	A 低于当地平均水平 B 相当于当地平均水平 C 高于当地平均水平

第二部分 您对商业银行理财产品认知偏差非理性理财行为的定性测量问题

理财产品购买前阶段定性测量问题			问卷答案
理财信息收集阶段	代表启发式	第 11 题：是否理财取决于周围人的影响，不用考虑自身经济状况	A. 是 B. 否
	易得性启发式	第 12 题：是否理财取决于自己财经知识的掌握程度，而非自身经济状况	A. 是 B. 否
	稀释效应	第 13 题：现在和未来的经济状况不是理财的最重要因素	A. 是 B. 否
	晕轮效应	第 14 题：理财专家、名人或理财成功人士的推荐是影响作出理财决定的最重要原因	A. 是 B. 否
	锚定和调整启发式	第 15 题：现阶段的经济状况影响了您购买理财产品的决策	A. 是 B. 否

续表

<table>
<tr><th colspan="3">理财产品购买前阶段定性测量问题</th><th>问卷答案</th></tr>
<tr><td rowspan="6">理财信息编辑阶段</td><td rowspan="2">框架效应</td><td>第16题：若有15万元投资于理财产品和股票，股票有2/3机会投资失败，而理财产品则有5万元的预期收益，如何选择</td><td>A. 甲 B. 乙</td></tr>
<tr><td>第17题：若有15万元投资于理财产品和股票，股票有5万元的预期收益，而理财产品则有2/3的投资成功几率，如何选择</td><td>A. 甲 B. 乙</td></tr>
<tr><td>联合评估和单独评估</td><td>第18题：不与其他投资渠道对比时，对理财产品经常会觉得收益不高，影响您的投资选择；而多种投资渠道对比时，才意识到安全性和流动性也是需要考虑的重要因素</td><td>A. 是 B. 否</td></tr>
<tr><td>过度自信</td><td>第19题：即使对理财产品不了解，根据自己以往投资经验，无须他人帮助就能对各种理财产品作出评估</td><td>A. 是 B. 否</td></tr>
<tr><td>损失规避</td><td>第20题：现在有三种理财渠道可供选择，股票收益率和风险都很高，银行理财收益率和风险都一般，定期存款无风险，但收益率也较低，三种理财渠道中您会选择</td><td>A. 股票
B. 理财产品
C. 定期存款</td></tr>
<tr style="display:none"></tr>
<tr><td rowspan="4">理财信息评估阶段</td><td>归因偏差</td><td>第21题：在您放弃选择银行理财渠道后，使您对该渠道给出负面评价并非由于自己无法承受其收益性、流动性和安全性</td><td>A. 是 B. 否</td></tr>
<tr><td>证实偏好</td><td>第22题：您是否会在选择非银行理财渠道后，当别人对您的决策有异议时，就消极地考虑他人的意见，并且积极地寻找收益性、流动性和安全性之外的证据支持自己的决策以证明自己选择的正确性</td><td>A. 是 B. 否</td></tr>
<tr><td>认知失调</td><td>第23题：您是否在选择非银行理财渠道后，就会更多地关注该渠道的收益性、流动性和安全性之外的正面消息而有意无意地忽略收益性、流动性和安全性的负面信息</td><td>A. 是 B. 否</td></tr>
<tr><td>后悔厌恶</td><td>第24题：您是否担心自己会错过高收益的机会，而放弃银行理财渠道，选择更高收益的非银行理财渠道，而未能考虑到该渠道的流动性和安全性是否能承受</td><td>A. 是 B. 否</td></tr>
</table>

续表

理财产品购买中阶段定性测量问题			问卷答案
理财信息收集阶段	代表启发式	第 25 题：收益率最高的银行个人理财产品是您最关注的理财产品	A. 是 B. 否
	易得性启发式	第 26 题：银行个人理财产品知识是否主要来源于银行客户经理的推荐	A. 是 B. 否
	锚定和调整启发式	第 27 题：以前没有做过投资，因此主要关注理财产品的风险性，不关注收益性	A. 是 B. 否
	稀释效应	第 28 题：是否掌握的理财知识越多，收益性、流动性和风险性则越是不作为选择个人理财产品的依据	A. 是 B. 否
	近因效应 首因效应 对比效应	第 29 题：您在对理财产品信息的收集过程中，下列哪一款理财产品最终会是您选择收集的信息	A. 最新发布的理财产品 B. 第一个接触的理财产品 C. 表现最差理财产品的前一个或后一个
	晕轮效应	第 30 题：在对理财产品的选择中，您是否会受理财专家、客户经理的推荐而变动您的选择	A. 是 B. 否
理财信息编辑阶段	框架效应	第 31 题：现在有两年期和三个月两款理财产品，甲年化收益率[①]为 6%，乙预期收益率为 2%，安全性和流动性不考虑情况下如何选择	A. 甲 B. 乙
		第 32 题：现在有两年期和三个月两款理财产品，甲年化收益率为 6%，乙年化收益率为 8%，安全性和流动性不考虑情况下如何选择	A. 甲 B. 乙
	联合评估和单独评估偏差	第 33 题：只买一种理财产品优于同时购买多种理财产品	A. 是 B. 否
	过度自信	第 34 题：投资经验越丰富，配置理财产品时候越无须客户经理或他人建议	A. 是 B. 否
	损失规避	第 35 题：您在选择理财产品的过程中，是否总会选择风险最小的理财产品	A. 是 B. 否

① 年化收益率仅仅是把当前收益率（日收益率、周收益率、月收益率）换算成年收益率来计算的，是一种理论收益率，并不是真正的已取得的收益率。

续表

理财产品购买中阶段定性测量问题			问卷答案
理财信息评估阶段	归因偏差	第 36 题：购买理财产品后，对于收益性、流动性和安全性的理解有误差主要原因在于协议太复杂	A. 是 B. 否
	证实偏好	第 37 题：购买理财产品时，积极寻找协议中对自身有利的条款说服他人	A. 是 B. 否
	认知失调	第 38 题：购买理财产品时，避免去看协议中那些难理解的部分	A. 是 B. 否
	后知之明	第 39 题：购买理财产品时，协议中的各种信息您早知道	A. 是 B. 否
理财产品购买后阶段定性测量问题			问卷答案
理财信息收集阶段	代表启发式	第 40 题：您是否经常将自己所购买的理财产品与市面上热门的理财产品相对比，不管是否与自己购买的理财产品类型一致	A. 是 B. 否
	易得性启发式	第 41 题：您是否经常将自己所购买的理财产品与身边的人所购买的理财产品或者自己以往所购买的理财产品相对比，不管是否与自己购买的理财产品类型一致	A. 是 B. 否
	近因效应 首因效应 对比效应	第 42 题：您购买理财产品后，会选择下列哪一种理财产品作为对比对象，不管是否与自己购买的理财产品类型一致	A. 最近发布的理财产品 B. 第一次接触的理财产品 C. 表现最差理财产品的前一个或后一个
	晕轮效应	第 43 题：购买理财产品后，您心里的对比参照标准是否会因为受理财专家、成功人士的推荐而改变	A. 是 B. 否
	稀释效应	第 44 题：您是否将协议上的收益率视为最重要的参照标准	A. 是 B. 否
	锚定和调整启发式	第 45 题：以往的投资收益率是否作为评估购买理财产品的标准	A. 是 B. 否

续表

理财产品购买后阶段定性测量问题			问卷答案
理财信息编辑阶段	框架效应	第 46 题：您是否认为您所购买的理财产品的收益率就是协议上的年化收益率	A. 是 B. 否
	联合评估与单独评估	第 47 题：当您进行理财产品比较时，是否仅比较理财产品的收益率，而不考虑流动性、安全性和期限	A. 是 B. 否
	过度自信	第 48 题：当理财收益出现预期偏差时，无须查看协议和银行解释，即可知道银行违反协议	A. 是 B. 否
	损失规避	第 49 题：当您购买的理财产品出现负收益时，是否觉得所有的理财产品都不如定期存款	A. 是 B. 否
理财信息评估阶段	归因偏差	第 50 题：当您决定不再购买理财产品时，造成您不再购买理财产品的原因在银行方面，和自身无关	A. 是 B. 否
	认知失调	第 51 题：当您决定不再购买理财产品后，不但不愿意听银行方面的解释，也不愿意关注所有理财产品的正面信息	A. 是 B. 否
	证实偏好	第 52 题：当您决定不再购买理财产品后，是否会寻找（关注）其他理财产品的各种负面信息	A. 是 B. 否
	沉没成本	第 53 题：当您购买的超出自己能力承受范围的结构性理财产品出现亏损时，您是否会继续购买该理财产品，以期待自己能够翻本	A. 是 B. 否
	后知之明	第 54 题：当所购买的理财产品出现负收益时，您是否早已预料到可能会出现亏损	A. 是 B. 否

第三部分　您对商业银行理财产品认知偏差非理性理财行为的定量测量问题[①]

理财产品购买前阶段非理性理财行为			非常不同意↔非常同意				
理财信息收集阶段	代表启发式	第55题：理财决策不用考虑自身经济状况					
	易得性启发式	第56题：是否理财取决于自己财经知识的掌握程度					
	稀释效应	第57题：现在和未来的经济状况不是考虑理财的重要因素					
	晕轮效应	第58题：理财专家、名人或理财成功人士的推荐对于是否购买理财产品至关重要					
	锚定和调整启发式	第59题：现阶段的经济差，所以不考虑购买理财产品					
理财信息编辑阶段	框架效应	第60题：理财渠道选择会受不同表述方式的影响					
	联合评估和单独评估	第61题：无须与银行理财比较，即可对某种理财渠道作出评价					
	过度自信	第62题：无须他人帮助可以自己筛选适合的理财渠道信息					
	损失规避	第63题：为了规避未来可能造成的损失，刻意避免任何有风险的理财方式					
理财信息评估阶段	归因偏差	第64题：收益性、流动性和风险性并非放弃银行理财渠道最重要的原因					
	证实偏好	第65题：在选择非银行理财产品理财渠道后，就消极地考虑他人的意见，并且积极地寻找收益性、流动性和安全性之外的证据支持自己的决策以证明自己选择的正确性					
	认知失调	第66题：选定非银行理财渠道之后，故意忽略该渠道收益性、流动性和安全性的负面信息					
	后悔厌恶	第67题：担心自己会错过高收益的机会，选择更高收益的非银行理财渠道，不考虑该渠道的收益性、风险性和流动性					

① 请在您对下列观点同意程度方框内打钩，从左到右依次为：非常不同意、不同意、无所谓、同意、非常同意。

续表

理财产品购买中阶段非理性理财行为			非常不同意↔非常同意				
理财信息收集阶段	易得性启发式	第 68 题：银行个人理财产品收益率越高，越能吸引您的注意力					
	代表启发式	第 69 题：银行个人理财产品知识是否主要来源于银行客户经理的推荐					
	锚定和调整启发式	第 70 题：您会受以往理财产品的规模和风险收益性的影响，来决定现在要买的理财产品的信息					
	稀释效应	第 71 题：是否掌握的理财知识越多，收益性、流动性和风险性则越是不作为选择个人理财产品的依据					
	近因效应	第 72 题：最近一次接触的理财产品类型最能引起您的关注					
	首因效应	第 73 题：第一次接触的理财产品类型最能引起您的关注					
	对比效应	第 74 题：碰见最差理财产品的前一个和后一个理财产品往往会引起您的关注					
	晕轮效应	第 75 题：理财专家、客户经理的推荐会影响您的选择					
理财信息编辑阶段	框架效应	第 76 题：理财产品年化收益率和预期收益率两种不同表述会影响对理财产品的选择					
	联合评估和单独评估偏差	第 77 题：只买一种理财产品优于同时购买多种理财产品					
	过度自信	第 78 题：配置理财产品时，投资经验越丰富越是无须他人建议					
	损失规避	第 79 题：为避免损失应选择风险尽可能小的理财产品					

续表

<table>
<tr><td colspan="3">理财产品购买中阶段非理性理财行为</td><td colspan="5">非常不同意↔非常同意</td></tr>
<tr><td rowspan="4">理财信息评估阶段</td><td>归因偏差</td><td>第80题：协议太复杂导致您对协议理解有误</td><td></td><td></td><td></td><td></td><td></td></tr>
<tr><td>证实偏好</td><td>第81题：购买理财产品时，积极寻找协议中对自身有利的条款说服他人</td><td></td><td></td><td></td><td></td><td></td></tr>
<tr><td>认知失调</td><td>第82题：购买理财产品时，避免去看协议中的那些难理解的部分</td><td></td><td></td><td></td><td></td><td></td></tr>
<tr><td>后知之明</td><td>第83题：协议中的所有条款早在你的意料之中</td><td></td><td></td><td></td><td></td><td></td></tr>
<tr><td colspan="3">理财产品购买后阶段非理性理财行为</td><td colspan="5">非常不同意↔非常同意</td></tr>
<tr><td rowspan="8">理财信息收集阶段</td><td>代表启发式</td><td>第84题：市面上热门的理财产品是您的参照重要标准</td><td></td><td></td><td></td><td></td><td></td></tr>
<tr><td>易得性启发式</td><td>第85题：熟人购买的理财产品是您的重要参考标准</td><td></td><td></td><td></td><td></td><td></td></tr>
<tr><td>近因效应</td><td>第86题：往往自己购买的理财产品与最新发布的理财产品相对比</td><td></td><td></td><td></td><td></td><td></td></tr>
<tr><td>首因效应</td><td>第87题：往往自己购买的理财产品与首次接触的理财产品相对比</td><td></td><td></td><td></td><td></td><td></td></tr>
<tr><td>对比效应</td><td>第88题：自己购买的理财产品与表现最差的理财产品的前一个或后一个理财产品相对比</td><td></td><td></td><td></td><td></td><td></td></tr>
<tr><td>晕轮效应</td><td>第89题：自己购买的理财产品的参考标准受专家和成功人士的影响很大</td><td></td><td></td><td></td><td></td><td></td></tr>
<tr><td>稀释效应</td><td>第90题：协议上的收益率并不作为最重要的参照指标</td><td></td><td></td><td></td><td></td><td></td></tr>
<tr><td>锚定和调整启发式</td><td>第91题：将自己以往的投资收益率作为评估购买理财产品的标准</td><td></td><td></td><td></td><td></td><td></td></tr>
</table>

续表

<table>
<tr><th colspan="3">理财产品购买后阶段非理性理财行为</th><th colspan="5">非常不同意↔非常同意</th></tr>
<tr><td rowspan="4">理财信息编辑阶段</td><td>框架效应</td><td>第 92 题：理财产品收益率评估标准受协议上年化收益率的影响</td><td></td><td></td><td></td><td></td><td></td></tr>
<tr><td>联合评估与单独评估</td><td>第 93 题：收益率是购买理财产品成功与否的唯一评估标准</td><td></td><td></td><td></td><td></td><td></td></tr>
<tr><td>过度自信</td><td>第 94 题：理财收益出现预期偏差时，必然知道银行违约</td><td></td><td></td><td></td><td></td><td></td></tr>
<tr><td>损失规避</td><td>第 95 题：负收益的理财产品说明所有的理财产品不如定期存款</td><td></td><td></td><td></td><td></td><td></td></tr>
<tr><td rowspan="5">理财信息评估阶段</td><td>归因偏差</td><td>第 96 题：当不再购买理财产品时，肯定是银行存在问题</td><td></td><td></td><td></td><td></td><td></td></tr>
<tr><td>认知失调</td><td>第 97 题：当不再购买理财产品时，绝不听取银行解释和继续关注理财产品的正面消息</td><td></td><td></td><td></td><td></td><td></td></tr>
<tr><td>证实偏好</td><td>第 98 题：当不再购买理财产品时，银行理财产品的负面信息是最有力的证据支持您的决定</td><td></td><td></td><td></td><td></td><td></td></tr>
<tr><td>沉没成本</td><td>第 99 题：如购买的结构类理财产品出现亏损后，会选择继续购买同类理财产品以期翻本</td><td></td><td></td><td></td><td></td><td></td></tr>
<tr><td>后知之明</td><td>第 100 题：理财产品的获益或亏损早在意料之中</td><td></td><td></td><td></td><td></td><td></td></tr>
</table>

附录 2

理财信息编辑阶段的非理性二级指标所属 3 个指标和调查样本构成关系

X	BF 11	BF 12	BF 13	BF 14	BF 15
1	1	3	1	1	3
2	2	2	2	3	2
3	1	2	2	2	4
4	2	5	5	4	5
5	3	2	4	4	4
6	1	2	2	3	2
7	2	4	2	2	4
8	2	3	3	4	3
9	1	2	2	2	4
10	2	4	2	3	4
11	1	4	2	3	3
12	2	3	4	4	4
13	4	4	4	3	4
14	2	4	2	3	4
15	2	4	2	2	2
16	1	2	3	3	4
17	2	4	2	4	3
18	2	3	4	2	1
19	4	4	4	4	4
20	1	2	2	3	2
21	1	2	2	3	2
22	1	5	5	3	3
23	2	4	2	4	3
24	1	4	2	3	3
25	3	2	4	4	4
26	2	3	2	4	3
27	2	4	2	2	4
28	1	2	2	3	2
29	2	2	2	2	2
30	1	4	2	3	2
31	1	5	5	3	3
32	2	2	2	2	2
33	2	4	2	3	4
34	2	4	2	3	4
35	1	4	2	2	4
36	3	3	3	3	3
37	2	4	2	3	4
38	2	2	2	3	2
39	2	3	3	4	2
40	2	5	5	4	5
41	3	2	4	4	4
42	1	4	2	2	4
43	2	4	2	2	4
44	2	2	2	2	2
45	2	4	2	3	4
46	2	2	2	3	2
47	3	3	3	3	3
48	1	5	5	3	3
49	2	4	2	4	3
50	1	4	2	3	2
51	2	4	2	3	4
52	2	2	2	2	2
53	1	4	2	3	3
54	2	4	4	3	2
55	2	2	2	2	2
56	4	4	4	3	4
57	2	5	5	4	5
58	1	4	2	3	2
59	2	3	4	4	4
60	1	4	2	2	4
61	2	3	4	4	4
62	2	2	2	2	2
63	2	4	2	4	4

续表

X	BF 11	BF 12	BF 13	BF 14	BF 15	X	BF 11	BF 12	BF 13	BF 14	BF 15	X	BF 11	BF 12	BF 13	BF 14	BF 15
64	1	4	2	3	3	93	2	3	4	4	5	122	2	3	4	4	4
65	1	3	2	2	4	94	4	4	4	4	4	123	3	3	3	3	3
66	1	2	2	2	4	95	2	4	2	4	4	124	2	4	2	2	2
67	2	5	5	4	5	96	4	4	4	3	4	125	2	3	2	4	4
68	1	4	3	4	4	97	2	4	2	2	2	126	1	3	4	2	5
69	3	3	3	3	3	98	3	3	3	3	3	127	2	3	2	4	4
70	1	2	2	2	4	99	2	3	4	2	1	128	2	4	2	2	2
71	2	2	2	3	2	100	2	3	4	4	4	129	2	3	3	4	2
72	1	3	2	2	4	101	2	4	2	3	4	130	4	4	4	4	4
73	2	2	2	2	2	102	1	3	1	1	3	131	1	4	2	3	2
74	2	2	1	2	4	103	4	4	4	4	4	132	2	4	2	4	3
75	2	2	1	2	4	104	1	4	2	3	2	133	4	4	4	3	4
76	2	5	5	4	5	105	1	4	3	4	4	134	2	3	3	4	3
77	2	3	2	4	3	106	1	4	3	4	4	135	2	4	2	3	4
78	2	4	2	3	4	107	2	2	2	2	2	136	2	4	2	2	4
79	2	3	4	4	5	108	1	2	2	2	4	137	1	4	2	3	3
80	2	2	3	3	3	109	2	3	4	4	4	138	1	3	2	2	4
81	3	3	3	3	3	110	4	4	4	3	4	139	2	3	2	4	3
82	2	2	2	2	2	111	1	4	2	3	2	140	1	2	3	3	4
83	4	4	4	4	4	112	2	3	2	4	4	141	2	4	2	2	4
84	1	4	3	4	4	113	2	3	3	4	2	142	1	3	2	2	4
85	1	3	4	2	5	114	3	3	3	3	3	143	3	3	3	3	3
86	2	2	1	2	4	115	4	4	4	4	4	144	1	4	3	4	4
87	2	3	2	4	4	116	2	3	4	4	5	145	1	3	4	2	5
88	2	2	2	3	2	117	1	4	2	2	4	146	1	5	5	3	3
89	2	2	2	2	2	118	2	2	2	2	2	147	2	3	4	2	1
90	1	2	2	2	4	119	2	3	4	4	4	148	2	4	4	3	2
91	3	3	3	3	3	120	2	5	5	4	5	149	1	2	2	2	4
92	1	1	1	2	3	121	2	4	2	4	3	150	2	3	4	2	1

续表

X	BF 11	BF 12	BF 13	BF 14	BF 15	X	BF 11	BF 12	BF 13	BF 14	BF 15	X	BF 11	BF 12	BF 13	BF 14	BF 15
151	2	2	2	3	2	180	1	4	3	4	4	209	2	4	2	4	4
152	2	2	1	2	4	181	2	3	4	4	4	210	1	3	2	2	4
153	1	2	2	3	2	182	3	3	3	3	3	211	2	4	2	2	4
154	2	3	2	4	4	183	2	3	2	4	3	212	2	4	2	2	2
155	2	3	3	4	3	184	2	4	2	4	4	213	1	2	2	2	4
156	3	2	4	4	4	185	1	3	2	2	4	214	1	4	2	3	3
157	1	4	3	4	4	186	4	4	4	3	4	215	2	3	4	2	1
158	4	4	4	4	4	187	1	2	2	2	4	216	2	4	2	4	3
159	2	2	2	2	2	188	1	4	2	3	2	217	2	2	2	2	2
160	1	2	2	3	2	189	1	4	3	4	4	218	1	1	1	2	3
161	2	4	2	2	4	190	1	4	3	4	4	219	1	3	1	1	3
162	2	2	1	2	4	191	1	4	2	2	4	220	2	2	2	3	2
163	2	4	2	3	4	192	2	4	2	4	4	221	1	2	3	3	4
164	1	3	4	2	5	193	1	1	1	2	3	222	2	4	2	4	3
165	2	2	3	3	3	194	3	3	3	3	3	223	1	4	2	3	2
166	2	4	2	2	2	195	1	2	3	3	4	224	3	3	3	3	3
167	1	4	2	3	2	196	2	2	2	2	2	225	2	3	2	4	4
168	2	4	2	4	4	197	2	2	2	2	2	226	1	1	1	2	3
169	1	5	5	3	3	198	2	5	5	4	5	227	2	4	2	4	3
170	2	2	2	2	2	199	2	4	2	4	3	228	2	3	3	4	2
171	2	3	4	4	5	200	1	4	2	2	4	229	1	4	2	3	3
172	2	4	2	3	4	201	1	5	5	3	3	230	2	3	3	4	2
173	2	2	3	3	3	202	2	2	2	3	2	231	2	2	2	2	2
174	1	1	1	2	3	203	1	2	2	2	4	232	2	3	3	4	3
175	2	3	4	4	4	204	3	2	4	4	4	233	1	4	2	2	4
176	1	5	5	3	3	205	2	2	2	2	2	234	2	2	2	2	2
177	1	4	2	2	4	206	1	3	1	1	3	235	1	2	2	2	4
178	2	3	4	4	4	207	2	3	3	4	2	236	1	3	4	2	5
179	3	2	4	4	4	208	1	5	5	3	3	237	4	4	4	3	4

续表

X	BF11	BF12	BF13	BF14	BF15	X	BF11	BF12	BF13	BF14	BF15	X	BF11	BF12	BF13	BF14	BF15
238	2	3	4	2	1	267	2	4	2	2	4	296	2	4	2	4	4
239	2	2	2	3	2	268	1	1	1	2	3	297	2	5	5	4	5
240	2	3	3	4	3	269	2	4	4	3	2	298	2	2	2	2	2
241	1	3	2	2	4	270	2	3	4	4	4	299	4	4	4	4	4
242	2	3	4	4	4	271	2	4	2	4	3	300	2	3	3	4	2
243	4	4	4	3	4	272	2	4	2	4	3	301	2	4	2	4	3
244	1	4	3	4	4	273	2	3	4	2	1	302	1	4	2	3	3
245	2	3	2	4	4	274	2	3	3	4	3	303	2	3	4	4	5
246	1	4	2	3	2	275	1	3	2	2	4	304	2	3	4	2	1
247	2	3	3	4	3	276	2	3	4	4	4	305	1	3	4	2	5
248	2	4	2	3	4	277	2	3	2	4	3	306	2	3	4	2	1
249	2	3	4	4	5	278	1	2	2	3	2	307	2	5	5	4	5
250	2	3	3	4	3	279	2	2	2	3	2	308	2	3	2	4	3
251	2	3	4	4	4	280	2	2	2	3	2	309	1	3	2	2	4
252	2	3	3	4	3	281	2	4	2	2	2	310	2	4	2	4	4
253	2	2	3	3	3	282	2	2	2	2	2	311	2	2	2	3	2
254	4	4	4	4	4	283	1	4	2	3	2	312	2	2	2	2	2
255	1	4	2	2	4	284	3	2	4	4	4	313	2	3	3	4	2
256	1	1	1	2	3	285	4	4	4	4	4	314	1	4	2	2	4
257	2	3	4	4	4	286	1	4	2	2	4	315	2	3	3	4	2
258	2	4	2	2	4	287	2	3	4	4	5	316	2	3	3	4	3
259	1	5	5	3	3	288	2	3	4	4	4	317	2	2	2	2	2
260	2	3	4	4	5	289	1	1	1	2	3	318	1	2	2	2	4
261	2	3	2	4	3	290	2	2	3	3	3	319	1	3	2	2	4
262	2	2	2	2	2	291	2	2	1	2	4	320	1	3	4	2	5
263	4	4	4	4	4	292	2	4	2	4	3	321	1	4	2	3	2
264	2	4	2	3	4	293	1	2	3	3	4	322	2	4	2	4	3
265	4	4	4	3	4	294	1	3	4	2	5	323	2	3	4	4	4
266	2	2	3	3	3	295	2	3	2	4	4	324	1	2	2	3	2

续表

X	BF 11	BF 12	BF 13	BF 14	BF 15	X	BF 11	BF 12	BF 13	BF 14	BF 15	X	BF 11	BF 12	BF 13	BF 14	BF 15
325	2	3	4	4	4	354	1	3	2	2	4	383	2	2	2	2	2
326	1	2	3	3	4	355	2	4	2	3	4	384	2	3	3	3	4
327	1	3	2	2	4	356	2	2	2	2	2	385	2	3	4	4	4
328	2	2	3	3	3	357	1	4	2	2	4	386	4	4	4	3	4
329	2	3	2	4	4	358	2	3	4	4	5	387	2	4	2	2	2
330	3	2	4	4	4	359	2	3	4	4	5	388	1	4	2	3	2
331	3	3	3	3	3	360	3	2	4	4	4	389	2	3	4	4	5
332	1	4	2	2	4	361	1	4	2	2	4	390	1	2	3	3	4
333	2	4	2	2	4	362	2	4	2	4	3	391	4	4	4	3	4
334	2	3	4	2	1	363	2	2	2	2	2	392	1	3	2	2	4
335	1	2	2	3	2	364	1	4	2	3	3	393	1	3	1	1	3
336	1	2	2	3	2	365	2	2	1	2	4	394	1	1	1	2	3
337	2	4	2	2	4	366	4	4	4	3	4	395	2	2	2	2	2
338	2	3	3	4	2	367	2	3	3	4	3	396	2	4	2	4	4
339	1	2	2	3	2	368	2	3	4	4	5	397	1	4	2	3	3
340	1	4	3	4	4	369	2	4	2	4	3	398	1	4	2	3	2
341	3	3	3	3	3	370	2	3	3	3	4	399	2	4	2	3	4
342	2	4	2	2	4	371	2	2	2	3	2	400	1	4	2	3	2
343	2	4	2	3	4	372	1	3	2	2	4	401	1	2	2	3	2
344	3	3	3	3	3	373	1	3	4	2	5	402	2	3	2	4	3
345	1	3	4	2	5	374	2	4	2	3	4	403	2	4	2	3	4
346	2	3	4	4	4	375	3	3	3	3	3	404	2	3	4	4	4
347	1	2	3	3	4	376	2	2	1	2	4	405	2	2	2	3	2
348	2	4	2	3	4	377	2	2	2	2	2	406	4	4	4	4	4
349	1	2	2	3	2	378	2	5	5	4	5	407	1	5	5	3	3
350	1	4	2	3	2	379	1	4	3	4	4	408	1	3	2	2	4
351	1	2	2	3	2	380	2	4	2	3	4	409	2	3	3	4	3
352	2	3	3	3	4	381	2	5	5	4	5	410	2	3	3	4	2
353	2	3	4	4	4	382	1	3	4	2	5	411	2	2	3	3	3

续表

X	BF	BF	BF	BF	BF	X	BF	BF	BF	BF	BF	X	BF	BF	BF	BF	BF
	11	12	13	14	15		11	12	13	14	15		11	12	13	14	15
412	1	5	5	3	3	428	1	1	1	2	3	444	2	5	5	4	5
413	2	2	3	3	3	429	1	3	4	2	5	445	1	1	1	2	3
414	1	3	4	2	5	430	1	2	2	2	4	446	3	2	4	4	4
415	2	5	5	4	5	431	1	3	2	2	4	447	4	4	4	3	4
416	2	3	4	4	4	432	2	3	4	4	5	448	3	2	4	4	4
417	3	3	3	3	3	433	1	5	5	3	3	449	2	5	5	4	5
418	2	2	1	2	4	434	2	2	3	3	3	450	2	4	2	3	4
419	1	2	3	3	4	435	2	5	5	4	5	451	2	4	2	3	4
420	1	2	3	3	4	436	1	4	2	3	2	452	2	3	4	4	4
421	2	2	2	2	2	437	2	4	2	2	2	453	1	4	2	3	2
422	2	2	2	2	2	438	2	4	2	3	4	454	1	2	2	2	4
423	2	4	2	3	4	439	2	3	2	4	3	455	1	3	1	1	3
424	4	4	4	3	4	440	2	3	4	4	5	456	2	2	3	3	3
425	1	2	2	2	4	441	1	4	2	3	3	457	4	4	4	3	4
426	2	4	2	4	3	442	2	4	2	4	3	458	1	4	2	3	3
427	3	2	4	4	4	443	1	4	2	3	2	459	1	4	2	2	4

对应购买前阶段非理性偏差所属各个指标对应的属性集 BF1 {BF11，BF12，BF13，BF14，BF15}，有：

I(BF1) = {(92，174，193，218，226，256，268，289，394，428，445)，(3，9，66，70，90，108，149，187，203，213，235，318，425，430，454)，(6，20，21，28，153，160，278，324，335，336，339，349，351，401)，(16，140，195，221，293，326，347，390，419，420)，(1，102，206，219，393，455)，(65，72，138，142，185，210，241，275，309，319，327，354，372，392，408，431)，(85，126，145，164，236，294，305，320，345，373，382，414，429)，(35，42，60，117，177，191，200，233，255，286，314，332，357，361，

459),(30, 50, 58, 104, 111, 131, 167, 188, 223, 246, 283, 321, 350, 388, 398, 400, 436, 443, 453),(11, 24, 53, 64, 137, 214, 229, 302, 364, 397, 441, 458),(68, 84, 105, 106, 144, 157, 180, 189, 190, 244, 340, 379),(22, 31, 48, 146, 169, 176, 201, 208, 259, 407, 412, 433),(74, 75, 86, 152, 162, 291, 365, 376, 418),(29, 32, 44, 52, 55, 62, 73, 82, 89, 107, 118, 159, 170, 196, 197, 205, 217, 231, 234, 262, 282, 298, 312, 317, 356, 363, 377, 383, 395, 421, 422),(2, 38, 46, 71, 88, 151, 202, 220, 239, 279, 280, 311, 371, 405),(80, 165, 173, 253, 266, 290, 328, 411, 413, 434, 456),(26, 77, 139, 183, 261, 277, 308, 402, 439),(87, 112, 125, 127, 154, 225, 245, 295, 329),(352, 370, 384),(39, 113, 129, 207, 228, 230, 300, 313, 315, 338, 410),(8, 134, 155, 232, 240, 247, 250, 252, 274, 316, 367, 409),(18, 99, 147, 150, 215, 238, 273, 304, 306, 334),(12, 59, 61, 100, 109, 119, 122, 175, 178, 181, 242, 251, 257, 270, 276, 288, 323, 325, 346, 353, 385, 404, 416, 452),(79, 93, 116, 171, 249, 260, 287, 303, 358, 359, 368, 389, 432, 440),(15, 97, 124, 128, 166, 212, 281, 387, 437),(7, 27, 43, 136, 141, 161, 211, 258, 267, 333, 337, 342),(10, 14, 33, 34, 37, 45, 51, 78, 101, 135, 163, 172, 248, 264, 343, 348, 355, 374, 380, 399, 403, 423, 438, 450, 451),(17, 23, 49, 121, 132, 199, 216, 222, 227, 271, 272, 292, 301, 322, 362, 369, 426, 442),(63, 95, 168, 184, 192, 209, 296, 310, 396),(54, 148, 269),(4, 40, 57, 67, 76, 120, 198, 297, 307, 378, 381, 415, 435, 444, 449),(5, 25, 41, 156, 179, 204, 284, 330, 360, 427, 446, 448),(36, 47, 69, 81, 91, 98, 114,

123, 143, 182, 194, 224, 331, 341, 344, 375, 417), (13, 56, 96, 110, 133, 186, 237, 243, 265, 366, 386, 391, 424, 447, 457), (19, 83, 94, 103, 115, 130, 158, 254, 263, 285, 299, 406)}

I (BF1 - BF11) = {(92, 174, 193, 218, 226, 256, 268, 289, 394, 428, 445), (74, 75, 86, 152, 162, 291, 365, 376, 418), (29, 32, 44, 52, 55, 62, 73, 82, 89, 107, 118, 159, 170, 196, 197, 205, 217, 231, 234, 262, 282, 298, 312, 317, 356, 363, 377, 383, 395, 421, 422), (3, 9, 66, 70, 90, 108, 149, 187, 203, 213, 235, 318, 425, 430, 454), (2, 6, 20, 21, 28, 38, 46, 71, 88, 151, 153, 160, 202, 220, 239, 278, 279, 280, 311, 324, 335, 336, 339, 349, 351, 371, 401, 405), (80, 165, 173, 253, 266, 290, 328, 411, 413, 434, 456), (16, 140, 195, 221, 293, 326, 347, 390, 419, 420), (5, 25, 41, 156, 179, 204, 284, 330, 360, 427, 446, 448), (1, 102, 206, 219, 393, 455), (65, 72, 138, 142, 185, 210, 241, 275, 309, 319, 327, 354, 372, 392, 408, 431), (26, 77, 139, 183, 261, 277, 308, 402, 439), (87, 112, 125, 127, 154, 225, 245, 295, 329), (36, 47, 69, 81, 91, 98, 114, 123, 143, 182, 194, 224, 331, 341, 344, 375, 417), (352, 370, 384), (39, 113, 129, 207, 228, 230, 300, 313, 315, 338, 410), (8, 134, 155, 232, 240, 247, 250, 252, 274, 316, 367, 409), (18, 99, 147, 150, 215, 238, 273, 304, 306, 334), (85, 126, 145, 164, 236, 294, 305, 320, 345, 373, 382, 414, 429), (12, 59, 61, 100, 109, 119, 122, 175, 178, 181, 242, 251, 257, 270, 276, 288, 323, 325, 346, 353, 385, 404, 416, 452), (79, 93, 116, 171, 249, 260, 287, 303, 358, 359, 368, 389, 432,

440)，(15，97，124，128，166，212，281，387，437)，(7，27，35，42，43，60，117，136，141，161，177，191，200，211，233，255，258，267，286，314，332，333，337，342，357，361，459)，(30，50，58，104，111，131，167，188，223，246，283，321，350，388，398，400，436，443，453)，(11，24，53，64，137，214，229，302，364，397，441，458)，(10，14，33，34，37，45，51，78，101，135，163，172，248，264，343，348，355，374，380，399，403，423，438，450，451)，(17，23，49，121，132，199，216，222，227，271，272，292，301，322，362，369，426，442)，(63，95，168，184，192，209，296，310，396)，(68，84，105，106，144，157，180，189，190，244，340，379)，(54，148，269)，(13，56，96，110，133，186，237，243，265，366，386，391，424，447，457)，(19，83，94，103，115，130，158，254，263，285，299，406)，(22，31，48，146，169，176，201，208，259，407，412，433)，(4，40，57，67，76，120，198，297，307，378，381，415，435，444，449)}

I (BF1 - BF12) = {(1，102，206，219，393，455)，(92，174，193，218，226，256，268，289，394，428，445)，(3，9，35，42，60，65，66，70，72，90，108，117，138，142，149，177，185，187，191，200，203，210，213，233，235，241，255，275，286，309，314，318，319，327，332，354，357，361，372，392，408，425，430，431，454，459)，(6，20，21，28，30，50，58，104，111，131，153，160，167，188，223，246，278，283，321，324，335，336，339，349，350，351，388，398，400，401，436，443，453)，(11，24，53，64，137，214，229，302，364，397，441，458)，(16，140，195，221，293，326，347，390，419，420)，(68，84，105，106，144，

157, 180, 189, 190, 244, 340, 379),(85, 126, 145, 164, 236, 294, 305, 320, 345, 373, 382, 414, 429),(22, 31, 48, 146, 169, 176, 201, 208, 259, 407, 412, 433),(74, 75, 86, 152, 162, 291, 365, 376, 418),(15, 29, 32, 44, 52, 55, 62, 73, 82, 89, 97, 107, 118, 124, 128, 159, 166, 170, 196, 197, 205, 212, 217, 231, 234, 262, 281, 282, 298, 312, 317, 356, 363, 377, 383, 387, 395, 421, 422, 437), (7, 27, 43, 136, 141, 161, 211, 258, 267, 333, 337, 342), (2, 38, 46, 71, 88, 151, 202, 220, 239, 279, 280, 311, 371, 405),(10, 14, 33, 34, 37, 45, 51, 78, 101, 135, 163, 172, 248, 264, 343, 348, 355, 374, 380, 399, 403, 423, 438, 450, 451),(17, 23, 26, 49, 77, 121, 132, 139, 183, 199, 216, 222, 227, 261, 271, 272, 277, 292, 301, 308, 322, 362, 369, 402, 426, 439, 442),(63, 87, 95, 112, 125, 127, 154, 168, 184, 192, 209, 225, 245, 295, 296, 310, 329, 396),(80, 165, 173, 253, 266, 290, 328, 411, 413, 434, 456),(352, 370, 384),(39, 113, 129, 207, 228, 230, 300, 313, 315, 338, 410),(8, 134, 155, 232, 240, 247, 250, 252, 274, 316, 367, 409),(18, 99, 147, 150, 215, 238, 273, 304, 306, 334),(54, 148, 269),(12, 59, 61, 100, 109, 119, 122, 175, 178, 181, 242, 251, 257, 270, 276, 288, 323, 325, 346, 353, 385, 404, 416, 452),(79, 93, 116, 171, 249, 260, 287, 303, 358, 359, 368, 389, 432, 440),(4, 40, 57, 67, 76, 120, 198, 297, 307, 378, 381, 415, 435, 444, 449),(36, 47, 69, 81, 91, 98, 114, 123, 143, 182, 194, 224, 331, 341, 344, 375, 417),(5, 25, 41, 156, 179, 204, 284, 330, 360, 427, 446, 448),(13, 56, 96, 110, 133, 186, 237, 243, 265, 366, 386, 391, 424,

447, 457),(19, 83, 94, 103, 115, 130, 158, 254, 263, 285, 299, 406)}

I(BF1 - BF13) = {(92, 174, 193, 218, 226, 256, 268, 289, 394, 428, 445),(3, 9, 66, 70, 90, 108, 149, 187, 203, 213, 235, 318, 425, 430, 454),(6, 20, 21, 28, 153, 160, 278, 324, 335, 336, 339, 349, 351, 401),(16, 140, 195, 221, 293, 326, 347, 390, 419, 420),(1, 102, 206, 219, 393, 455),(65, 72, 138, 142, 185, 210, 241, 275, 309, 319, 327, 354, 372, 392, 408, 431),(85, 126, 145, 164, 236, 294, 305, 320, 345, 373, 382, 414, 429),(35, 42, 60, 117, 177, 191, 200, 233, 255, 286, 314, 332, 357, 361, 459),(30, 50, 58, 104, 111, 131, 167, 188, 223, 246, 283, 321, 350, 388, 398, 400, 436, 443, 453),(11, 24, 53, 64, 137, 214, 229, 302, 364, 397, 441, 458),(68, 84, 105, 106, 144, 157, 180, 189, 190, 244, 340, 379),(22, 31, 48, 146, 169, 176, 201, 208, 259, 407, 412, 433),(29, 32, 44, 52, 55, 62, 73, 82, 89, 107, 118, 159, 170, 196, 197, 205, 217, 231, 234, 262, 282, 298, 312, 317, 356, 363, 377, 383, 395, 421, 422),(74, 75, 86, 152, 162, 291, 365, 376, 418),(2, 38, 46, 71, 88, 151, 202, 220, 239, 279, 280, 311, 371, 405),(80, 165, 173, 253, 266, 290, 328, 411, 413, 434, 456),(18, 99, 147, 150, 215, 238, 273, 304, 306, 334),(352, 370, 384),(39, 113, 129, 207, 228, 230, 300, 313, 315, 338, 410),(8, 26, 77, 134, 139, 155, 183, 232, 240, 247, 250, 252, 261, 274, 277, 308, 316, 367, 402, 409, 439),(12, 59, 61, 87, 100, 109, 112, 119, 122, 125, 127, 154, 175, 178, 181, 225, 242, 245, 251, 257, 270, 276, 288, 295, 323, 325, 329,

346，353，385，404，416，452），（79，93，116，171，249，260，287，303，358，359，368，389，432，440），（15，97，124，128，166，212，281，387，437），（7，27，43，136，141，161，211，258，267，333，337，342），（54，148，269），（10，14，33，34，37，45，51，78，101，135，163，172，248，264，343，348，355，374，380，399，403，423，438，450，451），（17，23，49，121，132，199，216，222，227，271，272，292，301，322，362，369，426，442），（63，95，168，184，192，209，296，310，396），（4，40，57，67，76，120，198，297，307，378，381，415，435，444，449），（5，25，41，156，179，204，284，330，360，427，446，448），（36，47，69，81，91，98，114，123，143，182，194，224，331，341，344，375，417），（13，56，96，110，133，186，237，243，265，366，386，391，424，447，457），（19，83，94，103，115，130，158，254，263，285，299，406）｝

I（BF1 - BF14）=｛（92，174，193，218，226，256，268，289，394，428，445），（6，20，21，28，153，160，278，324，335，336，339，349，351，401），（3，9，66，70，90，108，149，187，203，213，235，318，425，430，454），（16，140，195，221，293，326，347，390，419，420），（1，102，206，219，393，455），（65，72，138，142，185，210，241，275，309，319，327，354，372，392，408，431），（85，126，145，164，236，294，305，320，345，373，382，414，429），（30，50，58，104，111，131，167，188，223，246，283，321，350，388，398，400，436，443，453），（11，24，53，64，137，214，229，302，364，397，441，458），（35，42，60，117，177，191，200，233，255，286，314，332，357，361，459），（68，84，105，106，144，157，180，189，190，244，340，379），（22，

31，48，146，169，176，201，208，259，407，412，433），（74，75，86，152，162，291，365，376，418），（2，29，32，38，44，46，52，55，62，71，73，82，88，89，107，118，151，159，170，196，197，202，205，217，220，231，234，239，262，279，280，282，298，311，312，317，356，363，371，377，383，395，405，421，422），（80，165，173，253，266，290，328，411，413，434，456），（26，77，139，183，261，277，308，402，439），（87，112，125，127，154，225，245，295，329），（39，113，129，207，228，230，300，313，315，338，410），（8，134，155，232，240，247，250，252，274，316，367，409），（352，370，384），（18，99，147，150，215，238，273，304，306，334），（12，59，61，100，109，119，122，175，178，181，242，251，257，270，276，288，323，325，346，353，385，404，416，452），（79，93，116，171，249，260，287，303，358，359，368，389，432，440），（15，97，124，128，166，212，281，387，437），（17，23，49，121，132，199，216，222，227，271，272，292，301，322，362，369，426，442），（7，10，14，27，33，34，37，43，45，51，63，78，95，101，135，136，141，161，163，168，172，184，192，209，211，248，258，264，267，296，310，333，337，342，343，348，355，374，380，396，399，403，423，438，450，451），（54，148，269），（4，40，57，67，76，120，198，297，307，378，381，415，435，444，449），（5，25，41，156，179，204，284，330，360，427，446，448），（36，47，69，81，91，98，114，123，143，182，194，224，331，341，344，375，417），（13，19，56，83，94，96，103，110，115，130，133，158，186，237，243，254，263，265，285，299，366，386，391，406，424，447，457）}

I（BF1 - BF15） = {（92，174，193，218，226，256，268，289，394，428，445），（3，9，66，70，90，108，149，187，203，213，235，318，425，430，454），（6，20，21，28，153，160，278，324，335，336，339，349，351，401），（16，140，195，221，293，326，347，390，419，420），（1，102，206，219，393，455），（65，72，138，142，185，210，241，275，309，319，327，354，372，392，408，431），（85，126，145，164，236，294，305，320，345，373，382，414，429），（35，42，60，117，177，191，200，233，255，286，314，332，357，361，459），（11，24，30，50，53，58，64，104，111，131，137，167，188，214，223，229，246，283，302，321，350，364，388，397，398，400，436，441，443，453，458），（68，84，105，106，144，157，180，189，190，244，340，379），（22，31，48，146，169，176，201，208，259，407，412，433），（74，75，86，152，162，291，365，376，418），（29，32，44，52，55，62，73，82，89，107，118，159，170，196，197，205，217，231，234，262，282，298，312，317，356，363，377，383，395，421，422），（2，38，46，71，88，151，202，220，239，279，280，311，371，405），（80，165，173，253，266，290，328，411，413，434，456），（26，77，87，112，125，127，139，154，183，225，245，261，277，295，308，329，402，439），（352，370，384），（8，39，113，129，134，155，207，228，230，232，240，247，250，252，274，300，313，315，316，338，367，409，410），（18，99，147，150，215，238，273，304，306，334），（12，59，61，79，93，100，109，116，119，122，171，175，178，181，242，249，251，257，260，270，276，287，288，303，323，325，346，353，358，359，368，385，389，404，416，432，440，452），（7，15，27，

43, 97, 124, 128, 136, 141, 161, 166, 211, 212, 258, 267, 281, 333, 337, 342, 387, 437),(10, 14, 33, 34, 37, 45, 51, 78, 101, 135, 163, 172, 248, 264, 343, 348, 355, 374, 380, 399, 403, 423, 438, 450, 451),(17, 23, 49, 63, 95, 121, 132, 168, 184, 192, 199, 209, 216, 222, 227, 271, 272, 292, 296, 301, 310, 322, 362, 369, 396, 426, 442),(54, 148, 269),(4, 40, 57, 67, 76, 120, 198, 297, 307, 378, 381, 415, 435, 444, 449),(5, 25, 41, 156, 179, 204, 284, 330, 360, 427, 446, 448),(36, 47, 69, 81, 91, 98, 114, 123, 143, 182, 194, 224, 331, 341, 344, 375, 417),(13, 56, 96, 110, 133, 186, 237, 243, 265, 366, 386, 391, 424, 447, 457),(19, 83, 94, 103, 115, 130, 158, 254, 263, 285, 299, 406)}

致 谢

掩卷时分，已是灯火阑珊。盛夏之夜，窗外狂风骤雨相随。回想本书选题、执笔、修改、整理的多次反复，直至今天定稿，心中感慨万千。在商业银行基层一线工作20多年，总想从银行的视角对蓬勃发展、方兴未艾的银行理财产品的消费者、投资者的心理和行为做一次系统捕捉和集成，亦是多年金融工作的实践总结。此书是以我的博士论文为基础，经过大幅修改、调整、润色而成，虽有诸多缺憾，但亦颇感欣慰。以拙笔从不同的视角对零售理财客户认知偏差所引致的非理性理财行为进行系统性识别、分析和机理研究，也算是本人一次基层实践的理论总结了。

非常感谢我的博士生导师张晓岚教授，她严谨的治学态度、低调的做人风格对我一生求学、创业做人都有深刻的影响。在我攻读博士学位期间，我们师生两人身处不同城市，她通过电话、电传、邮件不断对我选题方向、着笔重点、风格要求等方面予以细心指点。还时常回西安亲自指导。没有她的鼓励和支持，我估计对自己完成学业及本书定稿亦没有信心。

非常感谢西安交通大学杨燕荣老师、上海证券交易所黄建山师弟、上海对外经贸大学宁薛平师妹，以及分行刘锦、王慧敏两位同事，在本书的数据搜集、样本取样、模型建立等方面均给予我无私的帮助和支持。

在书稿出版之际，有太多的人需要感谢，太多的事需要铭记！我个人定会牢记导师的嘱托，肩负责任，在基层银行金融业务的实践探索过程中奉献绵薄之力。

图书在版编目(CIP)数据

个人理财客户的非理性理财行为／赵政党著．—北京：社会科学文献出版社，2014.10
ISBN 978－7－5097－6155－7

Ⅰ.①个…　Ⅱ.①赵…　Ⅲ.①私人投资－研究
Ⅳ.①F830.59

中国版本图书馆CIP数据核字（2014）第126410号

个人理财客户的非理性理财行为

著　　者／赵政党

出 版 人／谢寿光
项目统筹／陈　颖
责任编辑／陈　颖　林　木

出　　版／社会科学文献出版社·皮书出版分社（010）59367127
地址：北京市北三环中路甲29号院华龙大厦　邮编：100029
网址：www.ssap.com.cn
发　　行／市场营销中心（010）59367081　59367090
读者服务中心（010）59367028
印　　装／北京鹏润伟业印刷有限公司

规　　格／开　本：787mm×1092mm　1/20
印　张：13.8　字　数：223千字
版　　次／2014年10月第1版　2014年10月第1次印刷
书　　号／ISBN 978－7－5097－6155－7
定　　价／59.00元